汉语认识情态词的来源及演变路径

获得韩山师范学院科研发展专项基金和广东省社科规划
『汉语认识情态词的来源及演变路径』（批准号：GD19CYY11）项目资助

周纯梅 著

湖南师范大学出版社

·长沙·

图书在版编目（CIP）数据

汉语认识情态词的来源及演变路径／周纯梅著. --长沙：湖南师范大学出版社，2024.11. --ISBN 978 - 7 - 5648 - 5710 - 3

Ⅰ. H146.2

中国国家版本馆 CIP 数据核字第 2024AR8817 号

汉语认识情态词的来源及演变路径

Hanyu Renshi Qingtaici de Laiyuan ji Yanbian Lujing

周纯梅　著

◇出 版 人：吴真文
◇责任编辑：黄道见
◇责任校对：谢兰梅
◇出版发行：湖南师范大学出版社
　　　　　　地址/长沙市岳麓区　邮编/410081
　　　　　　电话/0731 - 88873071　88873070
　　　　　　网址/https://press.hunnu.edu.cn
◇经销：新华书店
◇印刷：长沙雅佳印刷有限公司
◇开本：710 mm×1000 mm　1/16
◇印张：18.25
◇字数：330 千字
◇版次：2024 年 11 月第 1 版
◇印次：2024 年 11 月第 1 次印刷
◇书号：ISBN 978 - 7 - 5648 - 5710 - 3
◇定价：48.00 元

凡购本书，如有缺页、倒页、脱页，由本社发行部调换。

序

李小军

　　情态一直是语言学界非常关注的一个语法范畴。认识情态表达言者对命题真实性的主观判断，是情态范畴中语义最抽象、主观性程度最高的一个子类。汉语史上的认识情态词数量庞大，依据语义功能可以分为必然、盖然、或然（可能）三小类，依据句法功能又可以分为副词和助动词等。

　　国外对情态的研究最早可以追溯到古希腊哲学中亚里斯多德的模态逻辑理论，近现代对情态进行系统分类并深入研究的当首推 Palmer 的 *Mood and Modality*，认为情态是一个语法范畴，可以分为命题情态和事件情态，属于命题情态认识情态依据确信度又可以分为推断、推测和假设等。汉语学界对认识情态比较系统的研究始于《马氏文通》，马建忠讨论了很多助动词、语气副词和语气词，并用传信和传疑来统摄；吕叔湘的《中国文法要略》对于情态的一些分析现在都有很好的启发意义。近几十年，国内外对认识情态的研究成绩斐然，无论是共时平面的句法语义及语篇功能，还是历时层面的溯源及演变规律和机制研究。本书稿《汉语认识情态词的来源及演变路径》就是在这样的学术背景下应运而生的。而近几十年语法化与语义演变研究的发展，则为本书稿的撰写提供了研究方法和研究范式的指导。

　　本书稿首先系统收集整理了汉语史上的认识情态助动词和认识情态副词，而后依据语义功能分为必然、盖然、可能三类，书稿的主体部分第二至四章分别探讨了三类认识情态词的来源及演变过程、机制，归纳的演变路径一共有十二条，基本上涵括了所有的认识情态词，具体为：认识可能义词衍生的六条路径、认识盖然义词衍生的三条路径、认识必然义词衍生的三条路径。第五章则是宏观把握认识情态词的语义来源及演变机制。总的来说，本书稿的创新和优点主要体现在以下几方面：

一、对以往研究成果非常熟悉，论证时有的放矢。书稿首先系统梳理了国内外各学派对认识情态的研究，涉及数百部书稿及文章，分析前贤时彦的成果时条分缕析、持论公允，并能结合自己的理解提出很多新的认识。

二、路径概括及演变机制的分析结论比较可信。本书稿概括了十二条路径，而后对一条条路径进行详细考察。由于每一条路径的词往往不止一个，需要一个个词进行考察，因此本书稿的工作量就非常大。不过从另一个角度来说，同一个路径下面的词演变往往具有很多共性，这就为路径的构拟及演变机制的分析提供了更有规律性的思考。比如书稿讨论"莫/别"从"劝阻"义到认识可能的演变，认为先是表"祈止"，在未知受话人情况的语境下祈愿受话人不要遭受某个动作的阻拦，同时蕴涵着说话人的推测，而后蕴涵义凸显就衍生出认识可能，这种观察非常细。再如认为"会"表认识情态有两个来源：一条与"能""解"一样，为"内在能力→条件可能→认识可能"，另一条为"条件必要→认识必然"。再如对认识必然义词"定/准"的研究，认为"确定"可以分为"情况确定"与"主观认定"，认识必然源于"主观认定"，当主语为第一人称且"定/准"后接谓词性成分，就衍生出了认识必然义。以往的研究多认为"定/准"认识情态功能来源于其道义情态。这些都可说是书稿全新的发现。

三、语料非常丰富，时间跨度大。本书稿对三十余个词进行了比较深入的个案研究，这些词的使用时代差异很大，上至春秋战国，下至现当代，不同来源的词演变过程及机制也不同，因此涉及的语料范围就非常广。现在的研究往往借助语料库，本书稿也不例外。但一个个词进行分析、一个个句子进行理解，特别是一些词的演变历程甚至跨千年，大量的语料需要处理，这种工作量仍然巨大。

当然，本书稿也存在一些不足，主要表现在以下两方面：一是一些例句的理解仍有可商榷之处，二是一些词汇项语义功能的认定还可以再精细。比如在讨论"似"的演变时，举例（51）："赵孟将死矣。其语偷，不似民主。且年未盈五十而谆谆焉如八九十者，弗能久矣。"（《左传·襄公三十一年》）书稿认为此例"似"表"相似"这没有问题，但说此例表"相似－测度"，则值得商榷。再如同节例（53）"天似启之，何如?"（《左传·襄公三十一年》）"似"是否表推测也值得商榷。

不过总体而言，书稿瑕不掩瑜，对认识情态词演变路径的提炼、对演变机制的系统分析，其学术价值毋庸置疑。语言研究的目的不外乎两个，一个是探讨语言的使用规律，一个是探讨语言的演变规律，本书稿的目的和价值显然属于后者。系统梳理汉语认识情态词的来源及演变机制，不仅有助于我们深化对这类词的认识，更大的意义则是提供了一些新的演变路径，丰富了汉语语法化与语义演变研究。

周纯梅博士在硕士生阶段研习的是现代汉语方言语音，2016 年博士阶段转而从事汉语语法化与语义演变研究，这是研究方向的一个大转变。在商定博士论文选题时，我曾与她多次交流，最后确定为本书稿同名论文选题。这个选题难度很大，不仅仅有巨量的前期研究成果需要认真梳理，如何在已有研究成果的基础上创新是一个更大的考验，加上论文的写作还要面对海量的历史文献材料，对于一个前面很少接触历史文献的人其难度可想而知。可贵的是，周纯梅博士阶段四年都窝在学校用功，扎扎实实，对认识情态词一个一个进行分析，对历史文献一句一句进行解读。四年时间远离丈夫、女儿，忍受思念之苦，其勤奋程度、对学术的追求精神确实可嘉。也正是因为这种执着追求，才有了本书稿的问世。

周纯梅博士现在又喜添二宝千金，可说是学问之外的重大收获。

是为序。

2024 年 10 月于南昌英雄城

目　录

绪　论

一、研究背景和主要目标

本书从历史演变的角度探讨汉语认识情态词的来源、形成路径、演变动因机制以及它们之间的功能差异。

认识情态是言者表达对命题真实性的主观判断（Palmer 2001），是情态范畴的重要组成部分。情态研究最早可以追溯到古希腊的亚里士多德，从二十世纪六七十年代以来一直是现代语言学的研究热点，主要关注的是情态的定义、类别，以及不同类别之间的功能差异。虽然研究成果众多，但是情态问题十分复杂，就连情态的定义，目前也没有一个精确简明的描述。正如Bybee et al.（1994）指出："事实上，为情态的概念域及其语法层面的表达部分，提供一个简明的特征描述似乎是不可行的。"王伟（1998）也曾指出："情态，也许是语言学家对语言范畴进行精确定义的尝试中最不成功的例子。"

既然给情态下一个精确定义不可行，本书也就无意于给情态进行精确定义，也不打算探讨情态的内部类别。Bybee（1985），Bybee et al.（1994）指出：情态以及与情态密切相关的语气，最好看作是一系列在历时上相关的功能，对情态的真正理解来源于对这些历时关系的研究。认识情态是情态范畴中语义最虚、主观化最高的一个类别，其种类最多样、情况最复杂。从历时角度看，根情态义较早出现，认识情态义较晚出现（Bybee & William 1985，Traugott & Dasher 2002，李明 2001，朱冠明 2008）。从儿童语言习得角度看，认识情态义比根情态义习得晚（Shatz & Wilcox 1991，Stephephany1993，杨贝 2014）。由此，学者普遍认为，是从根情态演变为认识情态，而不是相反（Sweetser 1990，Bybee et al. 1994，Van der Auwera et al. 1998，Traugott & Richard 2002，李明 2001）。

对于汉语认识情态词来源及演变路径的研究，主要通过两种途径探讨：一种是运用语言类型学之语义地图模型构拟，二是运用汉语历史语料构拟。前者代表性的成果有 Van der Auwera et al.（1998）、范晓蕾（2012a、2015）。Van der Auwera et al.（1998）主要根据印欧语料构拟情态语义地图。范晓蕾（2012a、2015）主要依据汉语方言语料构拟认识情态语义地图，语料的不同造成其结果的差异，并且共时的构拟需要历史语料验证。后者代表性成果有李明（2001）、朱冠明（2008）、巫雪如（2018）等。李明（2001）研究了汉语助动词的历史演变。朱冠明（2008）研究了《摩诃僧祇律》的情态动词。巫雪如（2018）研究了先秦汉语情态动词，并归纳、概括一些情态动词表认识情态义的演变路径。由此可知目前历时方面的系统研究，其演变对象均是表情态的助动词，其中朱冠明（2008）和巫雪如（2018）研究的还是断代的情态动词研究。李明（2001）虽是探讨汉语助动词的历史演变，但是文中侧重于汉语史中助动词的情态功能列举，对于认识情态副词则未能涉及，对演变动因机制探讨较少。

本书选择情态范畴中主观化程度最高、种类最多、情况最复杂的认识情态作为研究对象，主要从历时视角探讨汉语认识情态词的来源及其演变路径。主要目标有：

1. 全面、系统地构建汉语认识词来源与演变路径。汉语史及现代汉语中有哪些认识情态词，其最初的词汇来源义是什么，经过怎样的演变路径衍生出认识情态义。

2. 归纳汉语认识情态词衍生与演变的动因、机制与制约因素。

通过以上两个方面的研究，我们较系统地归纳了汉语认识情态词的来源及演变路径，总结了汉语认识情态词衍生与演变的动因、机制与制约因素。这为普通语言学的认识情态语义演变提供更多具有类型学意义的实证；有助于弄清汉语认识情态义衍生与演变的个性与共性；同时也可以加深对情态，特别是认识情态的理解。

二、研究现状及主要问题

（一）国外之研究

认识情态是情态范畴的一个下位分类，情态研究最早可追溯到古希腊哲学中亚里士多德的模态逻辑理论。语言学的情态研究来源于情态逻辑的研究，情态逻辑是语言哲学的一个分支，情态逻辑须探讨可能性（possibility）和必然性（necessity）等问题。语言学中情态研究特别关注道义情态（deontic modality）和认识情态之间的区别，Lyons（1977）认为认识情态主要关注命题真值的可能性与必然性，主要涉及知识和信仰；而道义情态则主要关注附有道义责任的实施主体，实施动作的可能性和必要性，与社会功能的允许（permission）和义务（obligation）有关。后 Palmer（1979）在 Lyons（1977）情态研究的基础上，根据英语的情态动词表达的情态意义，增加了动力情态（dynamic modality），动力情态主要与能力和意愿有关。动力、道义、认识三分情态系统对汉语学界影响较大。

Coates（1983）在大规模语料库基础上对英语中情态助动词进行研究。她把情态分为认识情态与非认识情态（根情态）两类，根情态包括道义情态和动力情态，并指出大部分英语情态动词都存在这两种情态意义之间的不确定性。这种不确定性表现为渐变（gradience）、歧义（ambiguity）和融合（merger）三种情形。作者根据其实际使用频率分为五个语义群组——义务与必要、能力与可能、认识可能、意愿与预测、假设，用五组情态来分别说明这两种情态意义，并提出主要动词的自主性、时间的未然性、命题的事实性、否定形式、假设标记形式、过去式标记形式、疑问形式、强调与语调形式、主语等句法特征都对情态助动词的语义起确定作用。比如认识情态与义务情态的形式区别，认识情态具有过去时、完成时、无生或存在主语、状态动词等特征，根情态"must"的原型（典型的义务情态）具有活动动词、有生主语、言者有兴趣让主语施行动作且对主语有权威性等特征。Coates（1983）的研究建立在真实语料的基础上，为英语情态助动词的语义研究提供了形式化的描述。

Palmer（1986）认为情态是一个语法范畴，可以作为语言类型比较的一个标值，并试图建立一个可以描写各种语言情态系统的体系框架。关于认识情态与道义情态的联系，作者认为两者都涉及说话人，且在许多语言里，同样的形式被用来表达这两类不同的情态，也有形式只有道义情态而无认识情态。关于道义情态与认识情态的联系的缘由，Palmer 与 Sweetser 的观点大致相同，认为"认识世界是按照社会物理世界来理解的"，廖秋忠（1989）解释为"知识情态（认识情态）是义务情态的延伸"。

Palmer（2001）重新构建了情态的分类系统，分为命题情态（propositional modality）和事件情态（event modality）两大类。命题情态包括认识情态和传信情态（evidential modality），事件情态包括道义情态和动力情态。认识情态又分为三类：推测（speculative）、推断（deductive）和假设（assumptive）。推测表示一种不确定性，推断是指根据观察而作出推论，假设是指根据经验和一般知识而作出的推论。Palmer（2001）利用近70种语言材料从类型学的视角对情态进行了系统研究，使情态的研究更加深入。

Bybee et al.（1994）认为情态不如时体容易定义，几乎不可能用一个简明的概念来定义情态。其认为通过情态历时相关功能的研究，会发现情态的本质。其研究主要目的是构建情态的主要演变路径，试图确定情态意义是如何以及为何出现。为了概括情态的历时普遍性，其把情态分为施事指向情态（agent-oriented modality）、言者指向情态（speaker-oriented modality）、认识情态和从属语气（subordinating moods）四类，认识情态又分为可能（possibility）、盖然（probability）和推断确定（inferred certainty）三类。利用跨语言的材料构建了三条路径，即：源于能力的演变路径（图0-1）、源于义务的演变路径（图0-2）和源于意愿和趋向的演变路径（图0-3），最后整体归纳了情态演变路径（图0-4）。

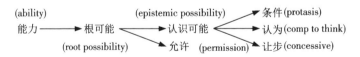

图0-1 Bybee et al.（1994：240）源于能力的演变路径

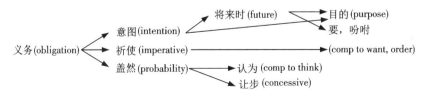

图0-2 Bybee et al.（1994：240）源于义务的演变路径

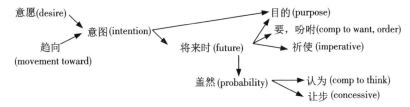

图 0 – 3　Bybee et al.（1994：240）源于意愿和趋向的演变路径

图 0 – 4　Bybee et al.（1994：241）情态的演变路径

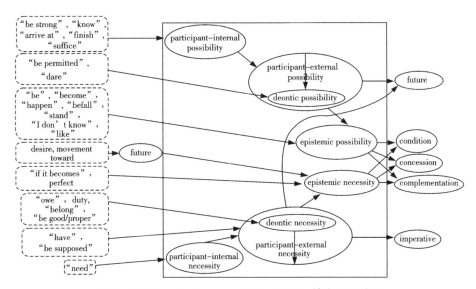

图 0 – 5　Van der Auwera et al.（1998）情态语义地图

注：每一个圆圈里是一个独立的语义功能，此方框左侧是情态概念的词汇性来源义，即前情态义（premodal meaning），右侧是情态后意义（postmodal meaning）。连线表示两个语义功能之间有关联，连线上的箭头表示语义演变方向。

Van der Auwera et al.（1998）在 Bybee et al.（1994）的基础上，重新界定了情态类别概念。把情态分为四类：参与者内在情态（participant-internal modality）、参与者外在情态（participant-external modality）、道义情态和认识情态。根据跨语言的材料构建了情态语义地图（图 0 – 5）。

根据 Van der Auwera et al.（1998）的语义地图，我们归纳了与认识情态相关的五条路径：

A. 参与者内在可能→参与者外在可能（包括道义可能）→认识可能；

B. 是、变成、发生、站立、我不知道、喜欢→认识可能；

C. 意愿、向……移动→将来→认识必然；

D. 如果变得、完美→认识必然；

E. 参与者内在必要→参与者外在必要（包括道义必要）→认识必然。

Heiko（2012）论述了情态、主观性与语义演变。其认为情态应分为意愿情态（volitive modality）与非意愿情态（non-volitive modality），或事件指向情态（event-oriented modality）与言语行为指向情态（speech act-oriented modality），而不是根情态与认识情态，或参与者内在与外在情态类别。其演变根本方向是从事件指向情态向言语行为指向情态演变，而不是从根情态向认识情态演变。其以跨语言的历史语料（主要有英语、日语、德语、汉语），探讨了情态语义演变的类型、过程、机制、语境、方向及原因。吴国良，徐中意（2015）分析了情态与语气、语态、所有格、体等方面的历时变化，这些变化证明了情态的语义演变是单向性的，与言语行为指向相关，而与义务情态与认识情态的必要性与可能性的分类无关。

（二）国内之研究

汉语学界，自《马氏文通》以来，与情态相关的情态助动词和语气副词的研究一直备受关注。具体分为三个阶段，第一阶段开始于二十世纪四十年代，研究者只是在语法书籍中列举论述与情态有关的助动词和副词。第二阶段二十世纪八十年代到二十一世纪初，出现了一些探讨情态的专题论文。研究者借鉴西方的情态研究成果，去构建汉语的情态或语气系统，但情态与语气范畴糅合在一起，研究不够深入。第三阶段从二十一世纪初至今，出现了一些以情态为专题研究的博士论文和书籍，这些成果借鉴西方情态理论来研究汉语助动词、副词、语气词等等，有些从现代汉语共时视角研究、有些从历时演变视角研究，情态研究系统深化。

1. 第一阶段（始于二十世纪四十年代）

吕叔湘（2002：247 - 257）在表达论的虚实范畴中，论述了"可能、许可、或然、必要、当然、必然"等概念，其中"或然""必然"涉及认识情态，"或然"，表示一件事情的或然性，多数借用表能力许可的词。"必然"，估计事实的必然，白话用"该、一定"，文言用"宜、应、当、必"。

王力（1985：68 – 77）认为咱们对事情的可能性、必然性、必要性，喜欢加以判断或推测，这种意见所表现的语言形式，都叫作"能愿式"，分为"可能"和"意志"两个大类，"可能"又分"可能性""必然性""必要性"三个小类。其中"必然性"指预料将来事实的必然性或断定已成事实之必如此，与认识情态表达对命题的推断有相似性。

赵元任（1979：348）分析副词时，析出一个下位类别："可能与必然副词"。单音节的列举了"真、假、准、许、就₄"，多音节的列举"一定、必定、实在、的确、绝对、一准₍儿₎、没准₍儿₎、不定、大概、也许、几乎、差一点儿（没）"等。

2. 第二阶段（二十世纪八十年代至二十一世纪初）

范开泰（1988）在语义结构的要素中提到模态语义，包括"真值模态义、道义模态义和意愿模态义"三类。与认识情态相关的是真值模态义，真值模态义是根据现代逻辑中模态逻辑的分析，得出一个句中的语义，可以按照它表达的命题的真值分为"实然、或然、必然"三类。"或然"表可能性，"必然"表必然性，"实然"表确实性。分别列出了汉语的表这些意义的相关词语。

贺阳（1992）把情态称为语气，认为"语气是通过语法形式表达说话人对句中命题的主观意识"。他把语气分为"功能语气、评判语气、情感语气"三类。"评判语气"分为"认知、模态、履义、能愿"四类。与认识情态相关是"模态语气"，他认为模态语气表示对命题真实性的判断和推测，包括"或然"和"必然"两类，列出现代汉语中相关词语并举例说明。

齐沪扬（2002）把情态置于语气范畴论述，认为语气分为"功能语气"和"意志语气"两类。"意志语气"包括"可能、能愿、允许、料悟"四类。与认识情态相关是"可能语气"，包括"或然"和"必然"两类，表"或然"的有"可能、大概、也许"等词，表"必然"的有"一定、必然"等词。

鲁川（2003）认为情态范畴是言者由于其固有认识而用标记来附加到语言中情绪或态度之类的主观信息范畴，分为"判断"和"评议"两类，"判断"又分为"推断""必要""常规""适度""机遇"五个下位类别。其中"推断"分为"确定"和"揣测"，与认识情态相关。

崔希亮（2003）构建了汉语的表态系统，分为"直陈""事件""能愿"三类。其中"直陈情态"涉及命题本身的真与伪，分为"推测、判断、推断、假设、疑信"五类。这些与人的主观认识有关，称为"认识论情态"，文中没有具体分析。

总的来说，第一阶段和第二阶段还没有真正意义上的情态研究，只是列举相关情态词或认识情态词。情态经常与语气范畴、评价范畴等杂糅在一起。

3. 第三阶段（二十一世纪初至今）

这阶段出现了一些以情态为专题的博士论文及书籍，这些研究借鉴西方情态理论，研究汉语助动词、副词、语气词等等，情态研究系统深化。下面分别从现代汉语共时视角研究、历时演变视角研究两个维度展开。

（1）现代汉语共时视角研究

共时视角研究现代汉语情态助动词、副词的主要成果有崔诚恩（2002）、郭昭军（2003）、彭利贞（2005）、徐晶凝（2008）、冯军伟（2010）、潘田（2010）、叶琼（2016b）等。

崔诚恩（2002）探讨了现代汉语的情态副词，主要探讨了情态副词的性质、特征、句类分布、分类、篇章特征等等。他认为情态副词表示言者对相关命题的主观判断，语义上表非现实。情态副词不能构成命题部分，是否定、时、体范围制约之外的成分。语序上情态副词可以位于主语之前，与其他副词连用时总是先于其他成分。情态副词分为三类：价值判断情态副词、真伪判断情态副词、发话行为情态副词。其中真伪判断的情态副词表示说话人对命题事件的真伪作出评判的副词，与本书的认识情态相关，分为"若然、或然、必然"三类。对于这些类别他只是列举说明。

郭昭军（2003）以专题形式分析了汉语表达情态的主要方式，以及相关句法和语义问题。论文考察了现代汉语共时系统中能愿动词、弱断言谓词组"我想"、黄梅方言可能补语式表示的情态意义；考察了历时系统中《老乞大》能愿动词。与认识情态相关的主要是对"能""要"的分析、"会"与"可能"的比较研究。其中对"能"和"要"的分析非常详细，比如"能"，先概括"能"表能力、许可、根可能、认识可能的情态意义，以及表祈使和请求的语用义，然后分析其在否定形式、程度修饰、时体特征、句子成分、句式、使用频率等方面的句法语用差异，总结了主语、谓语动词、副词、语体对"能"的各种语义功能的制约。对《老乞大》的考察，只是列举了《老乞大》中出现的能愿动词并举例，并没有探究"能""要"各种语义功能的历史演变。

彭利贞（2005）系统地研究现代汉语情态问题。其把情态分为"动力、道义、认识"三类，按照情态强度分为"必然、盖然、可能"三级。"认识必然"包括表推定义的"必然、肯定、一定、准、得、要"和表假定义的"要"。"认识盖然"表推断义，列举了"会、应该、应当、应、该、当"等词。"认识可能"表推测义，列举了"可能、能（能够）"等词。其建立了一个相对完整的现代汉语情态动词语义系统，重点探讨了现代汉语动词情状、体、否定等范畴对情态动词语义的解读影响。一般情况下，静态情状，现实体标记"了₁"、经历体"过"、静态持续体"着₁"解读为认识情态；动态情状，起始体标记"起来"、继续体标记"下去"、短时体标记动词重叠、动态持续体标记"着₂"存在解读为根情态倾向。

徐晶凝（2008）系统地探讨了现代汉语话语情态，主要论述句类、语气助词、情态助动词、情态副词的情态表达，并跟英语、日语进行比较，分析三种语言在情态表达上所具有的共同点和差异。与本书相关的是情态助动词和情态副词的论述。情态助动词分为"认识、道义、能动"三类，其中认识情态助动词有 7 个，分别是表可能的"可能""能"，表应然的"应该、该"和表将然的"要、得、会"。情态助动词连用的语序是：认识可能性/应然性 > 将然性 > 道义（义务）> 道义（祈愿）> 能动。其缘由有两点：辖域越大越居外围，主观性越强越居外围。其把情态副词分为评价、认识、道义、加强四类，其中认识情态副词又分为揣测、推断和估测三类。表揣测的列举了"大半、大多、多半、大约、大概、大抵、或许、怕是、恐怕、似乎、也许、兴许"等，表推断的列举了"一定、肯定、必定、必将、势必、必、必想、相必、定然、准保、（没）准、未必、不定"，表估测的列举了"未免、不免、难免、不至于"等。其认为情态副词各下位类别之间的连用顺序是：评价 > 认识 > 道义 > 加强。

冯军伟（2010）探讨了现代汉语认识情态。论文通过五个专题进行论述："怕""恐怕"的认识情态研究、"哪怕"的认识情态研究、"我（们）认为"的强断言认识情态研究、"我（们）觉得"的弱断言认识情态意义、"（NP）＋V＋起来＋AP"结构的评估情态研究。这些专题中表认识情态的词涉及三个：怕、恐怕、哪怕。对这三个词的研究主要侧重其语义、句法和功能分析。对"怕、恐怕"也涉及语义演变，但分析不够清楚，而"哪怕"则主要涉及其词汇化过程。

潘田（2010）探讨了现代汉语语气副词情态类型。将汉语语气副词分为"句子情态、语篇评论、语境推理"三类。其中句子情态包括认识、道义和动力三类，并把现代汉语50个情态语气副词进行归类。其中与本书相关是认识情态，根据情态强度分为"可能"与"必然"，认识可能包括：多半、大半、不定、说不定、或许、也许、恐怕、怕、似乎、大概、兴许、大约。认识必然包括：必、必定、必将、势必、必然、一定、准、一准、想必、准保。只是列举没有具体分析。论文还论述情态助动词与情态副词的联系与区别。联系是两者都表情态义，有一些情态副词是由实义动词先发展为助动词，再虚化为情态副词。区别有三：一是情态助动词存在大量多义现象，而情态副词的情态义比较单一；二是情态助动词表示命题内情态，而情态副词表达命题外情态；三是否定，情态助动词属于命题否定，情态副词属于情态否定。

叶琼（2016b）构建了汉语的认识判断语气系统。其首先在贺阳（1992）、齐沪扬（2002）的基础上构建了汉语的语气系统，分为"判断语气"和"功能语气"。"判断语气"包括"认识判断语气"和"价值判断语气"，"认识判断语气"包括"判定"和"未定"。"判定"对应陈述句，"未定"对应疑问句。"判定"又包括无标记陈述和有标记陈述。有标记陈述包括"测度性判断"、"言据性判断"和"实然性判断"三类，即构建了三层的认识判断体系。论文还就疑问句中的认识判断、汉语无标陈述句与现实性、汉语传闻信息中认识标记的隐现、语气副词"好像"的不确定判断义的解读、将然义"第一人称＋V＋了$_2$"格式解读等进行了专题探讨。其中"好像"表不确定判断义在现代汉语中语义解读较详细，但语义演变的分析还不够清楚。

（2）历时演变视角研究

历时演变视角研究情态助动词、情态副词的主要成果有刘利（2000）、李明（2001）、段业辉（2002）、朱冠明（2002）、谷峰（2010）、杨黎黎（2017）、巫雪如（2018）等。

刘利（2000）较早考察了先秦汉语助动词，确定先秦的助动词有 19 个单音节词、2 个双音节词，总共 21 个，分为四类——可能：可、足、能、克、得、获、堪、可以、足以；意愿：敢、肯、欲、愿、憖、忍、屑；必要：宜、当；被动：见、为、被。对可能类"可、能、克、足、得、获"和意愿类"敢、肯、欲、愿"的句法和语义进行了详细的分析。

李明（2001）对汉语助动词的演变做了全面系统的考察：把助动词分为"认识、道义、条件、估价"四类，归纳了春秋战国、两汉、六朝、唐五代、宋代、元明、清代七个时期汉语的助动词，并举例说明；概括了条件可能→认识可能，应当→盖然，条件必要→认识必然，条件可能→道义许可，条件可能→估价五条演变路径，其中三条是演变为认识情态的。其认为两个因素制约一般动词演变为助动词，一是主语以及宾语范围的扩大，二是自主动词扩大为非自主动词。

段业辉（2002）分析了中古汉语助动词，分为"可能、意愿、应当"三类。可能类：可、可以、能、耐、而、克、足、足以、得；意愿类：欲、敢、肯、愿；应当类：应、当、宜、须。他还统计了其使用情况，可能类使用最多，应当类使用最少。其中可能类中"可、能、得"、意愿类"欲"、应当类"当"使用较多。中古出现一些同义组合的助动词，大都属于应当类，但使用频率很低。其详细考察了三类助动词的句法、语义和语用情况。

朱冠明（2002）分析了《摩诃僧祇律》的情态动词，把情态分为"动力、道义、认识"三类，根据情态强度分为"可能、盖然、必然"三级。论文分共时篇和历时篇。共时篇探讨了《摩诃僧祇律》中的 18 个情态动词，分为四组——可能类：能、得、可、足、堪、容、中；盖然类：应、当、宜；必然类：必、须；意愿类：要、欲、愿、乐、肯、敢。归纳和分析了这些词的语义类别和句法特征，同时也探讨了《摩诃僧祇律》中情态动词连用形式的类别、连用的规律以及连用的结果。历时篇以"能"和

"须"为例讨论了单音节情态动词演变的机制，以"可以""必须""能够""可能""应当""一定"等探讨了双音节情态动词的词汇化过程、形成路径、语义功能、演变机制等。有些还需进一步讨论，如"一定"只是列举了其能表"确定、固定"义和认识必然义，其演变路径和演变机制还可以进一步探讨。

谷峰（2010）对先秦汉语的情态副词进行了研究。其使用的是比较宽泛的情态定义，把情态分为"评价、认识、说话者取向、社交直指"四个大类。其对60多个情态副词的句法、语义和语用功能进行了描写。对于认识情态，其重点分析了表认识必然的"必"，分析了其表"意志、条件必要、义务、认识必然"四种情态意义及其分化条件。论文还探讨了四个情态词"曾""诚""果""其"的语义演变。

杨黎黎（2017）探讨了汉语情态助动词的主观性和主观化，认为主观性是情态的内在属性，在其主观化的演变过程中，演变方向是从非主观化到主观化到交互主观化。导致主观化的动因有两个方面：一是句法环境，二是情态本身的特点。其中句法环境有：反问、疑问、否定语境，主语生命度、动词性质、判断条件隐显、其他主观性标记等。

巫雪如（2018）研究了先秦情态动词。其从语义上把汉语情态分为"认识、道义、动力、条件"四类。其根据是否典型把先秦情态动词分为两类：典型情态动词，包括"可（可以）、足（足以）、难（难以）、易（易以）、必、宜、当、能、克、得、获"十一个；非典型情态情态动词，包括"肯、敢、欲、愿、望、冀、请、求、索、图、谋、思、虑、善、知、识、以为、谓、信、意、度、料、量、计、疑、恐、惧、如、若、似、类、命、令、使、禁、劝、许"等。此外，其对这些情态动词的情态意义类型、情态语义来源及演变路径进行了较系统的研究。

还有一些认识情态语义演变的单篇个案研究论文，数量大概三四十篇。具体情况见后面的相关章节。

值得注意的是，范晓蕾（2012a）基于汉语方言语料构建的汉语认识情态语义地图（图0-6）。

根据图0-6，范晓蕾（2012a）总结跟认识情态相关的五条演变路线。即：

A. 条件可能→认识可能；B. 揣测问→认识可能；C. 义务盖然→认识盖然；D. 将来→认识盖然；E. 条件必然→认识盖然。

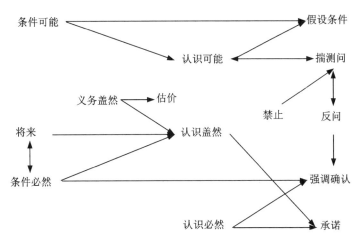

图0-6 范晓蕾（2012a：62）认识情态的语义地图

范晓蕾（2015）基于方言材料对认识情态来源义进行了探讨，具体如图（图0-7）。

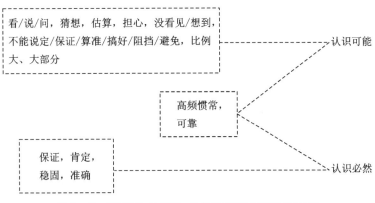

图0-7 范晓蕾（2015）认识情态的词汇性来源义

注：虚线方框里是多个语义功能；虚直线代表省略了具体虚化阶段的语义关联，专用于表示词汇性意义与功能性意义的关联。

范晓蕾（2015）认为，认识情态义主要有四类来源义：

A. 感知、认知→认识可能（语例：闽西永定客话"将问"、上海"只怕""特怕""独怕"、武汉"想必"、邢台"约摸"）（词汇性义：看、说、问；预测、猜想；估算；担心、害怕）；

B. 不能做到…→认识可能（语例：武汉"未见得"、北京"说不定、说不准"、湖南常德"搞得不好"、河北邢台"挡不住"）（词汇性义：没看见，没想到；不能说定、不能算准；不能保证；不能搞好；不能阻挡、不能避免；不能放下）；

C. 保证、稳固、准确→认识必然，可靠→认识必然/认识可能（很可能）（语例：山东郯城"保准"、上海"板"、洛阳"靠住把儿"）（词汇性义：保证、肯定；稳固；可靠；准确）；

D. 大比例、大约→认识可能（很可能），高频率→认识可能（很可能）/认识必然（语例：湖南耒阳"总"、金华"作兴"、江苏吕四"大面"、晋江"差不多"、湖南零陵"宏总"）（词汇性义：高频惯常；比例大，大部分；大约、差不多）。

（三）主要问题

总的来说，已有的研究揭示了认识情态的大量语言现象，总结了认识情态语义演变的一些词汇来源与演变路径。但是还存在以下问题：

（1）汉语认识情态词的演变模式和路径概括不够。目前研究成果侧重于现代汉语共时研究，主要探讨情态助动词、副词的定义、类别，不同情态义之间的句法特征、语用功能等差异。历时研究主要集中于对汉语助动词的演变研究，对情态副词演变路径成果较少。除李明（2001）是探讨汉语助动词的历史演变外，其他都是断代研究，如朱冠明（2008）、巫雪如（2018）。李明（2001）侧重于列举汉语助动词在各个历史时期的情态义，少数几条路径只是在总结中归纳，文中并未详细论述。Van der Auwera et al. (1998) 和范晓蕾（2012a、2015）等运用语义地图，构拟了认识情态的一些语义来源和演变路径。语义图的精髓是概念空间的历时维度，历时空间概念的建构需要历时材料验证，尽管语义图与语义演变可以互惠和互补，但是语义演变是基础，语义图是建立在语义演变基础之上（吴福祥 2014）。总之，对汉语认识情态词的演变路径缺乏系统、全面的历时梳理，还有更多的模式和路径没有提炼。

（2）演变的动因与机制研究不深入。认识情态义是如何以及为何在这个语义域内产生？换句话说，其演变的动因和机制到底是什么，是句法因素还是语义因素，还是其他原因？需要进一步研究。

（3）缺乏对汉语认识情态词语义演变规律的归纳。认识情态作为情态范畴中种类最多样，情况最复杂的类别，其到底由哪些词汇义演变而来，具体路径怎样，其演变的动因和机制是什么，这些都需要系统的研究。

三、研究内容与本书框架

本书从历史演变视角探讨汉语认识情态词的来源、形成路径、演变机制以及它们之间功能差异。汉语认识情态词只研究表认识情态的助动词和副词。通过汉语认识情态词的来源、形成路径的研究，以此进一步挖掘其背后的动因、机制和制约因素，归纳汉语认识情态语义演变路径和模式的规律。

绪论部分主要介绍了本书的研究背景与主要目标，研究现状与主要问题，研究内容与本书的框架，以及采用的理论和方法等。

第一章是汉语认识情态概况。主要界定认识情态的定义、研究对象、描写现代汉语和汉语史中较常见的表认识情态的助动词和副词。主要解决以下几大问题：

（1）何为认识情态？具有什么特征？认识情态与传信情态有何区别？（2）汉语中认识情态主要用什么语法手段表达？（3）汉语史和现代汉语中常见的表认识情态的助动词和副词有哪些？具有什么共同的句法特征？

第二章至第四章归纳了汉语史中常见认识情态词的来源及演变路径，主要归纳了十二条演变路径。其中涉及"认识可能"的演变路径六条，涉及"认识盖然"的演变路径三条，涉及"认识必然"演变路径三条。

第五章从三个方面总结全文。

第一，归纳上述的十二条演变路径。

第二，归纳了汉语认识情态词来源与演变规律。来源规律：从认知动词到认识情态副词、道义与条件情态助动词到认识情态词、语义较实的副词到认识情态副词、概量词（无定代词、范围副词、数量词）到认识情态等。演变规律：认识情态强度的高低，与其来源义密切相关；情态强度高低之外其他细微差异，也与其来源义密切相关。

第三，归纳汉语认识情态词衍生的原理、机制及制约因素。基本原理和机制有：隐喻与转喻；句法地位下降；语义虚化和主观化；辖域扩大，从作用于词、短语扩展为作用于句子。制约因素有：语义因素、句法因素与语用因素。

结束语部分叙述了本书尚未解决的一些汉语认识情态词衍生与演变的问题。一、未能从普通语言学的视角来分析认识情态词衍生和演变的规律、机制；二、未能研究汉语认识情态词后续演变；三、未能探讨非常见的认识情态词以及跨层组合词汇化而成的认识情态词的衍生与演变；四、未能探究汉语方言中认识情态的衍生与演变。

四、采用的理论方法

（一）主观化理论

认识情态是情态范畴中语义最虚、主观化程度最高的一个类别，其演变过程是一个主观化过程。对语言的主观性与主观化研究，存在两种取向：一种是历时的语用语义取向，以 Traugott 等为代表；一种是共时的认知取向，以 Langacker 等为代表（沈家煊 2001，潘海峰 2016）。

（1）历时语用语义取向

何为主观化？主观化是一个语用语义演变过程，是客观意义逐渐编码成主观意义的过程，其"意义变得越来越依赖言者对命题的主观态度与信念"（Traugott 1995：31 – 54，沈家煊 2001，潘海峰 2016）。历时语法化中主观化，是由表达具体的、词汇的、客观意义的形式和结构，通过在局部句法结构中的重复使用，逐渐衍生出抽象的、语用的语义，增添人际的、基于言者的功能（Traugott 1995：31 – 54）。

其演变动因是"诱导性推理"（invited inferencing）。即在会话中，说话人总是想用有限的词语传递更多的信息，从而产生创新性语用含义。说话人有意识地将这种创新性语用含义，在会话中传递给受话人，"受话人利用 R 原则（Grice '适量准则'中的'不过量准则'），推导出'语句例意义'（utterane-token meaning）；然后该'语句例意义'通过规约化变成'语句型意义'（utterance-type meaning），最后"语句型意义"通过'语义化'（semanticizating）变成这个语言成分新的编码意义（new coded meaning）"（Traugott & Dasher 2002，吴福祥 2015）。

语法化中的主观化表现为互相联系的多个维度：由命题功能变为言谈功能；由客观意义变为主观意义；非认识情态变为认识情态；非句子主语变为句子主语；由句子主语变为言者主语；由自由形式变为黏着形式（Traugott 1995，沈家煊 2001，潘海峰 2016）。

（2）共时认知取向

认知主观化关注重点不是其主观化的历史演变过程，而是从认知角度去识别一定场景中的客观语义和主观语义。语言的主观化与说话人对客观情境的概念化有关。判定主观化的关键点有两个：是否有言语场景，说话人是否为编码的一部分（Langacker 1990，沈家煊 2001，潘海峰 2016）。

两者虽然观察角度不同，但是都是从客观意义到主观意义，从非认识情态到认识情态，主观性高时都是基于言者视角，或者称为言者主语。

本书主要从历史视角探讨认识情态词的来源与演变路径，主要采用历时主观化理论，在识别时也运用认知主观化理论。

（二）语法化理论

语法化理论侧重于研究语法范畴、语法成分的来源与演变。语法化的主要任务是描写语法范畴和语法成分是如何在时间和空间中产生和形成的，以及解释这些语法范畴、语法成分为什么以那种方式被构造起来（Heine & Kuteva 2002：2；Hopper & Traugott 1993：1-2）。促使语法化演变的动因是语用推理（pragmatic inferencing），具体表现为隐喻（metaphor）和转喻（metonymy）两个过程。演变机制是重新分析（reanalysis）和类推（analogy）（Hopper & Traugott1993）。语法化演变的规律有：并存原则、歧变原则、择一原则、保持原则、降类原则、频率原则、渐变原则、单向原则等（沈家煊 1994）。本书探讨的认识情态词，主要包括表认识情态的助动词和副词。其来源词类大部分是实义动词、助动词、代词、数词等等，也有一些是跨层组合。这些语言中意义实在的词，演变为无实在意义的认识情态副词，也是一个实词虚化的过程。这就需要运用语法化理论。

（三）历史类型学视角

目前，汉语研究大致有两种视角，一种是纯汉语视角，仅仅从汉语自身的研究来看汉语的个性和特点。另一种是基于语言类型学视角，即从人类语言的视角来观察汉语的个性与共性。语言类型学分为共时类型学与历时类型学，历时类型学主要关注人类语言演变的变异类型及其制约。对于汉语认识情态的来源及演变路径，本书尽量从历时语言类型学的视角，致力于把汉语认识情态的来源及演变路径，放在人类语言演变的大背景下，从而使得我们更容易判断，究竟哪些汉语认识情态的研究反映了人类语言演变的共性，哪些是汉语认识情态词演变的个性。

五、语料来源

本书语料主要来自《汉籍全文检索系统（第四版）》与北京大学古代汉语语料库和现代汉语语料库，少数语例源于字典词典，极少数未标注的现代汉语语例是个人内省自造。

第一章 汉语认识情态概况

第一节 认识情态的界定

一、认识情态的定义

何为认识情态？我们先看看相关学者的定义。

Lyons（1977：787－849）认为认识情态是言者对其所说命题的态度，关注的是命题真值的可能性与必然性。

Quirk（1985：219－221）认为认识情态是外部的，与可能性、必要性、预测性相关，是人们对事件发生可能性的判断。

Palmer（2001：8，24）认为认识情态是表达言者对命题事实状态的判断。

Bybee & Fleischman（1995：4）认为认识情态表达了言者对话语中包含的命题真值的确信程度。

Coates（1995：55）认为认识情态与言者对可能性的估计或评价有关，大部分情况下显示了言者对表达的命题真值的确信与否。

Nuyts（2000：21－22）认为认识情态关注的，是说话人考虑的可能世界语境中，事物的某一必然状态（或一些方面）或已经是或将会是真（或假）的可能性评估。

Traugott & Dasher（2002：106）认为认识情态与知识信仰有关，是对命题真值进行限定。更具体来说，是用来表达言者对命题真值的确信程度。

上述诸位学者对认识情态的界定比较一致，即认识情态是表达说话人对命题的确信程度或命题真值的主观估价。

二、认识情态的特征

1. 主观性

主观性是话语中含有说话人"自我"的表现成分,说话人在话语中表现出来的自己的态度、情感、立场。主观性集中在三个方面:说话人视角、说话人情感、说话人认识(沈家煊2001)。认识情态的主观性主要体现在说话人视角和说话人认识。如:

(1)这件衣服<u>可能</u>是她的。

(2)这件衣服<u>应该</u>是她的。

(3)这件衣服<u>一定</u>是她的。

这三个例句中,"语法主语"或"结构主语"是"这件衣服"。但是除了这个"语法主语"或"结构主语"外,还隐含着一个高层次的"言者主语",即说话人判断"这件衣服是她的",表达的是说话人视角。句中"可能、应该、一定"表达了说话人对"这件衣服是她的"这个命题的高低确信程度,"可能"表示不太确定、"应该"表示比较确定、"一定"表示很有把握,都是表示说话人的认识。

2. 非事实性

Tsang(1981:12-13)认为情态句表达情境的可能性,无论其认识上的确定性有多高,该情态句还是没有事实性;最强的认识情态也是非事实的(转引自彭利贞2005:24)。Palmer(1979:43)指出事实断言不作任何认识情态的判断,不表确定性或100%可能性;而最确定的认识情态判断,即最强可能性判断与事实断言不一样(转引自彭利贞2005:24)。彭利贞(2005:24)指出认识情态属于非事实性,表示对该情境的事实状态是不完全清楚的,是不确定的。

3. 非现实性

Comrie(1985:39-40)认为,现实性是指已经发生或正在发生的情境,非现实性是指现实之外的所有情境。Chafe(1995:350)认为现实性是指通过感知观察到的,已经成为事实的客观现实;非现实性是指通过想象构建的主观观点。即现实性是已经发生或正在发生、通过感知可以观察到的客观现实;非现实性是通过想象构建的,表达说话人的主观观点。认识情态表达说话人对命题的确信程度或命题真值的主观估价,具有非现实性。

4. 情态强度的等级差

西方语言学一般根据情态强度将认识情态分为"认识可能"和"认识必然"两类。

李明（2001）、朱冠明（2005）、范晓蕾（2012a）把认识情态分为"可能、盖然、必然"三类。

郭昭军（2003：54）认为"情态词之间存在一个连续渐变的等级差异"，即："也许＜可能＜大概＜很/非常/十分/极可能＜会"。

彭利贞（2005：36）在郭昭军（2003）基础上修改为："也许＜可能＜大概＜很/非常/十分/极可能＜会＜一定＜肯定/必然"。

根据言者对命题确信程度，认识情态存在由弱到强的梯度变化。本书根据其强度变化分为三类"可能、盖然、必然"。"认识可能"表示说话人对命题能否真值不太确定，是一种不太肯定的推测。"认识盖然"是介于"认识可能"与"认识必然"之间，是说话人对命题真值比较确定。"认识必然"表示言者对命题真值十分确定，是一种有把握的推断。

第二节　认识情态与传信情态

传信情态（evidential modality），也称为证据情态，主要涉及信息来源的标记，以及说话人对所陈述命题的各种证据类型。比如其来源是直接的还是非直接的，一手的还是二手的，是基于视觉的还是基于听觉的，是基于听说的还是基于推理的（Van der Auwera et al. 1998：85）。传信情态有广义和狭义之分，狭义的传信情态指信息的来源（source of knowledge），广义的传信情态除了指信息的来源之外，还包括对信息的态度（attitude of knowledge）（张伯江 1997；樊青杰 2008：15；徐晶凝 2008：43；冯军伟 2012）。认识情态与传信情态关系错综复杂。

关于认识情态与传信情态的关系，有三种观点：第一种观点认为认识情态是传信情态的一个次类，以 Chafe（1986）等为代表。Chafe（1986：262-263）认为传信情态包括四个方面：信息来源、认知方式、信息确定程度（可靠到不可靠的确定程度）、与信息相匹配的因素。第二种观点认为传信情态是认识情态的一个次类，以 Palmer（1986）代表。Palmer（1986：51）指出，认识情态不仅适用于可能性与必然性的情态系统，而且适用于说话人对他所说的话承诺程度的任何系统，特别是，它应包括"听说"或"报道"这些证据类，以及各种感觉证据（参见廖秋忠 1989）。第三种观点认为传信情态与认识情态有一部分是交叠的，以 Van der Auwera et al.（1998：85–86）为代表。

对于汉语来说，一些表视觉类，如"看样子"，与认识可能很难区分。如：

（4）他七孔流血，浑身乌青。看样子是中毒而死。（李文澄《努尔哈赤》）

一些感知类的象义词，如"好像、仿佛、似乎"等已衍生出认识可能义。如：

（5）当然，赵辛楣的英文好像比自己都好——刘东方不得不承认——（钱钟书《围城》）

（6）天忽然暗了下来，仿佛会有大雨来临。（张斌《现代汉语虚词词典》）

（7）来自上海的新郎杨威只穿了一双单鞋，似乎对北国的严寒没有准备。（2003 年新华社新闻报道）

杨黎黎（2017：44）考察了"据说、听说、看来、似乎、看样子"这几个词的传信度高低，其排序是：据说 > 听说 > 看来 > 似乎 > 看样子。

我们赞成第三种看法，即认识情态与传信情态有一部分是重合的。汉语中一部分表推测的词，如上面的"看样子、好像"，既表信息来源，也表主观推测。如："看样子是中毒而死"，"看样子"既表信息源于视觉，也表说话人根据视觉来进行主观判断，推测其中毒而死，表认识情态。即"看样子、似乎、好像"等词，既表消息的来源，也表言者的主观推测，是认识情态与传信情态交叉重合的部分。另外，从衍生关系来看，"看样子、好像"等词，在传信情态的基础上，进一步主观化衍生出认识情态义，具体见第三章第四节。

第三节　汉语中认识情态的表达方式

一、汉语中认识情态的表达方式

语言中表现认识情态的语法手段多种多样。就汉语来说，一般认为主要有以下这些语法手段：

（1）情态助动词，也称能愿动词。如"可能、应该、应当"等。

（2）情态副词。如"或许、恐怕、大概"等。

（3）语气词。如表不确定推测语气的"吧"。

（4）认知动词及其构式。如"猜测、推断、认为"，以及"人称代词＋认知动词"构成的话语标记，如"我觉得，我认为"。

（5）名词。如"可能性、必然性"等。

本书选择表认识情态的助动词与副词作为研究对象，主要基于助动词与副词是汉语最常见最典型的用来表认识情态的语法手段。从语言类型学角度看，情态动词与情态副词也是其他语言最常见的表认识情态的语法手段。另外，实义动词和名词是开放的词类，助动词与副词是比较封闭的词类，助动词与副词是从开放的词类衍生而来，对其研究有助于我们探究认识情态语义规律。至于语气词，从语言类型学来看，语气词并不是所有语言都有的，比如印欧语系、拉丁语系的大部分语言就没有语气词。

二、汉语认识情态助词与副词的句法标准

本书探讨的是常见的情态助动词与情态副词的来源及演变路径。情态助动词是位于动词与副词之间的一个类别，彭利贞（2005：58）建立了"动词—情态动词—副词"连续统一体。

朱德熙（1982：61）总结现代汉语情态助动词的五个特点：一、只能带谓词宾语，不能带体词宾语；二、不能重叠；三、不能带后缀"了、着、过"；四、可以放在"～不～"的格式里；五、可以单说。

而认识情态副词只能修饰谓词性成分充当状语，现代汉语中有些认识情态副词也可以单说。

表认识情态的助动词与认识情态的副词在句法上也存在差异，如表1-1：

表1-1　认识情态助动词与认识情态副词的句法差异

	认识情态助动词	认识情态副词
是否能单独做谓语	+	-
能否受否定词修饰	+	-
能否受程度副词修饰	有些可以	-

认识情态的助动词与副词，从语义上，均是表达说话人对句子命题的确信程度或命题真值的主观估价，两者还有一些相同的句法特征。大致有以下三个句法特点：

1. 言者主语

（8）他<u>可能</u>结婚了。

（9）他<u>大概</u>结婚了。

（10）他<u>一定</u>结婚了。

句中的语法主语是"他"，但是认识情态词"可能、大概、一定"指向的是句中隐含的说话人，即言者主语，表达了说话人对"他结婚了"这一命题的推测或推断。

2. 高位谓语

所谓高位谓语，表达的是说话人对命题的态度、情感、立场。其在句法上投影为句法中状语，即语用之高层谓语，不能映射为定语等较低层次的成分（李临定1983：9-31，杨成凯1995：245-259，黄国营2000，张谊生2000）。

（11a）小王买的书<u>或许</u>贵了。

（11b）＊小王买了一本<u>或许</u>贵了的书。

"或许"是认识情态词，是高位成分，只能投射句中的状语，修饰整个命题，不能投射为从属于某句子成分的定语，所以"小王买了一本<u>或许</u>贵了的书"不成立。

"是"一般为高位谓语的标记，认识情态词经常与"是"连用。

（12）她的同事都是很可爱的女孩，我愿意认识她们，可是，难道她不知道我迫切希望的是和她个别谈谈吗？也<u>可能</u>是成心装糊涂。（王朔《空中小姐》）

（13）是吴迪，她什么也没穿，<u>大概</u>是赤脚偷偷溜进来的。（王朔《海水火焰》）

（14）她<u>应该</u>是个有主见、不那么轻易就得到满足的人，否则难保不在遇见他之前先被别人勾搭走了。（王朔《我是你爸》）

（15）他的眼睛仍很有神，一望可知他当年<u>一定</u>是那种能力和欲望都很强，敢想敢干，习惯于支配别人的人。（王朔《过把瘾死》）

3. 句法位置灵活

表认识情态的助动词与副词句法位置灵活，句首句中句末均可。如：

（16）我一时间还弄不太明白，但是根据"历史记录"，詹妮所指的，<u>应该</u>是那株我买给她，却被她弄死了的植物。（约翰·杰罗甘《马利与我》）

（17）醒来已经是第二天早晨，房门大开，<u>大概</u>是门没锁半夜被风吹开的。（王朔《过把瘾死》）

（18）我回到院里，院里一片漆黑，杜梅<u>大概</u>也睡了，房里熄了灯。（王朔《过把瘾死》）

（19）我又回到了尘世，但我的心静了，回想总能体会很多，仿佛将一切不属于我的抛弃，生命匆匆，短短几十年，也如秋日斜阳一般留下最后的淡蓝，那我将无悔，<u>兴许</u>吧。（www.bulo.163.com，转引自罗耀华、刘云2008）

三、常见的汉语认识情态助动词与副词

关于情态助动词，本书参考刘利《先秦汉语助动词研究》（2000）、李明《汉语助动词的历史演变研究》（2001）、段业辉《中古汉语助动词研究》（2002）、彭利贞《现代汉语情态研究》（2005）、朱冠明《〈摩诃僧祇律〉情态动词研究》（2008）、巫雪如《先秦情态动词研究》（2018）等成果。

关于情态副词，很多学者称为语气副词。本书参考谷峰《先秦汉语情态副词研究》（2010）、杨海峰《〈史记〉副词研究》（2015）、葛佳才《东汉副词系统研究》（2005）、高育花《中古汉语副词研究》（2007）、李素英《中古语气副词研究》（2013）、吴福祥《敦煌变文 12 种语法研究》（2004）、唐贤清《〈朱子语类〉副词研究》（2003）、吴福祥《〈朱子语类辑略〉语法研究》（2004）、杨荣祥《近代汉语副词研究》（2005）、罗主宾《明清时期语气副词研究》（2013）、齐春红《现代汉语语气副词研究》（2008）、杨万兵《现代汉语语气副词的主观性与主观化研究》（2005）、张谊生《现代汉语副词研究》（2000）、潘田《现代汉语语气副词情态类型研究》（2010）等成果。

汉语史和现代汉语中表认识情态的助动词和副词不少，本书仅仅列举一些比较常见的。（见表 1－2）

表 1－2　汉语史和现代汉语中表认识情态的常见助动词和副词

认识可能	能类	能、解、会₁、可能等
	容许类	容、许、也许、或许、兴许等
	恐怕类	恐、惧、怕、恐怕等
	或类	或、或者等
	好像类	像、好像、似、似乎、仿佛等
	劝阻类	别、别是、莫非、莫不等
认识盖然	应当类	当、应、合、该等（连用的"应当、应该、合该"等）
	大概类	大概、大约、大抵、多半等
	将欲类	将、要、欲
认识必然	必须类	必、须、会₂等（连用的"必须"）
	一定类	定、一定、准等
	保证类	保、管、保证等
	连用	准保、必定、必当等

本章小结

本章界定了认识情态，即认识情态是说话人对句子命题的确信程度或命题真值的主观估价。其具有主观性、非事实性、非现实性、情态强度等级差等特征。本章区分了认识情态和传信情态，认为认识情态与传信情态部分词是重合的。语言中表认识情态的语法手段很多，就汉语来说，有情态助动词、情态副词、情态实义动词、语气词、名词等等。本书探讨的是常见的情态助动词和副词，虽然是两个不同的词类，但是句法上均具有言者主语、高位谓语和句法位置灵活等特征，并列举了汉语史和现代汉语中常见的认识情态助动词和副词。

第二章 汉语认识可能义词的 来源及演变路径

本章主要探讨六组汉语认识可能义词的来源及演变路径。第一节探讨"能、解、会₁①"之"认识可能"义的来源及演变路径。第二节探讨"容、许"之"认识可能"义的来源及演变路径。第三节探讨"恐、惧、怕"之"认识可能"义的来源及演变路径。第四节探讨"像/好像、似/似乎、仿佛"之"认识可能"义的来源及演变路径。第五节探讨"莫、别"之"认识可能"义的来源及演变路径。第六节探讨"或、或者"之"认识可能"义的来源及演变路径。

第一节 "能、解、会₁"

汉语史上，一些表"内在能力"的词，经"条件可能"义衍生出"认识可能"义，如"能""解""会₁"等。如：

"能"：

（1）周子有兄而无慧，不能辨菽麦，故不可立。（《左传·成公十八年》）——内在能力

（2）君有君之威仪，其臣畏而爱之，则而象之，故能有其国家，令闻长世。（《左传·襄公三十一年》）——条件可能

（3）景伯曰："……吴轻而远，不能久，将归矣，请少待之。"（《左

---

① "会"之认识情态义有两条演变路径，一条为"内在能力→条件可能→认识可能"，称为"会₁"。另一条为"条件必要→认识必然"，称为"会₂"。

传·哀公八年》）——认识可能

"解"：

（4）不是不解弹，未有知音者。（《祖堂集》卷八）——内在能力

（5）如吃饭样，吃了一口，又吃一口，吃得滋味后，方解生精血。（《朱子语类》卷十九）——条件可能

（6）司马迁班固刘向父子杜佑说都一同，不解都不是。（《朱子语类》卷二）——认识可能

"会₁"：

（7）应也会求财路，那个门中利最多？　　（《敦煌变文集·双恩记》）——内在能力

（8）敬了，方会信；信了，方会节用；节用了，方会爱人；爱人了，方会"使民以时"。（《朱子语类》卷二十一）——条件可能

（9）水经云，昆仑取嵩高五万里，看来不会如此远。（《朱子语类》卷八十六）——认识可能

　　"内在能力"、"条件可能"、"认识可能"由同一个语言形式承载，三个词存在平行演变关系。对"内在能力→条件可能→认识可能"这一演变现象的探讨，成果较多，下面分别从历时和共时两个方面简述。历时方面的主要成果有朱冠明（2003）、蒋绍愚（2007）、李明（2016）、巫雪如（2018）等。朱冠明（2003）、巫雪如（2018）探讨了"能"表认识情态的语义演变过程；蒋绍愚（2007）探讨了"解、会"的语义演变过程，李明（2016）列举了"能、解、会"这三种语义功能。共时方面主要从语义地图视角构建演变路径，主要成果有范晓蕾（2011、2016）、张定（2013）等。范晓蕾（2011：55－100）基于汉语方言构建了能性语义地图，构建了"内在能力→条件可能→认识可能"的演变路径。如北京、太原、平遥、邢台的"能"，福清、福州、厦门、漳州、温州、泉州的"会"，上海、绍兴、杭州、宁波的"好"等均存在"内在能力、条件可能、认识可能"三种语义功能。张定（2013：37－69）通过"能、会、该、要"四个词，对Van der Auwera et al.（1998）的情态语义地图进行验证与补充。范晓蕾（2016）共时构拟了助动词"会"情态语义演变。还有一些关于"能、解、会"单字研究的论文，关于"能"的有王伟（2000）、王红卫（2008）；关于

"解"的有杨秀芳（2001）；关于"会"的有傅书灵、祝建军（2004），王鹏、马贝加（2011），吴春生（2011），潘秋平（2018、2019），等等。

上面诸位学者的研究很有价值，对"能、解、会"的语义功能及演变过程多有揭示。不过，也存在一些分歧。第一，对"能"是否表有"认识可能"义存在分歧，朱冠明（2003）、王伟（2000）、范晓蕾（2011）、张定（2013）认为"能"存在"认识可能"义；巫雪如（2018）认为"能"不存在"认识可能"义；而李明（2016）对"能"是否具有"认识可能"存在犹豫，在文中"能"没有"认识可能"的语例，但是总结时指出"能"具有"或然性"。

第二，对"会"的演变路径与认识情态等级存在分歧。李明（2016）认为"会"表"认识可能"义由"内在能力"义直接衍生而来；范晓蕾（2016）认为其演变路径为："内在能力→条件必然→认识必然"。为何"会"的认识情态等级是"必然"，与李明（2016）"会"之"认识可能"不同，也高于"能"的认识情态等级"可能"，其缘由是什么？范晓蕾（2016）认为"会"表"内在能力"是"心智能力"，"能"是"生理能力"，"心智能力"比"生理能力"更加稳定，所以"能"与"会"的演变路径不同。"能"之演变路径为："生理能力→条件可能→认识可能"；"会"之演变路径为："心智能力→条件必然→认识必然"。潘秋平（2018）认可范晓蕾（2016）的观点。但是有两个问题未能得到合适解释：一是从汉语史看，"会"表"内在能力"义，始见于唐代，而表"认识必然"义，始见于东汉，时间上不吻合；二是表"能"也可以表"心智能力"，而"解"主要表"心智能力"，为何"解"的演变路径仍为"内在能力→条件可能→认识可能"。

我们认为，"会"表认识情态有两条演变路径，一条与"能、解"一样，是"内在能力→条件可能→认识可能"，称为"会$_1$"。另一条演变路径"条件必要→认识必然"，称为"会$_2$"，具体演变过程见第四章第一节。"能、会"是现代汉语常用的情态词，"内在能力→条件可能→认识可能"是跨语言反复出现的演变路径（Van der Auwera et al. 1998，范晓蕾 2011），对其演变的动因与机制进行研究，尤其重要。汉语文献资料丰富，为探讨其演变的动因与机制提供了丰富的语料。本书从历时视角，重新梳理"能、解、会₁"的演变，重点探讨其演变的动因与机制。

一、"能"

(一)"熊（动物）"→"能人/才能"（名词）→"内在能力"

"能"，《说文》云："熊属。足似鹿。从肉声。能兽坚中，故称贤能；而强壮，称能杰也。"南朝梁任昉《述异记》："尧使鲧治洪水，不胜其任，遂诛鲧于羽山，化为黄能，入于羽泉。今会稽祭禹庙不用熊，曰黄能，即黄熊也。陆居曰熊，水居曰能。""能"本义为一种类似熊的兽。如：

(10) 今梦黄能入于寝门，不知人杀乎，抑厉鬼邪！（《国语·晋语八》）

韦昭注："能，似熊。"

《左传》中也有1例"黄熊"，即：

(11) 今梦黄熊入于寝门，其何厉鬼也。（《左传·昭公七年》）

"能"在《今文尚书》《诗经》《左传》中出现了"能人/才能"义。如：

(12) 人之有能有为，使羞其行，而邦其昌。（《尚书·洪范》）（能力）

(13) 其湛曰乐，各奏尔能。（《诗经·小雅·宾之初筵》）（能力）

(14) 卫文公大布之衣，大帛之冠，务材训农，通商惠工，敬教劝学，授方任能。（《左传·闵公二年》）（能人）

(15) 子产之从政也，择能而使之。（《左传·襄公三十一年》）（能人）

上面四例中，"能"是名词，在句中充当宾语。"人之有能有为"，"各奏尔能"，"能"义为"才能"，即人具有的超凡才能。"授方任能"，"择能而使之"，"能"义为"能人"，即具有超凡能力的人。从"熊"到"能人"，演变机制是隐喻，由"熊"之"坚中而强壮"投射到"人"的超凡身体能力（朱冠明 2003、张定 2013）。

"能"用作一般动词，在句中做谓语中心语，后接名词性宾语，语例较少。如：

(16) 予仁若考，能多材多艺，能事鬼神。（《尚书·金縢》）

"能"后接 VP 结构，用作助动词，表"内在能力"义，在春秋时期已经很常见。如：

（17）荦有力焉，能投盖于稷门。（《左传·庄公三十二年》）——体能

（18）静言思之，不能奋飞。（《诗经·邶风·柏舟》）——技能

（19）冯简子能断大事，子大叔美秀而文。（《左传·襄公三十一年》）——心理能力

（20）作其即位，爰知小人之依，能保惠于庶民，不敢侮鳏寡。（《尚书·无逸》）——综合能力

"能"表"内在能力"，具体又分为"体能""技能""心理能力""综合能力"，一般认为"体能"在先，后衍生出"技能""心理能力""综合能力"等其他能力。从单一的能力衍生出复杂的能力，语义逐渐泛化抽象化，演变机制是转喻扩展。

从"强壮的身体能力或力量"，扩展为心理能力，再演变为一般能力标记，是常见"内在能力"助动词的语义来源。如英语的"may"，最初表身体能力或力量，扩展为心理能力与一般能力。另外的一个例子是拉丁语的 potere 或 possum，意思是"能够"，与意思为"强壮或有力"的形容词 potens 有关，后来演变为法语的 pouvoir 和西班牙语的 poder，它们作为助动词表示"能够"，作为名词表示"力量"（Bybee et al. 1994，陈前瑞等译 2017：302）。

"能"表"内在能力"义，从句法上看，主语具有［＋有生］的语义特征，一般是人，如"荦有力焉，能投盖于稷门"、"冯简子能断大事"，"荦"和"冯简子"是人。"能"后动词具有［＋自主］的语义特征，如上面例句中"投、奋飞、断、保"等都是自主行为动词。

（二）"内在能力"→"条件可能"

所谓"条件可能"，即外在条件决定了事件实现的可能性，也称为"根可能"或"客观可能"。"能"表"条件可能"义在《今文尚书》《诗经》《左传》中已经出现，有些例句张定（2013）、李明（2016）已引用。如：

（21）我非敢勤，惟恭奉币，用供王能祈天永命。（《尚书·召诰》）

（22）彼狡童兮，不与我食兮。维子之故，使我不能息兮。（《诗经·郑风·狡童》）

（23）吾闻国家之立也，本大而末小，是以能固。（《左传·桓公二年》）

"惟恭奉币，用供王能祈天永命"，义为"（我）只不过恭敬地奉上币帛，以供王能够祈求上天给予永久的大命"，即"恭奉币"是"用供王能祈天永命"的外在条件。"彼狡童兮，不与我食兮。维子之故，使我不能息兮"，"你不与我食兮"是"我不能息兮"的外在条件。"本大而末小，是以能固"，"本大而末小"，是实现"（国家）稳固"的外在条件。

从句法上看，"能"表"内在能力"，主语可以是［＋有生］的，如"使我不能息兮"中主语"我"是有生的人，也可以是［＋无生］的，如"是以能固"，省略的主语是"国家"。"能"后动词可以是［＋自主］的，如"使我不能息兮"中"息"，也可以是［＋非自主］的，如"是以能固"之"固"，是状态动词。为什么句法上有差异？因为"能"表"条件可能"，"能"后动作行为是否实现，不取决于"能"前的主语的"内在能力"，而是取决于外部条件，外部条件导致"能"后动作行为的实现。外部条件可以导致有生主语实施某个动作行为，也可以导致无生主语被动产生某个动作行为或造成某种状态。所以，"能"前名词主语可以是有生的，也可以是无生的；"能"后VP可以是自主动词，也可以是非自主动词。

从"内在能力"到"条件可能"，演变动因与机制是什么？一是与主语的有生性有关（王伟2000）。如：

（24）公孙挥能知四国之为，而辨于其大夫之族姓、班位、贵贱、能否，而又善为辞令。（《左传·襄公三十一年》）

（25）葛藟犹能庇其本根，故君子以为比，况国君乎？（《左传·文公七年》）

（26）楚子问鼎之大小、轻重焉……用能协于上下，以承天休。（《左传·宣公二年》）

（27）譬如田猎，射御贯则能获禽。（《左传·昭公三十一年》）

上面例句中"能"主语分别是"公孙挥""葛藟""（鼎）①""射御贯"，对应的是"人、植物、事物、状态/动作"，"内在能力"义递减，"条件可能"义递增。"公孙挥能知四国之为"，主语是为有生人类，表典型的"内在能力"义。"葛藟犹能庇其本根"，主语是介于有生无生之间的植

---

① "用能协于上下"，此处省略的主语是"鼎"。

物，倾向于理解为"内在能力"。"用能协于上下，以承天休"，省略的主语为"鼎"，无生，倾向于理解为"条件可能"义，即理解为人用鼎来协于上下，以承天休。"射御贯则能获禽"，义为"熟悉了射箭技术，就能够获得食物"，主语"射御贯"，只能理解为"条件可能"义。

二是与"内在能力""外在条件"的力量强度有关。如：

（28）肉食者鄙，未能远谋。（《左传·庄公十年》）——内在能力

（29）晋人逐之，左右角之，乐伯左射马，而右射人，角不能进。（《左传·宣公十二年》）——中间阶段

（30）丧，亲之终也，虽不能始，善终可也。（《左传·文公十五年》）——条件可能

"能"的施事主语完成某个动作，不仅取决于内在能力，还会受到外在条件的制约（朱冠明2003）。如果施事主语完成其动作，主要依赖于主语的"内在能力"，如"肉食者鄙，未能远谋"，那么"能"表典型的"内在能力"义。"角不能进"，则有两种理解：既可以理解主语夹击者（没有高超的技能），不能前进，"能"表"内在能力"义，也可以理解为由于"乐伯左射马，而右射人"，其外部条件导致"夹击者不能前进"，"能"表"条件可能"义。外在条件达到一定程度时，可能引起内在能力的变化（王伟2000）。"丧，亲之终也，虽不能始，善终可也"，义为"丧事，是最后一次对待亲人，虽然不能够善始，善终亦可"，"虽不能始"中，即外在条件不允许善始，与主语的内在能力无关，"能"只表"条件可能"义。

综上，"能"从"内在能力"演变为"条件可能"，主要受两个因素的制约：一是主语是否有生。主语的有生性降低，能动性减弱、条件性增强，"内在能力"义递减，"条件可能"义递增。二是受"内在能力""外在条件"的力量强度制约。其演变的机制是转喻，由"能"后VP实现的力量由参与者的内在能力扩展为外在条件。

（三）"条件可能"→"认识可能"

学界对"能"是否存在"认识可能"义存在分歧，朱冠明（2003）、王伟（2000）、范晓蕾（2011）、张定（2013）认为"能"存在"认识可能"义；巫雪如（2018）认为"能"不存在"认识可能"义；而李明（2016）对"能"是否具有"认识可能"存在犹豫，在文中"能"没有举

"认识可能"的语例，但是总结时指出"能"具有"或然性"。

本书认为"能"在《左传》中就出现了表"认识可能"的语例。如：

（31）今是长乱之道也，祸未歇也，必三年而后能纾。（《左传·襄公二十九年》）

（32）秦为令狐之役故，冬，秦伯伐晋，取羁马。晋人御之，赵盾将中军，荀林父佐之；缺将上军，臾骈佐之；栾盾将下军，胥甲佐之。范无恤御戎，以从秦师于河曲。臾骈曰："秦不能久，请深垒固军以待之。"（《左传·文公十二年》）

"必三年而后能纾"，义为"（祸乱）必定三年后才可能解除"，"能"表说话人对未然事件预测。"秦不能久"，义为"秦不可能久（战）"，是言者臾骈关于秦国军队能否久战情况的推测，这也是未然事件，"能"显然表"认识可能"义。

再如："能"在南北朝与"认识可能"义词"或、容"连用的语例。

（33）嘉平元年，与征西将军郭淮拒蜀偏将军姜维。维退，淮因西击羌。艾曰："贼去未远，或能复还，宜分诸军以备不虞。"（西晋·陈寿《三国志·邓艾传》）

（34）今远出梁山，则京都空弱，东军乘虚，容能为患。（南朝梁·沈约《宋书·刘劢传》）

（35）匈奴未灭，刘昶犹存，秋风扬尘，容能送死，境上诸城，宜应严备。（南朝梁·萧子显《南齐书·刘善明传》）

"或能复还"，"或"与"能"连用，表达言者纯主观的推测，即"（贼）或许再回来"，"能"显然不是表"条件可能"，而是表"认识可能"。

那么，"能"是如何从"条件可能"义衍生出"认识可能"义的？其演变的动因与机制是什么？"能"表"条件可能"义，大部分语例是用在条件复句中。其演变的关键是未然语境，说话人对事件是否发生是未确知的。如：

（36）黄人恃诸侯之睦于齐也，不共楚职，曰："自郢及我九百里，焉能害我？"夏，楚灭黄。（《左传·僖公十二年》）

"焉能害我"，这是一个反问句式，表达否定意义，义为"不可能害我"，"能"有两种解读，一种是"自郢及我九百里"，（楚国）没有条件能够害我，"能"表"条件可能"义；另一种是这是一个未然事件，楚国会不会侵略自己说话人是不确知的，说话人基于当时的情况"自郢及我九百里"，推测"（楚国）不可能害我"，"能"表"认识可能"义。再如：

（37）今晋，甸侯也，而建国，本既弱矣，其<u>能</u>久乎？（《左传·桓公二年》）

"其能久乎"，既可以理解为晋国"本既弱矣"，没有条件能够长久；也可以理解为这是一个未然事件，言者根据晋国"本既弱矣"的情况，推测其不可能长久，"能"表"认识可能"义。

例（36）（37）"能"位于结果小句中，前面"自郢及我九百里""本既弱矣"表条件，"能"所在的小句是未然事件，是反问句式，说话人根据这些条件推测未然事件不可能发生，使得"能"获得了主观认识情态义。

当说话人根据自己的经验去推测，"能"的主观情态义增强。如：

（38）宋人使门尹般如晋师告急。公曰："宋人告急，舍之则绝，告楚不许。我欲战矣，齐、秦未可，若之何？"先轸曰："使宋舍我而赂齐、秦，藉之告楚。我执曹君，而分曹、卫之田以赐宋人。楚爱曹、卫，必不许也。喜赂、怒顽，<u>能</u>无战乎？"（《左传·僖公二十八年》）

（39）三十三年，春，秦师过周北门，左右免胄而下，超乘者三百乘。王孙满尚幼，观之，言于王曰："秦师轻而无礼，必败。轻则寡谋，无礼则脱。入险而脱，又不能谋，<u>能</u>无败乎？"（《左传·僖公三十三年》）

"喜赂、怒顽，能无战乎"，义为"（齐、秦两国）高兴于得到（宋国的）贿赂，（又）恼怒（楚国的）顽抗，（他们）能不参战吗"，"能无战乎"，这也是一个反问句式，表达否定意义，即"不可能不参战"，"能"更倾向于言者根据"喜赂、怒顽"的情况，推测齐、秦两国不可能不参战，"能"表"认识可能"义。"能无败乎"与前面"必败"对应，表言者推测，"能"表"认识可能"。

"能"表"认识可能"义，在反问句式和否定句式语例较多。否定句式如：

（40）郑伯其死乎！自弃也已。视流而行速，不安其位，宜不<u>能</u>久。（《左传·成公六年》）

（41）赵孟将死矣。其语偷，不似民主，且年未盈五十而谆谆焉如八九十者，弗<u>能</u>久矣。（《左传·襄公三十一年》）

（42）晏婴闻之，曰："君固无勇，而又闻是，弗<u>能</u>久矣。"（《左传·襄公十八年》）

（43）子玉刚而无礼，不可以治民，过三百乘，其不<u>能</u>以入矣。（《左传·僖公二十七年》）

"宜不能久"，义为"应该不可能太久"。言者根据郑伯"视流而行速，不安其位"，推测他应该不可能长久。"且年未盈五十而谆谆焉如八九十者，弗能久矣"，言者根据赵孟"其语偷，不似民主，且年未盈五十而谆谆焉如八九十者"的情况，推测他不可能长久。

"能"在先秦表"认识可能"义，主要出现在表未然的反问句与否定句中，肯定句较少，在《左传》中仅有 1 例，即上面《襄公二十九年》中"今是长乱之道也，祸未歇也，必三年而后能纾"。

由此可知，"能"由"条件可能"义衍生出"认识可能"义，句法环境是"能"处于条件复句。其演变的关键是"能"处在的结果小句是未然事件，对于未然事件，说话人是未确知的，只能根据条件或经验去推测，"能"由此衍生出"认识可能"义。

"能"从"条件可能"演变为"认识可能"，从演变结果来看，是隐喻。"条件可能"是动力情态，属于"行域"，"认识可能"属于"知域"，"能"从"条件可能"演变为"认识可能"，是从"行域"演变到"知域"，后者主观性明显高于前者。不过，从演变过程来看，是转喻。演变的关键是在未然语境中，说话人对未然事件是否发生是未确知的，只能根据条件去推测，"能"由此获得了主观认识情态义。"能"吸收这种语境中的"认识可能"义，随着使用的增加，逐渐扩展为根据经验推测或纯主观的推测。

二、"解"

（一）"分解"→"知晓"→"内在能力"

"解"，《说文》云，"判也。从刀判牛角"，本义是"分解"。"解"表"分解"义始见于《左传》，《庄子》中亦有语例。如：

（44）宰夫将<u>解</u>鼋。（《左传·宣公四年》）

（45）庖丁为文惠君解牛，手之所触，肩之所倚，足之所履，膝之所踦，砉然响然，奏刀騞然，莫不中音。（《庄子·养生主》）

（46）俯而视其大根，则轴解而不可为棺椁。（《庄子·人间世》）

上面例句中"解"，其受事是"鼋、牛、轴"，表示具体的事物。

战国时代，"解"的受事扩展到对抽象认知事物的分解。如：

（47）大惑者，终身不解；大愚者，终身不灵。（《庄子·天地》）

（48）其辩说足以解烦，其知虑足以决疑，其齐断足以距难，不还秩，不反君，然而应薄捍患，足以持社稷，然后可。（《荀子·君道》）

"解"的受事是"大惑、烦"等，对于这些抽象认知事物的分析，需要人的心智参与，从而转喻为"知晓"义。

"解"表"知晓"义始见于东汉。如：

（49）经增非一，略举较著，令恍惑之人，观览采择，得以开心通意，晓解觉悟。（王充《论衡·艺增》）

（50）然，真人自若真真愚昧，蒙蔽不解，向者见子陈辞，以为引谦，反真真冥冥昧昧，何哉？（于吉《太平经》卷三十七）

（51）愚生蒙恩，已大解，今问无足时，唯天师丁宁重戒之。（《太平经》卷三十七）

（52）术士之师也，久久还自穷之，学能遍授天文地理，悉解万物之情。（《太平经合校》卷七十三至八十五）

东汉时表"知晓"义的"解"，后接宾语的语例较少。魏晋南北朝时表"知晓"义的"解"，后接名词性宾语。如：

（53）懿年老，意荒忽，不解君言。（《三国志·曹爽传》）

（54）作荆州时，敕船官悉录锯木屑，不限多少，咸不解此意。（南朝宋·刘义庆《世说新语·政事》）

（55）王武子善解马性。（刘义庆《世说新语·术解》）

（56）以岳峙独立者，为涩吝疏拙；以奴颜婢睐者，为晓解当世。（葛洪《抱朴子·交际》）

（57）虽远而必至，携手连袂，以遨以集，入他堂室，观人妇女，指站修短，评论美丑，不解此等何为者哉？（《抱朴子·疾谬》）

当"解"后接表"技能"类的名词时，表示具有某种能力。如：

（58）<u>解</u>歌音，能律吕，箫韶直得阴云布。（《敦煌变文集·维摩诘经讲经文》）

（59）从何国来，及到城年月，兼住寺并年几，<u>解</u>何艺业，具名申上者。（唐·圆仁《入唐求法》卷三）

（60）张大使天长元年到日本国，回时付船却归唐国。今见居在寺庄，<u>解</u>日本国语，便为通事。（《入唐求法》卷四）

"解"后接谓词性成分，始见于六朝，唐以后语例增多，表"内在能力"义。如：

（61）往昔之世，有富愚人，痴无所知。到馀富家，见三重楼，高广严丽，轩敞疏朗，心生渴仰，即作是念："我有钱财，不减于彼，云何顷来而不造作如是之楼？"即唤木匠而问言曰："<u>解</u>作彼家端正舍不？"木匠答言："是我所作。"即便语言："今可为我造楼如彼。"（《百喻经·三重楼喻》）

（62）"女人身上<u>解</u>何艺？""明机妙<u>解</u>织文章！"（《敦煌变文集·董永变文》）

（63）能谈妙法邪山碎，<u>解</u>讲真经障海隈。（《敦煌变文集·维摩诘经讲经文》）

（64）马大师云："汝是什摩人？"对云："我是猎人。"马师云："汝<u>解</u>射不？"对云："<u>解</u>射。"（《祖堂集》卷十四）

"解"的后接成分由名词性成分扩展为谓词性成分，由一般动词发展为助动词。

"知晓"义是"内在能力"义助动词的常见词汇来源，比如莫图语中diba、俾路支语的 zən、丹麦语的 kunne、姆韦鲁语的 manya、阿侬语的 sha 等助动词"能够"源于心理动词"知道"，"知道如何去做"表心理能力。这些起初仅限于表心理能力的动词扩展到表身体能力，然后演变为一般能力标记（Bybee et al. 1994，陈前瑞等译 2017：301－302）。

汉语史上"会、知"等均存在从"知晓"到"内在能力"的语义演变（江蓝生 1998），"会"的语例见后一小节，"知"的语例如：

（65）王如<u>知</u>此，则无望民之多于邻国也。（《孟子·梁惠王上》）——知晓

（66）小儿<u>知</u>谈，卿可与语。（南朝宋·刘义庆《世说新语·排

调》——内在能力

上面例句中"解",主语一般是人,有生主体,"解"后动词是自主动词,如（62）—（64）例句中的"织、谈、讲、射"等。"解"表"内在能力"义,主要表"技能"、"心理综合能力"等,不表"身体能力"。

综上,"解",本义是"分解",其受事是具体物理世界的事物。战国时代,"解"的受事扩展为抽象的认知事物,常见的如"惑、烦"等,需要人的心智参与,从而转喻为"知晓"义。"解"表"知晓"义动词后接的名词是"话语、道理"等,后扩展为"技能"类名词,表示具备某种能力。"解"后由名词性成分扩展为谓词性成分,由一般动词演变为助动词。"解"表"内在能力"时,侧重表"技能"和"心智能力"。

（二）"内在能力"→"条件可能"

"解"在唐代出现了表"条件可能"义的语例,宋代语例较多。如:

（67）直须得见遗形,方解发心信受。（《敦煌变文集·佛说观弥勒菩萨上生兜率天经讲经文》）

（68）某后生见人做得诗好,锐意要学,遂将渊明诗平侧用字,一一依他做,到一月后便解自做,不要他本子,方得作诗之法。（《朱子语类》卷一百四十）

（69）只要常常提撕,莫放下,将久自解有得。（《朱子语类》卷一百二十）

（70）只不要间断,积累之久,自解做得彻去。（《朱子语类》卷一百一十三）

（71）这一个字,如何解包得许多意思?（《朱子语类》卷二十）

"直须得见遗形,方解发心信受","解"之前有表必要条件的关联副词"方",义为（只有）具备前一分句的条件,才能够实现后一分句的结果命题,前一分句表必要条件。"遂将渊明诗平侧用字,一一依他做,到一月后便解自做","解"之前有表充分条件的关联副词"便",义为（只要）具备前一分句的条件,便能够实现后一分句的结果命题,前一分句表充分条件。"只要常常提撕,莫放下,将久自解有得","只不要间断,积累之久,自解做得彻去",前一分句有充分条件标记词"只要、只不要",表充分条件,义为只要具备前一分句的条件,自然能够实现后一分句的结果命题。

上面四个例句中"解"位于条件复句的结果主句。"这一个字，如何解包得许多意思"中，"解"在非条件句中表"条件可能"义。

从句法上看，"解"的主语可以有生，也可以是无生的，如"这一个字，如何解包得许多意思"中"这一个字"是无生主体。"解"后动词可以是自主的，也可以是非自主的，如"方解生精血"中"生"是非自主动词。

"能"从"内在能力"到"条件可能"，受两个方面因素的制约：一是主语的有生无生，二是受"内在能力""外在条件"的力量强度制约。从"解"的语例来看，"解"从"内在能力"到"条件可能"主要受主语有生无生制约。如：

（72）酒能祛百虑，菊解制颓龄。（东晋·陶渊明《九日闲居》）

（73）师子乳能除假乳，信诚心解遣邪心。（《敦煌变文集·维摩诘经讲经文》）

（74）千般罗绮能签眼，万种笙歌解割肠。（《敦煌变文集·双恩记》）

（75）每遇慈尊转法轮，圣贤违遐（围绕）紫金身。慈风解熟修来果，甘露能清忘（妄）起尘。（《敦煌变文集·长兴四年中兴殿应圣节讲经文》）

（76）衙前乐部好笙歌，音乐清泠解合和；花下爱漼（催）《南浦子》，延（筵）中偏送《剪春罗》。（《敦煌变文集·妙法莲华经讲经文》）

"解"在六朝时出现无生主语的语例，但语例较少，唐代较多。"酒能祛百虑，菊解制颓龄"，即"酒能够祛百虑，菊能够制颓龄"，"祛百虑""制颓龄"可以理解为"酒与菊"的性能，即"酒与菊"的"内在能力"；也可以理解为人用酒来祛百虑，用菊来制颓龄，如果关注点在人，那么"酒与菊"就是客观条件。无生主语的语例，是从"内在能力"演变为"外在条件"的中间阶段。"信诚心解遣邪心""万种笙歌解割肠""慈风解熟修来果"中，主语"信诚心、万种笙歌、慈风"是无生主语，"解"倾向于理解为"条件可能"。"音乐清泠解合和"，"音乐清泠"是主谓结构构成的谓词性词语充当主语，"解"倾向于理解为"条件可能"。后扩展为条件小句，用逗号隔开，"解"表典型的"条件可能"义。如：

（77）须知道那一句有契于心，著实理会得那一句透。如此推来推去，方解有得。（《朱子语类》卷八十一）

综上，"解"从"内在能力"衍生出"条件可能"，演变的机制是转喻，中间阶段是无生名词主语，有两种理解的可能。"人—事物—状态/动作—条件小句"，"内在能力"义递减，"条件可能"义递增。

（三）"条件可能"→"认识可能"

"解"表"认识可能"义唐代发现1例，宋代语例较多，宋代有些例句蒋绍愚（2007）已引用。

（78）回头乃报楚家将："大须归家着乡土。一朝儿郎偷得高皇号，还解捉你儿郎母。"（《敦煌变文集·汉将王陵变》）

（79）今人应事，此心不熟，便解忘了。（《朱子语类》卷三十六）

（80）用之问："诸葛武侯不死，与司马仲达相持，终如何？"曰："少间只管算来算去，看那个错了便输。输赢处也不在多，只是争些子。"季通云："看诸葛亮不解输。"（《朱子语类》卷一百三十六）

（81）古人如此说，必须是如此。更问他发明与不发明要如何？古人言语写在册子上，不解错了。（《朱子语类》卷一百一十七）

（82）昔李初平欲读书，濂溪曰："公老无及矣，只待某说与公，二年方觉悟。"他既读不得书，濂溪说与他，何故必待二年之久觉悟？二年中说多少事，想见事事说与他。不解今日一说，明日便悟，顿成个别一等人，无此理也。（《朱子语类》卷一百二十）

（83）且如天运流行，本无一息间断，岂解一月无阳！（《朱子语类》卷七十一）

"还解捉你儿郎母""便解忘了"，"解"表对未然事件的推测。"看诸葛亮不解输"，"看"义为"认为"，言者认为诸葛亮不可能输，"解"表对虚拟事件的推测。"古人言语写在册子上，不解错了"，"解"表对已然事件的推测。

"解"表"认识可能"，语义指向说话人，如"看诸葛亮不解输"，不是诸葛亮没有条件输，而是说话人认为诸葛亮不可能输。"解"表"认识可能"，是对命题的推测，管辖的是整个小句，可以位于句首，如"不解今日一说，明日便悟""岂解一月无阳"，"不解""岂解"位于句首。而"解"表"条件可能"，是主语有条件或没有条件实现某个动作行为，管辖范围是"解"后VP。

"解"从"条件可能"衍生出"认识可能"的动因与机制是什么？

与"能"一样，"解"从"条件可能"衍生出"认识可能"，也是在条件复句中，"解"位于结果小句中，句法因素相同。但是演变的动因稍有不同，"能"从"条件可能"衍生出"认识可能"的关键是未然语境，而"解"从"条件可能"衍生出"认识可能"的关键是虚拟语境。如：

（84）若这句已通，次第到那句自<u>解</u>通。（《朱子语类》卷一百二十）

这是一个假设条件复句，有两种解读：一种是外在条件"这句已通"，导致"那句自然能够通"，"解"表"条件可能"；另一种是这是一个虚拟条件句，是非现实的，结果是说话人未确知的，可以理解为说话人根据虚拟条件"若这句已通"，推测结果"次第到那句自解通"，"解"表"认识可能"。

（85）他家若是孝顺儿，<u>解</u>向家中亲侍奉。（《敦煌变文集·盂兰盆经讲经文》）

"解向家中亲侍奉"，有两种解读：一种是虚拟外在条件"他家若是孝顺儿"，就"能够在家中亲侍奉"，"解"表"条件可能"；另一种是假设条件复句中，结果小句具有虚拟性、非现实性，因而也具有未确知性，所以可以理解为言者基于虚拟条件的推测，推测"可能会在家中亲侍奉"，"解"表"认识可能"。

"解"在这种虚拟语境中获得主观认识情态义，随着使用频率的增加逐渐固化，扩展为说话人根据经验推测，"解"表"认识可能"义。如：

（86）和氏璧也是赵国相传以此为宝，若当时骤然被人将去，则国势也<u>解</u>不振。（《朱子语类》卷一百三十四）

如果（和氏璧）当时骤然被人将去，这虚拟的是一种未存在的情况，说话人根据经验推测"国势也解不振"，"解"位于否定词"不"之前，倾向于表"认识可能"义。

"解"从"条件可能"义衍生出"认识可能"义，其演变的关键是虚拟语境。虚拟条件句中，既可以理解为虚拟条件导致"解"后动作行为的发生，"解"表"条件可能"；也可以理解为虚拟条件句具有非现实性，结果未确知，说话人根据虚拟条件，推测出"解"所在小句的命题，"解"由此获得了"认识可能"义。随着使用频率的增加逐渐固化，扩展为说话人根据经验或事实推测，"解"演变为典型的"认识可能"义。

三、"会₁①"

(一)"会合、总计"→"知晓"→"内在能力"

"会"，本义是"会合、会聚"，"会聚数据"称为"总计"，"总计"需要人的心智参与，"会"与"计"同义连用表"计谋、算计"，始见于战国，唐代也有零星语例。如：

(87) 人有欲则计会乱，计会乱，而有欲甚；有欲甚，则邪心胜；邪心胜，则事经绝；事经绝，则祸难生。由是观之，祸难生于邪心，邪心诱于可欲。(《韩非子·解老》)

(88) 而万物莫不有规矩，议言之士，计会规矩也。(《韩非子·解老》)

(89) 须臾，白刃夫携一衣袱入厅，续有女人从之，乃计会逃逝。(唐·谷神子《博异志·崔无隐》)

"会"由"会合、总计"义引申为"知晓"义。如：

(90) 夫能有其国、保其身者必且体道，体道则其智深，其智深则其会远，其会远众人莫能见其所极。(《韩非子·解老》)

这个例句有不同解读，张觉等《韩非子译注》(2012：155) 中"会"注释为"kuài，计"，翻译为"他的思辨力深刻，那么他的算计就一定深远"。《汉语大词典》"会"释为"领悟、理解"。

"会"表"知晓"义在东汉以降语例增多。如：

(91) 佛言："博闻爱道，道必难会，守志奉道，其道甚大。"(《佛说四十二章经》第九章)

(92) 好读书，不求甚解，每有会意，便欣然忘食。(东晋·陶渊明《五柳先生传》)

唐代，表"知晓"的"会"多接体词性宾语。如：

(93) 空生错会如来意，为是真如本自修。(《敦煌变文集·金刚般若波

---

① 下面"会₁"直接写成"会"。

罗蜜经讲经文》)

（94）斯秽土显然间，难<u>会</u>如斯深道理。(《敦煌变文集·维摩诘经讲经文》)

（95）亦能侍奉，偏解祇承，低眉而便<u>会</u>人情，动目而早知心事。(《敦煌变文集·维摩诘经讲经文》)

（96）年才长大，稍<u>会</u>东西，不然遣学经营，或即令习文笔，男须如此，女又别论。(《敦煌变文集·维摩诘经讲经文》)

"会"后接表"技能"类名词，表示主语具有某种能力。如：

（97）看人左右和身转，举步何曾<u>会</u>礼仪。(《敦煌变文集·金刚鬼女因缘》)

（98）僧曰："和尚为什么不得？"师云："我不<u>会</u>佛法。"(《祖堂集》卷二)

（99）休夸英彦<u>会</u>文章，令格清词韵雪霜。(《敦煌变文集·维摩诘经讲经文》)

"会"后接谓词性成分，由一般动词演变为助动词，表"内在能力"义，始见于唐代，宋代语例增多。如：

（100）应也<u>会</u>求财路，那个门中利最多？(《敦煌变文集·双恩记》)

（101）又奏请宣下诸军大队内收得文官<u>会</u>吟诗者，宜令就营屏除。(五代·何光远《鉴诫录》卷一)

（102）尼无语，公曰："这师姑药也不<u>会</u>煎。"(北宋·文莹《湘山野录》)

（103）人要<u>会</u>作文章，须取一本西汉文，与韩文、欧阳文、南丰文。(《朱子语类》卷一百三十九)

（104）但怕有官不<u>会</u>做。(《朱子语类》卷二十六)

"会"表"内在能力"，主要表"技能"与"心理综合能力"，不表"身体能力"。"会"表"内在能力"义，"会"后VP实现的力量，来自"会"的主语的内在能力，因此主语具有［＋有生］的语义特征，一般是人，"会"后VP具有［＋自主］的语义特征。

综上，"会"，本义是"会合、总计"，表数据的会合、会计时，需要人的心智参与，从而转喻为"知晓"义。"会"表"知晓"义动词，后接名词是"话语、道理"等,当"会"后接"技能"类名词时,表示主语具有某种能力。"会"后接 VP,由一般动词演变为助动词。"会"表"内在能力"义,侧重于表"技能和心智能力"。

(二)"内在能力"→"条件可能"

"会"在宋代出现表"条件可能"的语例。如:

(105) 过此一关,方会进。(《朱子语类》卷十五)

(106) 须是玩味反覆,到得熟后,方始会活,方始会动,方有得受用处。(《朱子语类》卷十一)

(107) 如草木之生,亦是有个生意了,便会生出芽蘗。(《朱子语类》卷十六)

(108) 只专心去玩味义理,便会心精;心精,便会熟。(《朱子语类》卷十)

(109) 知止至能得,譬如吃饭,只管吃去,自会饱。(《朱子语类》卷十四)

(110) 如鸡伏卵,只管日日伏,自会成。(《朱子语类》卷十九)

"过此一关,方会进","须是玩味反覆,到得熟后,方始会活,方始会动",这两个例句中"会"位于结果句中,"会"之前有必要条件的关联副词"方",义为(只有)具备前一分句的条件,才能够实现后一分句的结果命题,这两个例句中前一分句表必要条件。"亦是有个生意了,便会生出芽蘗","只专心去玩味义理,便会心精;心精,便会熟",这两个例句中"会"之前有表充分条件的关联副词"便",义为(只要)具备前一分句的条件,便能够实现后一分句的结果命题,这两个例句中前一分句的条件表充分条件。"只管吃去,自会饱","只管日日伏,自会成",前一分句表充分条件,义为具备这一充分条件,自然能够实现后一分句的结果命题。

"会"表"条件可能",主语可以是有生的,也可以是无生的,如"如草木之生,亦是有个生意了,便会生出芽蘗","会"的主语是"草木",无生主语。"会"后动词可以是自主的,也可以是非自主的。如"心精,便会熟","譬如吃饭,只管吃去,自会饱","只管日日伏,自会成"中,"熟、饱、成"均是非自主动词。

"会"由"内在能力"演变为"条件可能"的动因与机制是什么?

"会"从"内在能力"演变为"条件可能"，主要受两个因素的影响，一是主语的有生无生，二是受"内在能力""外在条件"的力量来源强度制约。"会"在唐宋时代未发现无生主语表"内在能力"的中间阶段语例。

其演变主要受"内在能力""外在条件"的力量来源强度制约。如：

（111）如何旧时佛祖是西域夷狄人，却**会**做中国样押韵诗？（《朱子语类》卷一百二十六）——内在能力

（112）人若读得左传熟，直是**会**趋利避害，然世间利害，如何被人趋避了！（《朱子语类》卷八十三）——中间状态

（113）且如气，不成夜间方**会**清，日间都不**会**清。（《朱子语类》卷五十九）——条件可能

（114）要之，须是知得这二者，使常常见这意思，方**会**到得"乐则生矣"处。（《朱子语类》卷五十六）——条件可能

"会"从"内在能力"到"条件可能"，演变的关键是"内在能力"与"外在条件"的力量对比。"却会做中国样押韵诗"中"会"表"内在能力"，没有任何附加外在条件。"直是会趋利避害"这种内在能力，需要外在条件"读得左传熟"，这是内在能力与外在条件综合的结果，有两种解释的可能。当外部条件的力量超过内在能力时，如"不成夜间方会清"，是外在条件"夜间"才能够"清"，"会"由"内在能力"演变为"条件可能"。

（三）"条件可能"→"认识可能"

"会"在宋代出现了"认识可能"义，有些例句蒋绍愚（2007）已引用。如：

（115）若"比干谏而死"，看来似不**会**愚底人。（《朱子语类》卷二十九）

（116）伊川曰："学者须是学颜子。"孟子说得粗，不甚子细；只是他才高，自至那地位。若学者学他，或**会**错认了他意思。（《朱子语类》卷九十五）

（117）只且如天地间人物草木禽兽，其生也，莫不有种，定不**会**无种子白地生出一个物事，这个都是气。（《朱子语类》卷一）

（118）圣人固不**会**错断了事。（《朱子语类》卷十六）

（119）若以赵之才，恐也当未得那机上肉，他亦未**会**被你杀得，只是

胡说。(《朱子语类》卷一百三十一)

"看来似不会愚底人","认知动词"看来"位于句首,"似不会愚底人"表达言者不太肯定的推测。"或会错认了他意思","会"与表"认识可能"的"或"连用表推测。"定不会无种子白地生出一个物事","定"与"不会"连用,位于句首,表达对小句"无种子白地生出一个物事"的推测。"圣人固不会错断了事","他亦未会被你杀得","会",虽然位于句中,但是"会"的逻辑主语是说话人,即说话人推测"不可能圣人错断了事","不可能他也被你杀得"。

从句法上看,"条件可能"之"会",其管辖范围是后面 VP;"认识可能"之"会",其管辖范围是整个小句,辖域扩大。但是"解"表"认识可能"有位于句首的语例,而"会"未发现位于句首的语例。

"会"从"条件可能"演变为"认识可能",与"解"一样,演变的关键是虚拟语境。如:

(120)若是自家身心颠倒,便<u>会</u>以不贤为贤,以邪为正,所当疑者亦不知矣。(《朱子语类》卷七十八)

"若是自家身心颠倒,便会以不贤为贤,以邪为正",既可理解为如果是自家身心颠倒,这个条件导致以不贤为贤,以邪为正,"会"表"条件可能",也可以理解为这是一个虚拟条件句,结果是未确知的,说话人根据虚拟条件,推测产生以不贤为贤,以邪为正的结果,"会"表"认识可能"。再如:

(121)若考得精密,有个定数,永不<u>会</u>差。(《朱子语类》卷八十六)

"永不会差",既可以理解为虚拟条件"考得精密,有个定数",导致的结果,"会"表"条件可能",也可以理解为说话人根据条件,推测出"永远不可能有数差","会"表"认识可能"。

当前面的小句表现实情况,说话人基于事实经验进行推测时,"会"表"认识可能"。如:

(122)只是这人恁地有头无尾了,是难乎有常矣,是不<u>会</u>有常。(《朱子语类》卷三十四)

(123)盖周礼是个全书,经圣人手作,必不<u>会</u>差。(《朱子语类》卷五十八)

"是不会有常"，是说话人根据现实情况"只是这人怎地有头无尾了"推测的结果。"必不会差"，也是说话人基于现实情况"周礼是个全书，经圣人手作"，根据自己的经验推测出的结果。

综上，"会"表"条件可能"，前一分句既可以是必要条件，也可以是充分条件。"会"从"条件可能"衍生出"认识可能"，演变的关键是在虚拟条件句中，既可以理解为虚拟条件导致"会"所在结果小句命题的实现，"会"表"条件可能"，也可以理解为虚拟句中结果未确知，说话人根据虚拟条件，推测可能出现的结果，"会"表"认识可能"。当前一分句不表条件，而是表现实情况，说话人基于这种情况进行推测，"会"衍生出典型的"认识可能"义。

本节小结

本节以"能""解""会"为例，探讨了"内在能力"→"条件可能"→"认识可能"的语义演变。从"内在能力"到"条件可能"，受两个因素制约，一是主语有生无生的语义特征，主语的有生性降低，"内在能力"义递减，"条件可能"义递增。二是受"内在能力""外在条件"的力量强度制约，"外部条件"达到一定程度时，引起"内在能力"的变化。

从"条件可能"演变为"认识可能"，"能"演变的关键是未然语境，"解、会"演变的关键是虚拟条件语境。无论是未然语境还是虚拟语境，其结果均是说话人未确知的，说话人基于条件推测结果的出现，在这样的语境中"能、解、会"获得主观认识情态义。"能、解、会"的语境隐含义"认识可能"义，随着使用的增加逐渐固化，扩展到根据经验和事实推断，从未然或虚拟语境扩展为已然或非虚拟语境。

"能、解、会"从"条件可能"衍生出"认识可能"义，从演变结果来看，是从行域演变到知域，是隐喻。从演变过程来看，是转喻，从凸显条件导致结果实现的可能性，到凸显言者判断。其演变基于这样的推理，现实行域中，某个条件导致产生某个结果；认知域中，言者基于条件，作出推测，从而演变为"认识可能"。

第二节　"容、许"

汉语史上，一些表"容许"义的动词，经"条件可能"义衍生出"认识可能"义，如"容"、"许"等。

"容"：

（1）将军毋失时，时间不**容**息。（西汉·司马迁《史记·张耳陈馀列传》）——容许

（2）天威在颜，遂使温峤不**容**得谢。（南朝宋·刘义庆《世说新语·捷悟》）——条件可能

（3）宫省之内，**容**有阴谋。（南朝宋·范晔《后汉书·李固传》）——认识可能

"许"：

（4）独入千竿里，缘岩踏石层。笋头齐欲出，更不**许**人登。（唐·张籍《和韦开州盛山十二首·竹岩》）——容许

（5）这爷爷记恨无轻放，怎当那横枝罗惹、不**许**提防！（元·关汉卿《钱大尹智宠谢天香》第二折）——条件可能

（6）那戏儿一出是怎么件事，或者还**许**有些知道的，曲子就一窍儿不通了。（清·文康《儿女英雄传》第三十二回）——认识可能

"许可"到"认识可能"是一条跨语言反复出现的演变路径（Sweetser1990，Givón1994，Van der Auwera et al. 1998，Palmer2001，等等）。但是在汉语中，这条路径存在质疑，范晓蕾（2011、2016）基于汉语方言构建了能性语义地图，并未标明"许可"与"认识可能"之间的关联线。

本书发现"容许"义动词，必须经"条件可能"，然后衍生出"认识可能"义。但有些问题值得进一步探讨，一、"容许"义衍生而来的"条件可能"义，与"内在能力"义衍生而来的"条件可能"义，有何区别？二、其演变的动因与机制是什么？三、"也许""还许""或许"，是现代汉语中常见的表"认识可能"义的词，"也许""还许"中"也"与"还"，在汉语史中均未出现过"认识可能"义，其表"认识可能"义的来源与"许"

密切相关，惜乎"许"表"认识可能"义存在分歧且论述不清，具体论述见后文。本节尝试细致地历时考察"容"和"许"表"认识可能"义的来源及演变过程，以期回答上述问题。

一、"容"

（一）"容纳"→"容许"→"条件可能"

"容"，《说文》云："盛也。"本义是"容纳、盛受"。如：

（7）谁谓河广？曾不*容*刀。（《诗经·卫风·河广》）——物理空间的"容纳"

（8）今铜鞮之宫数里，而诸侯舍于隶人，门不*容*车，而不可逾越。（《左传·襄公三十一年》）——物理空间的"容纳"

（9）君子尊贤而*容*众，嘉善而矜不能。（《论语·子张》）——心理空间的"容纳"

（10）有千乘之国，而不能*容*其母弟，故君子谓之出奔也。（《公羊传·昭公元年》）——心理空间的"容纳"

"曾不容刀""门不容车"，表具体物理三维空间的"容纳"，"容纳"的事物占据一定的物理空间位置。"君子尊贤而容众"，"而不能容其母弟"，表抽象心理空间的"容纳"，"容纳"的事物不占物理空间位置。从物理空间的"容纳"到心理空间的"容纳"，是语义的泛化扩展的结果。

"容"后接抽象行为名词，"容"可理解为"容许"义。如：

（11）汝游心于淡，合气于漠，顺物自然而无*容*私焉，而天下治矣。（《庄子·应帝王》）

（12）奸不*容*细，私告任坐使然也。（《韩非子·制分》）

"顺物自然而无容私焉"，义为"顺物自然而不容纳/容许私情"，宾语"私"表"私情、私心"。"奸不容细"，义为"不容许（任何）细小的奸邪行为"。从"容纳"到"容许"，基于这样的推理，"不容纳某种行为"，隐含着"不容许这种行为"。

当"容"后接VP，"容"表典型的"容许"义，始见于《左传》，六朝以前相关文献查到4例。语义上分为"事理容许"和"人为许可"两类，"容"表"事理容许"的语例较多，唐代以前表"人为许可"的语例较少。

"容"表"事理容许"的语例。如：

（13）先王之乐，所以节百事也，故有五节；迟速本末以相及，中声以降。五降之后，不<u>容</u>弹矣。（《左传·昭公元年》）

（14）其行廉，故死而不<u>容</u>自疏。（《史记·屈原贾生列传》）

（15）庶人义康负衅深重，罪不<u>容</u>戮。（南朝梁·沈约《宋书·鼓城王义康传》）

"容"表"人为许可"唐代以前语及唐代例极少。如：

（16）如有纰谬，即正而罚之，不得方复推诘委否，<u>容</u>其进退。（北齐·魏收《魏书·萧宝夤传》）

（17）且至在此，<u>容</u>我入报相公。（《敦煌变文集·庐山远公话》）

李明（2008、2016：31-32）较详细地论述了"容"，由动词演变为情态动词的过程，语义随之由"容许"义演变为"条件可能"义。"容"表"容许"义时，其句法格式为"NP₁ + 容 + NP₂ + VP"，但是此类语例六朝极少。

魏晋南北朝时"容"的实际语例中，主要有三种句式：

句式A：NP₁不容VP，NP₁为外部论元。如：

（18）羔裘玄冠不以吊，理不<u>容</u>以兵服临丧。（南朝梁·萧子显《南齐书·礼下》）

（19）臣又以为二万人岁食米四十八万斛，五年合须米二百四十万斛，既理不<u>容</u>有，恐事难称言。（南朝梁·沈约《宋书·刘勔传》）

此类"容"语例不多，NP₁是外位论元，但是从全句语义来看，"容"只能理解为"容许"。如"理不容以兵服临丧"，即"理不容许以兵服临丧"。

句式B：S，不容VP。如：

（20）初，权谓蒙及蒋钦曰："卿今并当涂掌事，宜学问以自开益。"蒙曰："在军中常苦多务，恐不<u>容</u>复读书。"（西晋·陈寿《三国志·吕蒙传》）

（21）体有强弱，不皆称年，且在家自随，力所能堪，不<u>容</u>过苦。（南朝梁·沈约《宋书·王弘传》）

"恐不容复读书"，有两种解读：一种解读为"（在军中常苦多务），恐

怕不容许（我/蒙）再读书"，即句法格式为"不容（NP₂）VP"，"容"表
"事理容许"义，是一般动词。另一种解读为"（在军中常苦多务），恐怕
（我）不能够再读书"，句法格式为"（NP₂）不容VP"，NP₂充当"容"的
主语，"容"义为"能够"，是情态动词，"容"表"条件可能"，"不容"
即外在客观条件使得某个动作行为不能实现。语义指向也发生变化，"容"
表"事理容许"义，"容"语义指向前面小句S，"容"表"条件可能"时，
"容"语义指向NP₂。

句式C：NP₂不容VP。如：

（22）天威在颜，遂使温峤不容得谢。（南朝宋·刘义庆《世说新语·
捷悟》）

（23）竣笔体，臣不容不识。（南朝梁·沈约《宋书·颜延之传》）

此类语例中"容"，只能理解为"条件可能"义。如"天威在颜，遂使
温峤不容得谢"，因"天威在颜"的外在条件，导致"温峤没有条件能够得
谢"。"容"表"条件可能"义，"容"的语义指向主语"温峤"，表示"温
峤没有条件能够得谢"。从管辖范围来看，"容"管辖的是"容"后的谓语
"得谢"，否定副词位于"容"之前。

为何会出现句式C？李明（2008）指出，句式C，NP₂作为子句主语，
提升到母句主语位置，是通过句式B重新分析完成。句式B中，母语主语
出现空位，使得语义两解："S，不容VP"，既可以理解为"S 不容许
（NP₂）VP"，"容"表"事理容许"义，又可以理解为"（NP₂）不容VP"，
"容"表"条件可能"义。句式B出现，与汉语特别是古汉语代词脱落的特
征相关。句式B结构重新分析，NP₂通过提升结构形成句式C。语义上，
"容"从"事理容许"义演变为"条件可能"义，句法上，从一般动词降
级为情态助动词。

**（二）"容/许"之"条件可能"义与"能/解/会₁"之"条件可能"义
的区别**

"容"由"容许"义衍生而来的"条件可能"义，六朝时全是在否定
和反诘句式中，反诘是用疑问的形式表示否定（江蓝生2000：79）。如例
（20）（21）（22）（23）。再如：

（24）若推据事，不容得实，则疑之可也。（南朝宋·宋炳《答何衡阳

书》)

（25）凡钟律在南，不<u>容</u>复得调平。（南朝梁·萧子显《南齐书·刘瓛传》)

（26）老夫将死之命，为君所生，恩德如此，岂<u>容</u>酬报？（唐·薛渔思《河东记》)

"许"举 1 例如下：

（27）想俺那去了的才郎，休、休、休，执迷心不<u>许</u>商量。（元·关汉卿《钱大尹智宠谢天香》第二折)

"内在能力"义衍生出的"条件可能"义，虽然可以用于否定句中，但大部分用在肯定句中。"能/解/会₁"表"条件可能"用在肯定句中各举 1 例。如：

（28）君有君之威仪，其臣畏而爱之，则而象之，故<u>能</u>有其国家，令闻长世。（《左传·襄公三十一年》)

（29）如吃饭样，吃了一口，又吃一口，吃得滋味后，方<u>解</u>生精血。（《朱子语类》卷十九)

（30）敬了，方<u>会</u>₁信；信了，方<u>会</u>₁节用；节用了，方<u>会</u>₁爱人；爱人了，方<u>会</u>₁"使民以时"。（《朱子语类》卷二十一）——条件可能

本书感兴趣的是，为何"容许"义衍生而来的"条件可能"义，一般出现在否定和反诘句式中？"容许"分为"事理容许"和"人为许可"。"事理容许"不需要经过批准，有条件直接去做，因此无需标记。只有条件不容许时，才需要标记，因此一般用在否定句中。由"容许"义衍生而来的"条件可能"义，也出现在否定句式中，而反诘句式表达的也是否定意义。"容"表"人为许可"的动词义可以用在肯定形式中，但需要标记，如上面《魏书·萧宝夤传》中"容其进退"与《敦煌变文集·庐山远公话》"容我入报相公"。

综上，"容"从"容许"义演变为"条件可能"义，是"容"在"S，不容 VP"句法结构中经过重新分析而发生的语义变化。"容"表"条件可能"义，只出现在否定和反诘句中，是因为条件容许是无标记的，只有条件不容许时，才需要标记。而反诘句，是用反问的形式表达否定的语义，也属于否定。

（三）"条件可能" → "道义许可"

否定形式的"不容"在六朝也表"道义许可"的情态义。如：

（31）虽知王患，既是国家大事，不容辞也。（北齐·魏收《魏书·元澄》）

（32）朕既居皇极之重，不容轻赴舅氏之丧，欲使汝展哀舅氏，拜汝母墓，一写为子之情。（《魏书·废太子恂传》）

（33）宋世王球从侍中中书令单作吏部尚书，资与戢相似，顷选职方昔小轻，不容顿加常侍。（南朝梁·萧子显《南齐书·何戢传》）

"不容"表"道义许可"，主要是情理、法理、社会规约等领域不容许实施某个动作行为。如"既是国家大事，不容辞也"，即国家大事，（从法理/情理上）不容许推辞。再如"不容轻赴舅氏之丧"，从社会规约上（朕/皇帝）不可以轻赴舅氏之丧。

"容"表情态义"道义许可"，是从情态义"条件可能"扩展而来。证据有二：一是"容"表"条件可能"义出现时间早。"容"表"容许"义，最早出现在《左传·昭公元年》中"五降之后，不容弹矣"，"容"这里也可以理解为"条件可能"义，"容"表"人为许可"的语例在六朝极少。二是"容"表"道义许可"，一般前一分句说明"不容"的社会规约。

（四）"条件可能" → "认识可能"

"容"在六朝出现"认识可能"义，且语例较多。如：

（34）郗超与谢玄不善……于时朝议遣玄北讨，人间颇有异同之论。唯超曰："是必济事。吾昔尝与共在桓宣武府，见使才皆尽，虽履屐之间，亦得其任。以此推之，容必能立勋。"（南朝宋·刘义庆《世说新语·识鉴》）

（35）诸王子多在京师，容有非常，宜亟发遣各还本国。（南朝宋·范晔《后汉书·杨厚传》）

（36）历与太常桓焉、廷尉张晧议曰："经说，年未满十五，过恶不在其身。且男、吉之谋，皇太子容有不知，宜选忠良保傅，辅以礼义。"（《后汉书·来历传》）

（37）州议之曰："……且晞张封筒远行，他界为劫，造衅自外，赃不还家，所寓村伍，容有不知，不合加罪。"（南朝梁·沈约《宋书·蒋恭传》）

"以此推之，容必能立勋"，言者郗超根据谢玄的才华，推测其能够建立功勋。"诸王子多在京师，容有非常"，言者推测（京城）或许出现不寻常的事情。这两例"容"表对未然事件的推测。"且男、吉之谋，皇太子容有不知"，显然不是皇太子有条件不知（男、吉之谋），而是说话人来历推测皇太子可能不知道（男、吉的阴谋），"容"虽位于主语和谓语之间，管辖范围是包括句子主语"皇太子"在内的整个小句；逻辑主语指向的是说话人"来历"。"所寓村伍，容有不知"，说话人推测晞张所居住村庄的村民，可能不知道（晞张犯罪的情况）。这两例"容"表对已然事件的推测。

句法上，从管辖范围来看，"容"表"条件可能"义，管辖范围是"容"后谓语部分；"容"表"认识可能"义，管辖范围是"容"所在的整个小句，如"皇太子容有不知"，"容"管辖的是包括"皇太子"在内的整个小句。

从否定形式来看，"容"表"条件可能"义，否定副词位于"容"之前；"容"表"认识可能"义，否定副词可以位于"容"之后。如：

（38）卢志于众坐问陆士衡："陆逊、陆抗是君何物？"答曰："如卿于卢毓、卢珽。"士龙失色，既出户，谓兄曰："何至如此，彼容不相知也。"（南朝宋·刘义庆《世说新语·方正》）

从主语来看，"容"表"条件可能"义，"容"语义指向句子主语；"容"表"认识可能"义，语义指向言者主语，表说话人的推测，如"皇太子容有不知"，"容"指向说话人，说话人推测皇太子可能不知道。

"容"与表"认识可能"的"或"连用。如：

（39）今欲断诸北语，一从正音。年三十以上，习性已久，容或不可卒革；三十以下，见在朝廷之人，语音不听仍旧。（北齐·魏收《魏书·献文六王》）

（40）窃疑屯人利此熟地生苗，容或假托神旨以见驱斥，审是神教，愿更朱书赐报。（《古小说钩沉·述异记》）

（41）若夫斩蛟陷石之卒，裂骼卷铁之将，烟腾飙迅，容或惊动左右，苟不获已，敢不先布下情。（南朝梁·沈约《宋书·沈攸之传》）

（42）言外戚握权者，当先帝时或容免祸，必贻罪衅于嗣君，以至倾覆。（南朝宋·范晔《后汉书·邓禹传》）

（43）景反迹久见，<u>或容</u>豕突，宜急据采石，令邵陵王袭取寿春。（唐·姚思廉《梁书·羊侃传》）

"容"与表"认识可能"的"能、恐"连用。如：

（44）今远出梁山，则京都空弱，东军乘虚，<u>容能</u>为患。（南朝梁·沈约《宋书·刘劢传》）

（45）匈奴未灭，刘昶犹存，秋风扬尘，<u>容能</u>送死，境上诸城，宜应严备。（南朝梁·萧子显《南齐书·刘善明传》）

（46）陛下今蒙犯尘露，晨往宵归，<u>容恐</u>不逞之徒，妄生矫诈。（《宋书·谢庄传》）

"容"从"条件可能"演变为"认识可能"的动因与机制是什么？

上面提到"容"表"条件可能"义只出现在否定和反诘句中。"容"表"认识可能"可以出现在肯定句中，如上面"容"表"认识可能"的语例。"容"表"认识可能"先在否定和反诘句中发生，然后扩展到肯定句。

"容"从"条件可能"演变为"认识可能"的关键，是"不容"在未然或未知语境中，说话人基于条件的推测。

未然语境的如：

（47）调去后，弟亦策马继往，言及调旦来。兄惊曰："和尚旦初不出寺，汝何<u>容</u>相见？"兄弟争问调，调笑而不答，咸共异焉。（《古小说钩沉·冥祥记》）

"汝何容相见"，义为你怎么能够（与和尚）相见，因为和尚旦初不出寺庙，弟弟没有条件（与和尚）相见，"容"表"条件可能"义。值得注意的是，这是在未然语境中，弟弟与和尚能不能相见，说话人是未确知的，说话人根据和尚旦初不出寺庙，推测弟弟不可能（与和尚）相见，"容"就隐含着"认识可能"义。

同样，在未知语境中，"不容"表"条件不许可"，也同样隐含着"认识可能"义。如：

（48）上诏答曰：去五月中，吾病始差，未堪劳役，使卿等看选牒，署竟，请敕施行。此非密事，外间<u>不容</u>都不闻。然传事好讹，由来常患。（南朝梁·沈约《宋书·王景文传》）

"外间不容都不闻"，这是一个双重否定句，义为外面不可能全然不知，即外间能知道（这些事）。"容"也有两种理解，一种理解是，外在条件"此非密事"，导致"外间（有条件）能够听闻（这些事）"，"容"表"条件可能"义；另一种理解是从语境来看，说话人皇帝在病中，对于外间到底知道不知道，说话人未确知，说话人根据条件"此非密事"，推测"外面不可能全然不知"，"容"隐含了"认识可能"义。再如：

（49）邹衍五德，周为火行。衍生在周时，不容不知周氏行运。（南朝梁·沈约《宋书·律历中》）

"衍生在周时，不容不知周氏行运"，一方面，邹衍作为著名的阴阳学家，又生邹生在周时，（邹衍）不可能不知道周氏行运，即（邹衍）完全有条件知道周氏行运，"容"表"条件可能"义；另一方面，邹衍是古人，对于说话人来讲，邹衍到底知道不知道周氏行运，说话人是不确知的，说话人基于条件"衍生在周时"，邹衍又是五德（五行木、火、土、金、水所代表的五种德性）的创立者，从而推测"（邹衍）不可能不知周氏行运"，"容"隐含着"认识可能"义。

说话人不是根据条件推测，而是根据经验、常识等推测时，"不容"表典型的"认识可能"义。如：

（50）火光起者，贼不容自烧其城，此必官军胜也。（南朝梁·萧子显《南齐书·纪僧真传》）

（51）但大泽之中，有龙有蛇，纵不尽善，不容皆恶。（唐·姚思廉《梁书·贺琛传》）

"贼不容自烧其城"，显然不是"贼没有条件自烧其城"，是说话人基于常识推测"贼不可能自烧其城"，并推断是官军胜也。"纵不尽善，不容皆恶"，说话人推测"（龙蛇）即使不全是善的，也不可能全是恶的"。在这两个例句中，没有表条件的分句，说话人根据自己的经验或知识推测，"不容"表典型的"认识可能"义。

"容"在肯定句中表"认识可能"义，如上面《世说新语·识鉴》中"以此推之，容必能立勋"，是由其否定形式"不容"扩展而来。

综上，"容"表"条件可能"义，均是在否定句与反诘句中，因此，"容"从"条件可能"义演变为"认识可能"义，也是发生在否定句与反诘句式中。演变的关键是在未然或未知语境中，说话人未确知施事是否实施某个动作，只是基于条件推测，"不容"表示施事不可能去实施某个动作行为，"不容"隐含着"认识可能"义。"不容"的隐含义"认识可能"义随着使用频率的增加并逐渐固化，并能使用在无条件的小句，即说话人根据自己的经验或知识推测，"不容"的隐含义"认识可能"义就变成固定义。"容"在肯定句中表"认识可能"义，是由其否定形式"不容"扩展而来。

二、"许"

关于"许"表"认识可能"的来源及演变，可参见郑荣、陈松霖（2006），李明（2008），罗耀华、刘云（2008），罗耀华、李向龙（2015）等研究成果，以及一些字典词典中的解释。有些问题值得进一步研究：一是"许"表"认识可能"义出现的时间。第一种观点认为出现在六朝，如《汉语大词典》认为六朝《乐府诗集》中"撺如陌上鼓，许是依欢归"中"许"表"或许、可能"义。罗耀华、李向龙（2015）认为六朝贾思勰《齐民要术》（卷十）中"过熟，内许生蜜"中"许"表"推测"。第二种观点是认为出现在清代，如太田辰夫（1987：274）认为始见于清代。此外，李明（2008）指出"许"表"认识可能"义第一例是六朝《乐府诗集》中"许是依欢归"中的"许"，第二例是明末清初的《醒世姻缘传》中的"你去寻寻，还许有他二爷小时家穿的裤子合布衫子"，清代后使用频率增加。

二是关于演变路径与具体演变机制。沈家煊（2004）认为"许"是从"准许（人为许可）"演变为"也许（认识可能）"，演变机制是隐喻。例如"他许你回家"中"许（准许）"表示"某人做某事不受权威的阻碍"，而"他许是回家了"中的"许（也许）"表示"我做出某一结论（他是回家了）不受阻碍"。罗耀华、李向龙（2015）认为是从表"约量"的"许"衍生而来，演变机制是隐喻，从数量的估计到性状的估测。李明（2008）认为是从"容许"，经"条件可能"演变为"认识可能"，但是指出"变化的轨迹很难弄清"。

综上，诸位学者揭示"许"的许多语法现象，但是下列问题需要进一步研究：一、"许"表"认识可能"义始见于何时？二、其具体的演变路径与机制到底是怎样的？本书重新梳理"许"的历史文献，回答以上问题。

（一）关于"许"表"认识可能"出现的时间

引言中介绍了"许"表"认识可能"出现的时间，一种观点认为出现于六朝，另一种观点是出现于明末清初。是否出现在六朝，主要涉及两个语例是否表"认识可能"义，一是《乐府诗集》中"许是侬欢归"之"许"，二是《齐民要术》中"内许生蜜"之"许"，经过研究发现，这两例中"许"均不是表"认识可能"，"许是侬欢归"之"许"是指示代词，《齐民要术》中"内许生蜜"之"许"是表"空间处所"。下面分别来论述。

1. "许是侬欢归"之"许"

"撑如陌上鼓，许是侬欢归"来自《乐府诗集》，《乐府诗集》虽然是宋代郭茂倩所编，但收集的大部分是六朝的语例。"许是侬欢归"中的"许"，《汉语大词典》解释为"或许、可能"。李明（2008）指出"许"表"认识可能"第二例出现在明末清初的《醒世姻缘传》中。我们重新查阅语料，也未发现明代以前"许"表"认识可能"的语例。两例时间相差太远。综合"许"在六朝时的语例，本书认为此例中的"许"不是表"认识可能"义，而是代词用法。

柳士镇（1992：170–171）、邓军（2008：215–217）、盛益民（2012）指出"许"是六朝新出现的表近指的代词，在句中可单独做主语、宾语、定语等。如：

（52）偈：破僧和妄语，许最大重罪。（陈真谛《阿毗达摩俱舍释论》卷十三）——作主语

（53）团扇复团扇，持许自障面。（《清商曲辞·团扇郎》）——作宾语

（54）常叹负情侬，郎今果行许！（南朝梁·萧子显《南齐书·王敬则传》）——作宾语

（55）许处胜人多，何时肯相厌。（南朝·徐陵《鸳鸯赋》）——作定语

（56）黄昏人定后，许时不来已。（《乐府诗集·华山畿》）——作定语

（57）恪身经事萧家来，今日不忍见许事。（唐·姚思廉《陈书·沈恪传》）——作定语

从这些语例可知，"许"在六朝具有比较成熟的代词用法。从语言的系统性来看，我们认为《乐府诗集》中"撺如陌上鼓，许是侬欢归"中的"许"是近指代词，理解为"这是我爱的人归来"。另外，邓军（2008）、盛益民（2012）在列举六朝"许"的代词用法时也列举了这个语例，认为"撺如陌上鼓，许是侬欢归"的"许"是代词作主语。

2. "内许生蜜"之"许"

罗耀华、李向龙（2015）认为《齐民要术》中有1例"许"表"揣测"的语例。即：

（58）实从皮中出……过熟，内许生蜜。一树者，皆有数十。（北魏·贾思勰《齐民要术》卷十）

本书认为此例"许"表空间处所，"许"在六朝表"空间处所"是其常见义项。从东汉开始出现了"X许"的空间表达式，主要有"疑问词＋许"、"名词＋许"两类（冯赫2013）。如：

（59）人皆以为不治产业饶给，又不知其何许人，愈争事之。（东汉·王充《论衡·道虚》）

（60）先生不知何许人，不详姓字，宅边有五柳树，因以为号焉。（南朝梁·沈约《宋书·陶渊明传》）

（61）有顷，佗偶至主人许，主人令佗视平。（西晋·陈寿《三国志·华佗传》）

（62）孙安国往殷中军许共论，往反精苦，客主无间。（南朝宋·刘义庆《世说新语·文学》）

（63）籍复啸，意尽，退，还半岭许，闻上啾然有声，如数部鼓吹，林谷传响。（南朝宋·刘义庆《世说新语·栖逸》）

"何许"，即"什么地方"；"主人许"、"殷中军许"，即"主人家处"、"殷中军处"；"半岭许"，即"半岭处"。"许"的语法意义是定位空间处所。

那么"内许生蜜"，与上面"X许"一样，"X"不过使用方位名词"内"而已，"内许"，即"里面"，"许"还是定位空间处所。

"方位名词＋许"在《齐民要术》中还有1例。即：

（64）三七日，以麻绳穿之，五十饼为一贯，悬著户内，开户，勿令见

日。五日后，出著外许悬之，昼日晒，夜受露霜，不须覆盖。（北魏·贾思勰《齐民要术·造神麴并酒》卷七）

"出著外许悬之"，"外许"，即"外面"，与之前的"悬著户内"的"户内"相对照。故"内许生蜜"中"许"，在"X许"构式中表空间义。

当表"空间处所"的"许"用在数量词后面，构成"数量 + 许"，"许"由"空间处所"重新分析为"空间约量"。如：

（65）充因逐之，不觉远，忽见道北一里许，高门瓦屋，四周有如府舍，不复见獐。门中一铃下唱客前。（东晋·干宝《搜神记》卷十六）

（66）（杨度）复行二十里许，又见一老父。（《搜神记》卷十六）

（67）明旦去，侃追送不已，且百里许。逖曰："路已远，君宜还。"（南朝宋·刘义庆《世说新语·贤媛》）

"道北一里许"，有两种理解，一种是"道北一里处"，"许"表"空间处所"，也可以理解为"道北一里左右"，"许"表"空间约量"，后两例类同。

"数量 + 许"由"空间约量"扩展"时间约量"和"物量约量"后，"许"由"空间处所"演变为"约量"。如：

（68）将种前二十许日，开出水洮，浮秕去则无莠。（北魏·贾思勰《齐民要术·收种》）——时间约量

（69）汉家君天下四百许年，恩泽深渥，兆民戴之来久。（西晋·陈寿《三国志·董卓传》）——时间约量

（70）峻与胤至石头，因饯之，领从者百许人入据营。（《三国志·孙峻传》）——物量约量

（71）即作汤二升，先服一升，斯须尽服之。食顷，吐出三升许虫，赤头皆动，半身是生鱼脍也，所苦便愈。（《三国志·华佗传》）——物量约量

罗耀华、李向龙（2015）认为"许"表"推测"与其表"约量"存在衍生关系，演变机制是从数量的估计到性状的估测。

本书认为表"许"表"约量"不太可能演变为"认识可能"义。表"约量"的"许"位于"X许"构式中，"X"为数量词，表"约量"的"X许"在句中充当宾语或补语。而表"认识可能"的"许"不与数量成分组合，在句中充当状语。也就是表"约量"的"X许"与表"认识可能"

义的"许"在组合成分、句法位置、句法功能差异很大，故"许"不太可能从表"约量"演变为表"认识可能"。

综上，"许是侬欢归"之"许"，是代词；"内许生蜜"之"许"表"空间处所"义。这两例"许"均不是表"认识可能"，"许"表"认识可能"始见于明末清初。

（二）"许"之"认识可能"义的来源及演变机制

1. "答应" → "容许"

"许"，《说文》云，"听也"，本义是"答应"。如：

（72）今我即命于元龟，尔之*许*我，我其以璧与圭，归俟尔命，尔不*许*我，我乃屏璧与圭。（《尚书·金縢》）

（73）爱共叔段，欲立之，亟请于武公，公弗*许*。（《左传·隐公元年》）

（74）君必*许*之，*许*之而大欢，彼将知君利之也，必将辍行。（《韩非子·说林上》）

"许"表"答应"义，句法格式为"NP$_1$ + 许（ + NP$_2$） + VP"，后接体词性宾语，NP$_1$为施事，NP$_2$表示"答应"的受事。

"许"后接VP，"许"由"答应"义，分化为两个义项，一是"许诺"义，句法格式为"NP$_1$ + 许 + VP"。如：

（75）晋侯*许*赂中大夫，既而皆背之。（《左传·僖公十五年》）

（76）国子赋《辔之柔矣》，子展赋《将仲子兮》，晋侯乃*许*归卫侯。（《左传·襄公二十六年》）

"许"后接VP，凸显"许"的施事主语"承诺"实施某个动作行为，"许"由"答应"义向"许诺"义演变。值得注意的是，"许"后VP指向NP$_1$，即NP$_1$承诺实施"许"后VP。如"晋侯许赂中大夫"，即"晋侯"实施"赂中大夫"。"晋侯乃许归卫侯"，即"晋侯"实施"归卫侯"。

二是"容许"义，句法格式为（NP$_1$） + 许 + NP$_2$ + VP。先秦至六朝语例较少，唐代使用频率增加。如：

（77）右师苟获反，虽*许*之讨，必不敢。（《左传·成公十五年》）

（78）夫人闻之惧，遂*许*傅妾留，终年供养不衰。（西汉·刘向《古列女传》卷二）

在"（NP₁）+许+NP₂+VP"句式中，"许"可以理解为"答应"，如"虽许之讨"，义为"（皇帝）即使答应/同意右师苟讨伐"。值得注意的是，NP₂的社会地位比NP₁低，对于NP₂来说，是NP₁许可NP₂实施某个动作行为事件，因此"虽许之讨"又可以分析为"（皇帝）即使容许右师苟讨伐"。

"许"表"容许"义，"许"后VP指向NP₂，即NP₂实施VP动作。与"许"表"许诺"义不同，"许"表"许诺"义，"许"后VP指向NP₁，即NP₁承诺实施"许"后VP。

"许"表"容许"义分为两类，一类是"人为许可"，一类是"事理容许"。"许"比较常见的是表"人为许可"，即权威人或社会规则容许某人实施某个动作行为。句法格式为"（NP₁）+许+NP₂+VP"。如：

（79）戎子绥，欲取裴遁女。绥既蚤亡，戎过伤痛，不许人求之，遂至老无敢取者。（南朝宋·刘义庆《世说新语·伤逝》）

（80）渐渐时长，王敕乳母，从今不许其子出门。（《敦煌变文集·园因由记》）

（81）和尚寻常不许人看经，为什么却自看经。（《祖堂集》卷四）

"（NP₁）+许+NP₂+VP"，NP₁经常省略，留下空位，为了表达的需要，在唐代，NP₂提升到NP₁的句法位置，变成"NP₂+许+VP"中。"许"由"人为许可"的一般动词演变为表"道义许可"的道义情态词，具体演变过程李明（2008），穆涌（2019）已论述，这里不再赘述。"许"表"道义许可"义的语例如：

（82）乾封初，大赦，唯长流人不许还。（唐·刘肃《大唐新语·惩戒》卷十一）

（83）嘉祐中，于崇文院置编校局，校官皆许乘马至院门。（宋·沈括《梦溪笔谈》）

（84）汉碑固多，晋碑亦绝少，盖晋制三品方许立碑。（宋·周辉《清波杂志》）

"许"表"事理容许"，是外在条件容许NP₂实施某个动作行动，始见于唐代，主要用在否定句式中。句法结构为："S，（NP₁）不许NP₂VP（NP₃）"。如：

（85）乱云遮却台东月，不许教依次第看。（唐·王建《和元郎中从八

月十二至十五夜玩月五首》）

（86）独入千竿里，缘岩踏石层。笋头齐欲出，更不<u>许</u>人登。（唐·张籍《和韦开州盛山十二首·竹岩》）

（87）向坟道径没荒榛，满室诗书积暗尘。长夜肯教黄壤晓，悲风不<u>许</u>白杨春。（唐·白居易《过颜处士墓》）

（88）金徽却是无情物，不<u>许</u>文君忆故夫。（唐·李商隐《寄蜀客》）

（89）淅零零的夜雨儿击破窗，窗儿破处风吹着忒飘飘的响，不<u>许</u>愁人不断肠。（金·董解元《古本董解元西厢记》卷三）

（90）晚来更作廉纤雨，不<u>许</u>愁人不断肠。（元·无名氏《风雨像生货郎旦》第二折）

"许"表"事理容许"，一般用在否定句中。如"乱云遮却台东月，不许教依次第看"，是外在条件"乱云遮却台东月"，不容许依顺序看。"笋头齐欲出，更不许人登"，是外在条件"笋头齐欲出"，不容许人攀登。"不许愁人不断肠"，是外在环境"淅零零的夜雨儿击破窗，窗儿破处风吹着忒飘飘的响"，不容许愁人不断肠。上面例句中，前一分句 S 一般表外在条件，"许"之前的大主语 NP₁ 一般是空位，只有一例"悲风不许白杨春"，NP₁ 出现在大主语的位置上。

2. "事理容许"→"条件可能"

"许"表"条件可能"最早出现在唐代，元代语例增加。如：

（91）竹凉蝇少到，藤暗蝶争潜。晓鹊频惊喜，疏蝉不<u>许</u>拈。（唐·张籍《和李仆射西园》）

（92）（做拜别科）（孛老云）侄儿，则愿你早早成名，带挈我翠鸾孩儿做个夫人县君也。（诗云）成就良姻顷刻间，明春专望锦衣还。（崔甸士诗云）嫦娥自是贪年少，何怕蟾宫不<u>许</u>攀。（元·杨显之《临江驿潇湘秋夜雨》）

（93）只到朝中，剥了他朝靴，看他脚底板上刺着两行朱砂字道：贺驴儿宁反南朝，不背北番。这难道是我妆诬他的？【收尾】则他这贺驴儿小名怎<u>许</u>长瞒昧，现放着脚板上两行儿朱砂字迹。到来日我一星星奏与君王，不到得轻轻的索放了你。（元·无名氏《谢金吾诈拆清风府》第三折）

（94）愁山闷海，不<u>许</u>当敌，好教我无一个刮划，耐心儿多陪下些凄惶

泪。[元·关汉卿《（中吕）古调石榴花·闺思》]

（95）抖搜着黑精神，扎煞开黄髭（须），则今番<u>不许</u>收拾。（元·康近之《梁山泊李逵负荆》第二折）

（96）若有些个争竞，半米儿疏失，来、来、来，我和你做一个头敌。则我这村性子<u>不许</u>收拾！（元·无名氏《刘玄德醉走黄鹤楼》第四折）

"疏蝉不许拈"，是由于深秋的外在客观条件，导致"疏蝉不能够拈到"。"何怕蟾宫不许攀"，是由于"嫦娥自是贪年少"，致使"不惧怕蟾宫不能够攀登"，这两个例句的句法格式为"NP₃不许VP"，"许"后VP的宾语NP₃提升到NP₁大主语的位置。"则他这贺驴儿小名怎许长瞒昧"，义为"则他这贺驴儿小名不能够隐瞒欺骗"，句法格式为"NP₂不许VP"，"许"后VP的主语NP₂提升到NP₁大主语的位置。"愁山闷海，不许当敌"，因为"愁山闷海"的外在条件，致使"（我）不能够当敌"。

"许"从"容许"演变为"条件可能"，与"容"从"容许"演变为"条件可能"的机制一样。"许"表"容许"，句法格式"S，（NP₁）不许NP₂VP（NP₃）"，S表示外在条件，不容许NP₂实施某个动作行为。在实际语例中NP₁经常省略，留下空位。为了表达的需要，"许"后NP₂/NP₃提升到大主语位置，句法结构变为"NP₂/NP₃不许VP"，由此，"容"由一般动词表"容许"义，演变为情态助动词表"条件可能"义。

"许"表"事理容许"和"条件可能"义，与"容"一样，也是用在否定句和反诘句式中。

3. "条件可能"→"认识可能"

"许"表"认识可能"义，始见于明末清初的《醒世姻缘传》，出现1例。清代中叶的《儿女英雄传》中使用频率增加。如：

（97）你去寻寻，还<u>许</u>有他二爷小时家穿的裤子合布衫子。（清初·西周生《醒世姻缘传》第五十七回）

（98）就请老弟你到屋里瞧瞧，管保你这一瞧，就抵得个福星高照，这俩小子将来就<u>许</u>有点出息儿！（清·文康《儿女英雄传》第三十九回）

（99）金、玉姊妹两个里头，那何玉凤听了"乌里雅苏台"五个字，耳朵里还<u>许</u>有个影子，只在那里愣愣儿的听。（《儿女英雄传》第四十回）

（100）再不然，<u>许</u>是你修道修出魔来，弄出什么妖怪鬼魅来捉弄你么？

（清·无垢道人《八仙得道传》第八十七回）

（101）我要说上常州府，他必盘问我，就<u>许</u>不叫我走，我莫如拿话冤他。（清·郭小亭《济公全传》第二百回）

（102）坏了！<u>许</u>咱们是来晚啦，妖道吴恩一早出山过去也未可定。（清·贪梦道人《康熙侠义传》第一百二十五回）

"还许有他二爷小时家穿的裤子合布衫子"，义为"还可能有他二爷小时家穿的裤子合布衫子"，"许"表达说话人对"有他二爷小时家穿的裤子合布衫子"这一命题的推测，是对已然事件的推测。"这俩小子将来就许有点出息儿"，"许"表示说话人推测"这俩小子将来可能有点出息儿"，是对未然事件的推测。

"许"表"认识可能"义，从管辖范围来看，"许"管辖的是包括主语在内的整个命题，从句法位置上看，"许"可以位于主语之后，如"这俩小子将来就许有点出息儿"，"许"的管辖范围包括主语"这俩小子"；"许"还经常位于句首，如"许咱们是来晚啦，妖道吴恩一早出山过去也未可定"。而"许"表"条件可能"义，管辖的是"许"后的 VP，"许"一般位于主语之后，如上面张籍《和李仆射西园》"疏蝉不许拈"，"许"位于主语"疏蝉"之后。

从否定形式来看，"许"表"认识可能"义，否定词"不"一般位于"许"之后，如"就许不叫我走"。"许"表"条件可能"义，否定词"不"位于"许"之前。

从语义指向来看，"许"表"认识可能"义，语义指向说话人，"许"表示说话人对整个命题的推测。"许"表"条件可能"义，语义指向 NP$_2$，即"许"后 VP 的施事或当事，"不许"表示施事或当事由于外在条件的限制，不能够实施某个动作行为。

历史文献中，"许"表"条件可能"义的语例并不多，根据"容"表"条件可能"到"认识可能"演变过程，我们认为"许"从"条件可能"到"认识可能"，与"容"一样，是否定形式"不许"，在未然或未知语境中，基于条件的推测，衍生出"认识可能"义。

下面这例"不许"用在未然语境，似可以重新分析。

（103）天那！一霎儿把这世间愁都撮在我眉尖上，这场愁<u>不许</u>堤防。

（元·关汉卿《拜月亭》第二折）

"一霎儿把这世间愁都撮在我眉尖上，这场愁不许堤防"，既可以理解为外在条件"一霎儿把这世间愁都撮在我眉尖上"，使得说话人没有条件提防这场愁，"许"表"条件可能"义；也可以理解为在未然语境中，说话人我对于这场愁能不能够提防得住是未确知的，说话人基于"一霎儿把这世间愁都撮在我眉尖上"，推测自己可能不能够提防这场愁，"许"就隐含着主观认识情态义。再如：

（104）平生学道在初心，富贵浮云何有？恐此身未许投闲，又待看凤麟飞走。（元·王恽《正宫·黑漆弩》）

"恐此身未许投闲"，既可以理解为"恐此身未能够投闲"，即此身没有条件投闲，"未许"表"条件未许可"义；也可以理解为在未然语境，此生能不能投闲说话人是未确知的，说话人根据自己的经验推测此身不可能投闲。与上面例句中"这场愁不许堤防"相比，"恐此身未许投闲"这例中"许"更倾向于理解为"认识可能"义，一是句首有认知动词"恐"，二是前文没有条件的分句，说话人根据经验或知识推测。

"许"肯定句中表"认识可能"义，与"容"一样，是从否定形式"不许/未许"类推而来。

"许"表"认识可能"义，能否从"人为许可"衍生而来？从"许"的语料来看，没有找到"人为许可"演变为"认识可能"的中间状态的语例。"人为许可"典型的是在言域中，权威说话人容许或不容许，某人去实施某个动作行为，法律语境中强调动作的合法性。而"条件可能"，强调的是外在条件，导致动作的可实现性。我们借用范晓蕾（2012b：45－70）构建了能性情态的语义结构。即：

条件可能［事件情态，动作的实现，外在条件，潜在，能性］

人为许可［事件情态，动作的合适性，外在条件（社会），潜在，能性］

认识可能［命题情态，动作的实现，外在条件，潜在/非潜在，能性］

从语义结构图可以看出，"条件可能"与"认识可能"，只有"事件情态"与"命题情态"的差别，而"人为许可"与"认识可能"有两个差异，一是"事件情态"与"命题情态"，二是"动作的合适性"与"动作的实现"。"语义结构相似度越高，概念间越容易发生关联"（范晓蕾2012b。综上，"许"既没有发现"人为许可"与"认识可能"的中间状态的语例，且"人为许可"与"认识可能"的语义结构图相似度低。故"许"由"条件可能"义演变为"认识可能"义，与"容"的演变路径一致。

本节小结

本节以"容""许"为例，论述了"容许"义动词，经"条件可能"义演变为"认识可能"义的路径及机制。其中"容"的演变路径为："容许"→"条件可能"→"认识可能"，另："条件可能"→"道义许可"。"许"的演变路径为："答应"→"容许"→"条件可能"→"认识可能"，另："答应"→"人为许可"（一般动词）→"道义许可"（道义情态词）。其演变的动因机制有：

1. 句法因素

"容、许"从"容许"义到"条件可能"义，与句法因素密切相关。"容、许"表"事理容许"义，句法结构"S，（NP$_1$）容/许（NP$_2$）VP（NP$_3$）"中，实际语例中，"容、许"之前的NP$_1$大主语经常是空位，为了表达的需要，NP$_2$/NP$_3$提升到"容、许"之前大主语位置，变成"NP$_2$/NP$_3$容、许VP"，语义发生变化，由客观条件是否容许某人实施某个动作行为，演变为某人能否有条件实施某个动作行为，"容、许"由一般动词降级为情态助动词，语义由"事理容许"义演变为"条件可能"义。

2. 转喻推理

"容、许"从"条件可能"演变为"认识可能"，是基于这样的推理：某个条件导致某个结果，当结果未确知时，说话人基于条件，推测可能出现的结果，即其演变是基于条件的推测。"容、许"表"条件可能"义，均是在否定句与反诘句式中，其演变也是发生在否定句与反诘句式中。"不容、不许"表示没有条件去实施某个动作行为，表"条件可能"义。演变的关键是在未然或未知语境中，说话人未确知是否能实施某个动作，基于条件，推测不可能实施某个动作行为，因此隐含着说话人的推测，即隐含着"认识可能"义。"不容、不许"在未然与未知语境中的隐含义"认识可能"义,随着使用频率的增加逐渐固化,成为规约义,即用在说话人不是基于条件推测,而是基于经验或知识推测。"容、许"在肯定句中表"认识可能"义,是由其否定形式"不容、不许"扩展而来。

3. 主观化

"容、许"表"容许""条件可能",属于行域;表"认识可能",是主观推测,属于知域。"容、许"从"条件可能"到"认识必然",其演变是从客观到主观,是从行域到知域的演变。从"容许→条件可能→认识可能",其语义逐渐泛化:具体义→较少抽象义→更多抽象义;其主观性不断增加:客观性→较少主观性→更多主观性(吴福祥2003)。具体义的逐渐消失,伴随的是言者主观观点和态度的强化,即语用的强化(李明2014)。

第三节 "恐、惧、怕"

汉语史上,一些表"害怕"义的心理动词,经过"担心"义衍生出"认识可能"义,如"恐""怕""惧"等。以"恐"为例。

(1) 秋,大熟,未获,天大雷电以风,禾尽偃,大木斯拔,邦人大恐。(《尚书·金滕》)——动词,害怕

(2) 齐燕姬生子,不成而死。诸子鬻姒之子荼嬖,诸大夫恐其为太子也。(《左传·哀公五年》)——动词,担心

(3) 赵王与大将军廉颇诸大臣谋:欲予秦,秦城恐不可得,徒见欺;欲勿予,即患秦兵之来。(《史记·廉颇蔺相如列传》)——副词,认识可能

"怕"以及词汇化的"恐怕",是现代汉语中较常见的表"认识可能"义的词。如:

(4) 这一箱怕有五十多斤。(吕叔湘《现代汉语八百词》)

(5) 村上的人,恐怕只有几个人懂得这个道理。(张斌《现代汉语虚词词典》)

"担心"到"认识可能"的语义演变研究,主要成果有 Frantisek Lichtenberk(1995)、高增霞(2003)、胡静书(2011)。Frantisek Lichtenberk(1995:293-327)主要以 To'aba'ita 语的"ada"为例,该语言

分布于所罗门岛，属于南岛语系，以及其他语言的共时材料，推测其演变路径为："预防→害怕→担心认识→认识情态"。高增霞（2003）以汉语中"怕""看""别"为例，论述了汉语中"担心→认识情态"的语法化；不过，两位学者均是通过共时材料来论述，对其语法化动因与机制论述较少。胡静书（2011）从历时角度探讨了揣测副词"恐怕"的形成，认为"恐怕"是先词汇化为心理动词再语法化。根据"恐怕"的历时材料，"恐怕"是表"认识可能"义的"恐"与"怕"同义连用形成。

故此，有必要对"恐""怕""惧"从历时的角度进行系统研究，探讨"担心"到"认识可能"的演变动因与机制。

一、"恐"

（一）"害怕"→"担心"

"恐"表"害怕"义，最早出现在《今文尚书》中，《左传》中很常见。如：

（6）西伯既戡黎，祖伊恐，奔告于王。（《尚书·西伯戡黎》）

（7）秋，大熟，未获，天大雷电以风，禾尽偃，大木斯拔，邦人大恐。（《尚书·金縢》）

（8）齐侯未入竟，展喜从之，曰："寡君闻君亲举玉趾，将辱于敝邑，使下臣犒执事。"齐侯曰："鲁人恐乎？"对曰："小人恐矣，君子则否。"（《左传·僖公二十六年》）

如"祖伊恐"，是祖伊对已经发生的事件"西伯既戡黎"，产生的一种心理恐惧害怕。"邦人大恐"，是对突发事件"天大雷电以风，禾尽偃，大木斯拔"，产生的一种强烈的心理惊惧。

从句法上看，"恐"表"害怕"义，主语具有［＋有生］的语义特征，一般为人。如上面例句中的"祖伊"、"邦人"、"鲁人"、"小人"。即使形式主语是非人，也可补出逻辑主语人。如：

（9）冬行恐寒，夏行恐暑，此不可以冬夏为者也。（《墨子·非攻中》）

"冬行恐寒，夏行恐暑"，即冬天行军（军人）害怕寒冷，夏天行军（军人）害怕暑热。"恐"的形式主语是"冬行、夏行"，逻辑主语是"军人"。

从宾语来看，"恐"后可以不接宾语，如上面《今文尚书》与《左传》中的例子；先秦文献中并未发现"恐"接名词性成分的语例，也许与当时的语言系统分工有关。先秦表"害怕"义接名词性成分的心理动词主要是"畏"，如"燕人畏郑三军，而不虞制人"（《左传·隐公五年》）。也有一些例句接谓词性宾语，如上面例句"冬行恐寒"中"寒"，虽是谓词性词语但失去述谓性，已经名物化了，指的是"寒"这种现象。

"恐"表"担心"义始见于《今文尚书》，春秋时期语例较多。如：

（10）今予命汝一，无起秽以自臭，<u>恐</u>人倚乃身、迁乃心。（《尚书·盘庚中》）

（11）四年春，蔡昭将如吴；诸大夫<u>恐</u>其又迁也，承公孙翩逐而射之，入于家人而卒。（《左传·哀公四年》）

（12）昔者诸侯事吾先君，皆如不逮，举言群臣不信，诸侯皆有贰志。齐君<u>恐</u>不得礼，故不出，而使四子来。（《左传·宣公十七年》）

（13）吾<u>恐</u>季孙之忧，不在颛臾，而在萧墙之内也。（《论语·季氏》）

"恐"表"担心"义，从句法上看，主语一般是人，可以是第一人称，如《论语》中"吾恐季孙之忧"，第一人称也可省略，如"恐人倚乃身、迁乃心"；也可以是其他人称，如《左传》中两个语例"诸大夫恐其又迁也"、"齐君恐不得礼"。从宾语来看，"恐"后接的是小句做宾语。"恐"表"害怕"义时，是"恐"的当事遇到某个事件或者面对某个事物时表现出来的一种心理惊吓惧怕。"恐"表"担心"义，是"恐"的当事经过思考后对某个消极事件可能发生的一种心理焦虑担心。

"恐"表"害怕"义与"担心"义，都是表心理活动的动词，从"害怕"义到"担心"义，是"恐"后宾语的变化而导致的语义变化——无宾语，表内心恐惧，或名词性宾语，表对某个事物的恐惧；扩展为谓词性宾语，表对某个事件的担心。

值得注意的是，一、"恐"表"担心"义后接小句宾语，是"恐"演变为"认识可能"义的必要句法条件。"恐"后接小句，小句表达的是一个命题，认识情态正是表达对命题真实性的主观判断（Palmer 2001：8，24）。二、"恐"表"认识可能"义，词性是副词，而"恐"后接小句，使得句子中有两个谓词性成分，为"恐"从动词降级为情态副词创造了句法上的条件。

先秦表"害怕"义的心理动词"畏"，后接名词性成分，宾语即使是主谓结构，中间也用取消主谓独立性的"之"，如："寡君畏君之威，不敢宁居，来修旧好。"(《左传·桓公十八年》) 在汉语史中，"畏"接谓词性成分或主谓结构作宾语的语例非常少，笔者也尚未发现"畏"表"认识可能"义的语例。也许是"畏"后较少接小句做宾语限制了其进一步衍生出"认识可能"义。

综上，"恐"后接小句宾语，表"担心"义，是"恐"衍生出"认识可能"义非常重要的一环。

（二）"担心"→"认识可能"

"恐"表"认识可能"义始见于战国晚期。如：

（14）今墨子独生不歌，死不服，桐棺三寸而无椁，以为法式。以此教人，恐不爱人；以此自行，固不爱己。(《庄子·天下》)

（15）虽然，其为人太多，其自为太少，曰："请欲固置五升之饭足矣。"先生恐不得饱，弟子虽饥，不忘天下。(《庄子·天下》)

（16）吕太后诫产、禄曰："高帝已定天下，与大臣约，曰'非刘氏王者，天下共击之'。今吕氏王，大臣弗平。我即崩，帝年少，大臣恐为变。必据兵卫宫，慎毋送丧，毋为人所制。"(《史记·吕后本纪》)

（17）将军田臧等相与谋曰："周章军已破矣，秦兵旦暮至，我围荥阳城弗能下，秦军至，必大败。不如少遗兵，足以守荥阳，悉精兵迎秦军。今假王骄，不知兵权，不可与计，非诛之，事恐败。"(《史记·陈涉世家》)

（18）子胥为人刚暴、少恩、猜贼，其怨望恐为深祸也。(《史记·伍子胥列传》)

句法语义上的特征主要有：从主语来看，"恐"表"认识可能"义，"恐"的句子主语可以是［＋有生］的，也可以是［＋无生］的，如上面例句中"先生恐不得饱""大臣恐为变"，句子主语是有生的，而"事恐败""其怨望恐为深祸也"，句子主语是无生的。而"恐"表"担心"义句子主语是［＋有生］的。

从管辖范围来看，"恐"表"认识可能"义，"恐"的管辖范围是整个小句，如"大臣恐为变"，是"恐怕大臣可能变"。"事恐败"，是"恐怕事情败坏"。"恐"表"担心"义，管辖范围是"恐"后面的宾语。

从"恐"的词性来看，"恐"表"认识可能"义，"恐"是情态副词；"恐"表"担心"义，"恐"是动词。

从语义指向来看，"恐"表"认识可能"义，"恐"指向说话人，即言者主语；"恐"表"担心"义，"恐"指向句子主语。

从子句语义上看，"恐"表"担心"义，子句表达的一般是消极事件，"恐"表"认识可能"义，推测的不一定是消极事件。如"以此教人，恐不爱人"，义为"以此教育人，估计不是爱人之道"，这仅仅是言者的一种中性判断评价，谈不上是消极事件。

"恐"由"担心"义衍生出"认识可能"义的句法因素与机制是什么？从主语人称来看，"恐"表"担心"义，句子主语可以是第一人称，也可以是其他人称。能重新分析的语例是第一人称语例或第一人称省略的语例，因为第一人称与说话人是同一个人，而其他人称与说话人不是同一个人，不能重新分析。

演变机制是转喻推理：第一人称"我""担心"某个未然的消极事件的发生，隐含着说话人预测这个消极事件可能发生。如：

（19）吾<u>恐</u>季孙之忧，不在颛臾，而在萧墙之内也。（《论语·季氏》同例13）

我担心季孙之忧，不在颛臾，而在萧墙之内。"我"和说话人是同一个人，隐含着说话人担心推测季孙之忧，不在颛臾，而在萧墙之内。

第一人称主语省略的语例，表达的也是第一人称和说话人的担心与推测，也是重新分析的语例。如：

（20）大国在敝邑之宇下，是以告急。今师不行，<u>恐</u>无及也。（《左传·哀公二十七年》）

（21）逢执事之不闲，而未得见；又不获闻命，未知见时。不敢输币，亦不敢暴露。其输之，则君之府实也，非荐陈之，不敢输也。其暴露之，则<u>恐</u>燥湿之不时而朽蠹，以重敝邑之罪。（《左传·襄公三十一年》）

"今师不行，恐无及也"，义为"现在军队不能前进，担心来不及了"，"无及"表达是一个未然消极事件，（我）担心来不及了，隐含着言者预测来不及了。"其暴露之，则恐燥湿之不时而朽蠹，以重敝邑之罪"，担心

（这些东西因为）燥湿之不时而毁坏，从而加重敝邑之罪，担心一个未然的消极事件的发生，同样隐含着说话人对这个消极事件可能发生的预测。

"恐"表"担心"义，当主语是第一人称时，"恐"本来是核心动词，"恐"后接 VP 或小句，句中有两个谓词性成分，后一 VP 或小句表达的内容是交际双方关注的焦点，使得"恐"的述谓性减弱，情态性增强，由动词降级为副词。

"恐"的子句表达的非消极事件，其隐含义即推测义就凸显。如：

（22）其生也勤，其死也薄，其道大觳；使人忧，使人悲，其行难为也，<u>恐其不可以为圣人之道</u>，反天下之心，天下不堪。（《庄子·天下》）

"恐其不可以为圣人之道"，墨子之道不能够成为圣人之道，对于"恐"的当事庄子或者庄子后人来说，显然算不上一个消极事件，庄子或者其后人只是根据"其行难为也"，以及"反天下之心，天下不堪"，推测其不能成为圣人之道。在非消极事件中，凸显推测义，"恐"由"担心"义演变为典型的"认识可能"义。

句法上，"恐"表"担心"义时，句法格式为"NP$_1$ + 恐 + NP$_2$ + VP"，子句主语 NP$_2$ 是在"恐"之后的。而"恐"表"认识可能"义时，子句主语可以位于"恐"之前，形成"NP$_2$ + 恐 + VP"句式，如《史记·陈涉世家》中"事恐败"。这种句法格式是怎么来的？下文进行陈述。

"恐"表"担心"义有四种句式：

A 式：NP$_1$恐 NP$_2$VP。（如：诸大夫恐<u>其为太子</u>也）

B 式：NP$_1$恐 VP。（如：齐君恐<u>不得礼</u>）

A 式和 B 式母句主语位置均有"恐"的当事，子句主语 NP$_2$ 不太可能提到母句主语位置，充当话题。

C 式：S，恐 NP$_2$VP。（如：无起秽以自臭，<u>恐人倚乃身</u>、迁乃心）

D 式：S，恐 VP。（如：今师不行，<u>恐无及</u>也）

C 式与 D 式，"恐"的母句主语 NP$_1$ 出现空位，为子句主语 NP$_2$ 提升到母句主语位置提供了句法条件。这与"容、保"等其他带小句宾语的动词演变为情态词句法条件一致，即"带小句宾语的动词，不管是转变为情态动词还是情态副词，基本前提都是母句主语不出现"（李明 2008：236）。李明（2008：236）进一步指出："母句主语不出现，与汉语，尤其是古汉语，代词脱落的特征明显有很大关系。"那么到底是 C 式还是 D 式，衍生出"NP₂ + 恐 + VP"句式呢？

根据李明（2008）所述，"容、烦、劳、许、准"等带小句宾语的动词，演变为情态词，均是在 D 式的基础上进行重新分析，即由 D 式重新分析而来。

对于"恐"而言，本书认为可以从 C 式中生成，即子句主语 NP₂ 通过提升到母句主语位置充当话题。这与胡静书（2011）探讨"恐怕"表"认识可能"的句式"子句主语 + 恐怕 + VP"，是由"恐怕 + NP₂ + VP"句式生成的结论一致。理由如下：一、"恐"在战国末期才出现典型的"认识可能"义，战国之前的典籍中存在"恐 NP₂ VP"语例。二、"恐"表"认识可能"义时，典型的语例是推测非消极事件。"恐"后推测的非消极事件中，子句主语 NP₂ 也可位于"恐"之后，如前面《庄子·天下》中"恐其不可以为圣人之道"。三、为了表达的需要，子句主语 NP₂ 作为话题，提升到母句主语的位置上。如：

（23）吾闻穰侯专秦权，恶内诸侯客，此恐辱我，我宁且匿车中。（《史记·范雎蔡泽列传》）

"此恐辱我"，其深层结构是"我恐此辱我"。因为汉语是代词脱落型语言（李明 2008：236），第一人称"我"脱落，变成"恐此辱我"，"此"指代的是"穰侯专秦权，恶内诸侯客"，所以，为了承接上句，"此"充当话题，提升到母句主语位置，从而生成"此恐辱我"句式。

那么，可以不可以从 D 式衍生出来呢？不可否认的是，D 式是可以重新分析的，但是有些省略的子句主语，不好补充。如：

（24）穆叔曰："以齐人之朝夕释憾于敝邑之地，是以大请。敝邑之急，朝不及夕，引领西望曰：'庶几乎！'比执事之间，恐无及也。"（《左传·襄公十七年》）

"恐无及也"，既可以理解为"担心来不及了"，也可以理解为"估计来不及了"，但是子句主语 NP₂ 很难用一个合适的词语补充出来。

"恐"表"认识可能"义的"NP₂ + 恐 + VP"句式，可能是 C 式中"S，恐 NP₂ VP"，NP₂ 通过提升结构，衍生出"NP₂ + 恐 + VP"。至于 D 式"S，恐 VP"，"恐"可以通过重新分析从"担心"义衍生出"认识可能"

义，但是衍生出"NP$_2$＋恐＋VP"格式，可能性较小，因为在实际语例中子句主语 NP$_2$ 很难用一个合适的词语补充出来。

二、"惧"

"惧"，《说文》云："恐也。"

"惧"在《左传》中语例较多，共 232 例，其中"恐"在《左传》只有 24 例，"惧"的使用频率比"恐"高。"惧"在《左传》中"害怕"、"担心"、"认识可能"三个义项均出现语例。

"惧"表"害怕"义：

（25）射之，豕人立而啼。公惧，队于车，伤足，丧屦。（《左传·庄公八年》）

（26）及壬子，驷带卒，国人益惧。齐、燕平之月，壬寅，公孙段卒，国人愈惧。（《左传·昭公七年》）

（27）蔡侯、郑伯会于邓，始惧楚也。（《左传·桓公二年》）

"惧"作为心理动词，表"害怕"义，主语一般是人，语义较实在，可以受程度副词"益、愈"等修饰。一般后接名词性宾语。

"惧"表"担心"义，后接小句作为宾语。如：

（28）南蒯惧不克，以费叛如齐。（《左传·昭公十二年》）

（29）子高曰："天命不谄。令尹有憾于陈，天若亡之，其必令尹之子是与，君盍舍焉？臣惧右领与左史有二俘之贼而无其令德也。"（《左传·哀公十七年》）

（30）余惧不获其利而离其难，是以去之。（《左传·文公六年》）

（31）彼美，余惧其生龙蛇以祸女。（《左传·襄公二十一年》）

以上几例"惧"表"担心"义，主语不缺省，一般是人，可以是第一人称，也可以是其他人称。"惧"后小句表达的是消极事件。

（32）郑伯归自晋，使子西如晋聘，辞曰："寡君来烦执事，惧不免于戾，使夏谢不敏。"（《左传·襄公二十六年》）

（33）初，郑伯将以高渠弥为卿，昭公恶之，固谏，不听。昭公立，惧其杀己也，辛卯，弑昭公而立公子亹。（《左传·桓公十七年》）

（34）徐仪楚聘于楚，楚子执之，逃归。惧其叛也，使蒍泄伐徐。（《左

传·昭公六年》)

这几个例句，每句主语是缺省的，"惧"还是只能理解为"担心"义，并且不能重新分析，因为"惧"的主语与说话人不是同一个人。如"惧不免于戾"，"惧"的主语是"寡君"，说话人是"子西"。"惧其杀己也"，"惧"的主语是"高渠弥"，说话人不是"高渠弥"，而是叙述者。"惧其叛也"，"惧"的主语是"楚子"，说话人不是"楚子"，而是叙述者。

认识可能表达说话人对某个命题不太肯定的推测，"惧"的主语和说话人是同一个人才能重新分析。如：

（35）北戎侵郑，郑伯御之。患戎师，曰："彼徒我车，惧其侵轶我也。"（《左传·隐公九年》）

（36）夫大国，难测也，惧有伏焉。吾视其辙乱，望其旗靡，故逐之。（《左传·庄公七年》）

（37）诸侯之师久于逼阳，荀偃、士匄请于荀罃曰："水潦将降，惧不能归，请班师。"（《左传·襄公十年》）

"惧其侵轶我也"，根据"彼徒我车"即他们步兵我们战车，既可以理解为担心他们从后边绕到我军之前袭击我们，"惧"表"担心"义；也可理解为这是未然事件，说话人推测他们有可能从后边绕到我军之前袭击我们，"惧"表"认识可能"义。"惧有伏焉"，既可理解为担心有埋伏，"惧"表"担心"义，也可理解为言者推测可能有埋伏，"惧"表"认识可能"义。"惧不能归"，根据"水潦将降"即雨季快要到了，既可理解为"担心不能回去"，"惧"表"担心"义，也可理解为"言者推测不能回去"，"惧"表"认识可能"义。

如果用在虚拟语境，"惧"更倾向于表"认识可能"义。如：

（38）师老矣，若出于东方而遇敌，惧不可用也。若出于陈、郑之间，共其资粮屝屦，其可也。（《左传·僖公四年》）

"师老矣，若出于东方而遇敌，惧不可用也"，义为军队出兵久而疲惫，如果从东方走而遇到敌人，言者推测军队不可用也，即军队不能抵御敌人。"若"表虚拟，"惧"更倾向表"认识可能"义。

"惧"表"认识可能"义。如：

（39）郑人闻有晋师，使告于楚，姚句耳与往。……姚句耳先归，子驷问焉。对曰："其行速，过险而不整。速则失志，不整，丧列。志失列丧，将何以战？楚<u>惧</u>不可用也。"（《左传·成公十六年》）

"楚惧不可用也"，句子主语是"楚"，但是"惧"指向的是说话人，说话人推测楚军靠不住了。"惧"的管辖范围是包括主语"楚"在内的整个句子，不是"惧"后的宾语部分。

（40）楚子问帅于大师子谷与叶公诸梁，子谷曰："右领差车与左史老皆相令尹、司马以伐陈，其可使也。"子高曰："率贱，民慢之，<u>惧</u>不用命焉。"（《左传·哀公十七年》）

例句表达的是子谷和子高对右领差车与左史老，能否充当统帅的看法。子谷认为这两人可以；子高却认为两人都低贱，民众轻慢他们，推测（民众）不会听从，表达的是说话人的推测判断。

需要说明的是，"惧"在汉语史中典型的表"认识可能"义的语例不多。即"NP$_2$＋惧＋VP"句式不多，"惧"后接非消极事件的语例不多。西汉《史记》中，未发现典型的"惧"表"认识可能"义的语例。高位谓语"是"通常表达言者对某个命题的态度、立场和情感（董正存2017）。笔者以关键词"惧是"查询《汉籍全文数据库（第四版）》，没发现语例；以"恐是"查询，有效语例37例。如：

（41）妇曰："此<u>恐是</u>妖魅凭依耳。"（东晋·干宝《搜神记》卷四）

（42）吴郡人沈甲，被系处死。临刑市中，日诵观音（《辩·正论》八注引作沈英，观音并作观世音）名号，心口不息。刀刃自断，因而被放。……官问之故，答云："<u>恐是</u>观音慈力。"（《古小说钩沉·宣验记》）

由汉至唐，"恐"比"惧"更常用来表"认识可能"义。

三、"怕"

（一）"害怕"→"担心"

"怕"在现代汉语中是较常见的表"认识可能"义的词。《说文》收录了"怕"，注释为"无为也。从心白声"。《子虚赋》云，"怕乎无为"。段玉裁《说文解字注》认为"憺怕"俗用"澹泊"，"澹"做"淡"，尤俗。

即"憺怕"就是现在的"淡泊","怕"即"泊"。即表"害怕"义的"怕（pà）"与《说文》的"怕（bó）"是音不同、义不同的同形字。

表"害怕"义的"怕"的来源，学界有两种观点：一种认为源于"迫"。段玉裁《说文解字注》云：今人所云惧怕者，乃迫之语转（段玉裁1981：904）。另一种观点认为源于"怖"。王力（1984：635）指出："'《说文》，悑，惶也'。字又作'怖'。《广雅·释诂》二：'怖，惧也'。'怖'就是'怕'的前身。"徐时仪（2004）详细论述了"怕"与"怖"的音形义演变。本书不探讨"怕"表"害怕"义的来源。

"怕"表"害怕"义最早在东汉中《论衡》发现1例，六朝语例也极少，仅在《搜神记》发现2例，《古小说钩沉》中1例。即：

（43）孔子曰："身体发肤，受之父母，弗敢毁伤。"孝者怕入刑辟，刻画身体，毁伤发肤，少德泊行，不戒慎之所致也。（东汉·王充《论衡·四讳》）

（44）产子皆如人形，有不养者，其母辄死，故惧怕之，无敢不养。（东晋·干宝《搜神记》卷十二）

（45）父行，女与邻女于皮所戏，以足蹙之曰："汝是畜生，而欲取人为妇耶？招此屠剥，如何自苦？"言未及竟，马皮蹶然而起，卷女以行。邻女忙怕，不敢救之，走告其父。（《搜神记》卷十四）

（46）经师端坐，正念诵经，刹那匪懈，情无怯怕，都不忧惧。（《古小说钩沉·旌异记》）

这四例"怕"均是表心理活动的动词，义为"害怕"。如"孝者怕入刑辟"，"怕"接谓词性词语做宾语，但是"入刑辟"已失去述谓性，名物化了。

"怕"表"担心"义始见于唐代。如：

（47）刘姨夫才貌温茂，何故不与他五道主使，空称纠判官，怕六姨姨不欢，深吃一盏。（唐·牛僧孺《玄怪录·刘讽》）

（48）心破只愁莺践落，眼穿唯怕客来迟。（唐·李建勋《惜花》）

（49）朱云曾为汉家忧，不怕交亲作世仇。（唐·徐铉《陈觉放还至泰州，以诗见寄，作此答之》）

（50）夜深怕有羊车过，自起笼灯看雪纹。（唐·殷尧藩《宫词》）

（51）难陀只欲不去，师兄处分再三，便拟送佛世尊，又怕家中妻怪。（《敦煌变文集·难陀出家缘起》）

（52）生时受苦命如丝，赤血滂沱魂魄散，时向（饷）之间潘却命，由（犹）怕孩儿有损殇。（《敦煌变文集·盂兰盆经讲经文》）

"怕"从"害怕"义到"担心"义，是"怕"后宾语复杂化导致的语义演变。"怕"表"害怕"义，后不接宾语，或接名词性宾语，即使接谓语性宾语，谓语性宾语也失去述谓性，名物化了，如"孝者怕入刑辟"中"入刑辟"。"怕"表"担心"义，宾语是小句，表示"担心"宾语表达的事件的发生。

（二）"担心"→"认识可能"

在宋代，"怕"表"认识可能"义比较常见，主要出现在口语化的文本《朱子语类》中。如：

（53）守约问："横渠说：'绝四之外，心可存处，必有事焉，圣不可知也。'"曰："这句难理会。……横渠尽会做文章，如西铭及应用之文，如百椀灯诗，甚敏。到说话，却如此难晓，怕是关西人语言自是如此。"（《朱子语类》卷三十六）

（54）问礼书。曰："惟仪礼是古全书。……乐记文章颇粹，怕不是汉儒做，自与史记荀子是一套，怕只是荀子作。"（《朱子语类》卷八十四）

（55）尚书小序不知何人作，大序亦不是孔安国作，怕只是撰孔丛子底人作。（《朱子语类》卷七十八）

如"怕是关西人语言自是如此"，"怕"显然不是表"害怕"，是言者推测关西人语言自是如此。再如"怕不是汉儒做"，言者根据"乐记文章颇粹"，推测不是汉儒做；"怕只是荀子作"，言者根据"自与史记荀子是一套"，推测可能是荀子作。高层谓词"是"表达言者对某一命题的看法、观点、态度。值得注意的是，这些例句中"怕"表示对已然事件的推测。

"怕"与表"认识可能"的"大约""看米""未必"结合使用。如：

（56）问："'思无邪'，子细思之，只是要读诗者思无邪。"曰："旧人说似不通。中间如许多淫乱之风，如何要'思无邪'得！如'止乎礼义'，

中间许多不正诗，如何会止乎礼义？怕当时大约说许多中格诗，却不指许多淫乱底说。"(《朱子语类》卷二十三)

（57）问："周礼所载诸公之国方五百里，诸侯之国方四百里云云者，是否？"曰："看来怕是如此。孟子之时，去周初已六七百年，既无载籍可考，见不得端的。"(《朱子语类》卷五十九)

（58）后世用兵，只是胡厮杀，那曾有节制！如季通说八阵可用，怕也未必可用。(《朱子语类》卷一百三十二)

"怕"从"担心"义演变为"认识可能"义，也是如"恐""惧"一样，第一人称主语"担心"某个未然事件的发生，隐含着说话人对某个事件可能发生的推测。如：

（59）闻大使以六月廿九日未时离舶，以后漂流之间，风强涛猛。怕船将沉，舍碇掷物，口称观音、妙见，意求活路。(唐·圆仁《入唐求法》卷一)

"怕船将沉"，"怕"的当事主语担心船将沉，"怕"表"担心"义；当事主语与说话人是同一个人，隐含着预测船可能会沉，"怕"表"认识可能"义。

"怕"表"担心"义时，小句表达的是言者不愿发生的消极事件，当小句表达消极义减弱，"怕"的推测义就会凸显。如：

（60）我是碾玉作，信州有几个相认，怕那里安得身。（宋·无名氏《碾玉观音》）

"怕那里安得身"，在信州安得身，对于言者来说，是积极事件。"怕"不能再理解为"担心"，只能理解为"认识可能"义。

"怕"表"担心"义时，一般表示对某个消极事件可能发生的担忧，"怕"后扩展到表示对已然事件的推测。如上面《朱子语类》（卷二十三）中："怕当时大约说许多中格诗，却不指许多淫乱底说。"

"怕"在"认识可能"义的基础上进一步虚化为表委婉语气。

（61）问："乾皆圣人事，坤皆贤人事否？"曰："怕也恁地杀断说不得。如乾初九，似说圣人矣，九二学聚、问辨，则又不然。上九又说'贤人在下位'，则又指五为贤矣。看来圣人不恁地死杀说，只逐义随事说道理而已。"(《朱子语类》卷六十九)

（62）在浙中见诸葛诚之千能云："'仁人正其义不谋其利，明其道不计其功'，仲舒说得不是。<u>只怕</u>不是义，是义必有利；<u>只怕</u>不是道，是道必有功。"（《朱子语类》卷一百三十七）

（63）万秀娘见他焦躁，便转了话道："哥哥，若到襄阳府，<u>怕</u>你不须见我爹爹、妈妈。"（明·冯梦龙《警世通言》第三十七卷）

"怕也恁地杀断说不得"，言者明知"恁地杀断说不得"；"只怕不是义，是义必有利；只怕不是道，是道必有功"，从"是义必有利……是道必有功"，言者明知"不是义……不是道"：此两处言者使用"怕"的目的是避免行文的绝对化。"怕你不须见我爹爹、妈妈"，"你不须见我爹爹、妈妈"是万秀娘的建议，不是推测。言者万秀娘见他焦躁，提出这样的建议来缓解他的焦躁，不用"怕"，此时的建议是命令式的，生硬。使用"怕"使得建议语气和缓、委婉。

（三）"恐怕"

"恐怕"动词义连用表"害怕"义，最早出现在北魏佛典文献。

（64）……都不似人，见皆<u>恐怕</u>。（北魏·吉迦夜共昙曜译《杂宝藏经》卷二）

在《汉籍全文数据库（第四版）》中查到隋唐五代有效语例22例。其中"恐怕"表"害怕"义有3例，表"担心"义19例。

"害怕"义：

（65）心惊<u>恐怕</u>牛羊吼，头痛生曾（憎）乳酪膻。（《敦煌变文集·王昭君变文》）

（66）若入神屋止宿<u>恐怕</u>不安。押鬼舍即不魇梦。（唐·孙思邈《千金翼方》卷二十九）

（67）一只银瓶子，两手拴。携送远行人，福禄安。承闻黄河长，不信宽。身上渡明官，<u>恐怕</u>人。（《全唐五代词·敦煌词》卷四）

"担心"义：

（68）昨来新拜右丞相，<u>恐怕</u>泥涂污马蹄。右丞相，马蹄踏沙虽净洁，牛领牵车欲流血。（唐·白居易《官牛－讽执政也》）

（69）察（刹）那<u>恐怕</u>呈（程）途远，倾克（顷刻）由（犹）疑赴会迟。（《敦煌变文集·维摩诘经讲经文》）

（70）约去王城七里，<u>恐怕</u>上命怪之。（《敦煌变文集·悉达太子修道因缘》）

（71）慈母心心只是忧，<u>恐怕</u>这儿落奸便。（《敦煌变文集·父母恩重经讲经文》）

（72）年登十五母由（犹）忧，<u>恐怕</u>造诸不善业。（《敦煌变文集·盂兰盆经讲经文》）

（73）且须遣妻不出，<u>恐怕</u>朋友怪笑。（《敦煌变文集·金刚鬼女因缘》）

（74）师行却时，到善劝寺。欲得看经，寺主不许，云：禅僧衣服不得净洁，<u>恐怕</u>污却经典。（《祖堂集》卷十四）

（75）这几天来，走路忘了到什么地方去，吃饭也感觉不出饱还是没饱。<u>恐怕</u>过不了早晚，我就会因相思而死了。（唐·元稹《莺莺传》）

董秀芳（2002：144）认为"恐怕泥涂污马蹄"中的"恐怕"是一个副词。"恐怕"在此处应该是一个典型的表"担心"的动词，因为"恐怕"表估计是说话人的估计，此处"恐怕"的主语是"右丞相"，不是说话人。

"恐怕"表"认识可能"义始见于宋代。如：

（76）十度发言，九度休去。为甚么如此？<u>恐怕</u>无利益。（《五灯会元》卷十三）

（77）二客曰："今朝廷起张公，欲了此事。"翁曰："此<u>恐怕</u>他未便了得在。"（《宋史》卷四五九）

（78）问丧礼制度节目。曰："<u>恐怕</u>仪礼也难行，如朝夕奠与葬时事尚可。"（《朱子语类》卷八十九）

（79）"以我视，以我听。"若以为心先有主，则视听不好事亦得，大不便也。"以我视，以我听"，<u>恐怕</u>我也没理会。（《朱子语类》卷四十一）

"恐怕无利益"，是说话人对为何会"十度发言，九度休去"的原因推测。"此恐怕他未便了得在"，形式主语是"此"，指代的是上句中"欲了此事"中的"此事"；逻辑主语是言者"翁"，说话人认为"这件事估计不是他方便得了的"。"恐怕仪礼也难行"，是说话人朱熹对仪礼是否能全部实行的看法，认为仪礼全部实行可能很难，只有朝夕奠与葬时事尚可实行。"恐怕我也没理会", 说话人估计对"以我视, 以我听"自己也没有理解知晓。

这些例句中的"恐怕"或位于句首, 或位于句中, "恐怕"的管辖范围均是包括主语在内的整个小句。

胡静书 (2011) 认为"恐怕", 是表"害怕"义的"恐"和"怕"先词汇化, 然后经过"害怕→担心→揣测 (认识可能)"的语义演变。

本书认为表"认识可能"义的"恐怕"是表"认识可能"义的"恐" + "怕"同义连用而词汇化的结果。

理由 1: 表"害怕"义的"恐怕₁"在元代以前语例非常少, 《汉籍全文数据库 (第四版)》"恐怕₁"才 5 例。"怕恐" 1 例。即:

(80) 叟等皆怕恐不敢就位。(《梦溪笔谈》卷二十五)

而在元代, 在《汉籍全文数据库 (第四版)》查到 10 例"怕恐", 表"害怕"义。如:

(81) 拚的个触荒碑一命终, 至今草斑斑血染红, 一灵儿还怕恐。(元·朱凯《昊天塔孟良盗骨》第一折)

(82) 一撞一冲, 则教你心如铁石也怕恐, 便有那铜山铁壁都没用。(元·尚仲贤《洞庭湖柳毅传书》第二折)

(83) 则见他走将来气冲冲, 怎不教人恨匆匆, 唬得人来怕恐。(元·王实甫《崔莺莺待月西厢记》第四折)

"恐怕₁"的语例不多, "怕恐"在元代仍使用, 说明表"担心"义的"恐怕₂"不太可能从"恐怕₁"词汇化并语义演变而来, 而是表"担心"义的"恐"和"怕"同义连用并词汇化。

理由 2: 在《汉籍全文数据库 (第四版)》中查到 2 例"怕₂恐", 表"担心"义, 即:

(84) 怕恐使、群芳零乱。(宋·无名氏《折红梅·倚花阑清晓》)

(85) 仑樵知道威毅伯有些意思, 怕恐久了要变, 一出来马上托人去求婚。(清·金松岑、曾朴《孽海花》第十四回)

虽然语例不多, 但也证明"恐怕₂"不是由"恐怕₁"衍生而来。

那么表"认识可能"义的"恐怕₃"是不是从"恐怕₂"衍生而来, 理论上是可以的。我们来看隋唐五代和宋代"恐、怕"语例的使用情况, 总结如下：

	表"害怕"义	表"担心"义	表"认识可能"义
隋唐五代（22 例）①	3 例	19 例	—
宋代（26 例）②	2 例	19 例	5 例

从上可以看出，表"担心"义的"恐怕₂"使用频率如此低，并且"怕"刚出现"认识可能"义，表"认识可能"义的"恐怕₃"就出现，有点不可思议。表"认识可能"义的"恐怕₃"，由表"认识可能"义的"恐"与"怕"同义连用而词汇化的可能性较大。另外，朱冠明（2005）探究"必须"认识情态的来源时，指出"必须"表认识情态并非从"必须"表道义情态演变而来，而是由表认识情态的"必 + 须"词汇化而成。其实认识情态词的同义连用很普遍，如"容或""保准""或许"等等。

本节小结

本节主要探讨了"恐/惧/怕"之"认识可能"义的来源路径及演变机制。其演变路径归纳为："害怕"→"担心"→"认识可能"。

其演变的动因与机制有：

1. 句法因素

"恐/惧/怕"等词，从"害怕"义经"担心"义衍生出"认识可能"义，句法上因素有两个：一是"恐/惧/怕"后接谓词性词语或小句，句中有两个谓词性成分，后一谓词或小句是交际双方关注的焦点，使得"恐/惧/怕"的述谓性减弱，情态性增强，由动词降级为副词。二是表"担心"义的"恐/惧/怕"，"恐/惧/怕"主语是第一人称，或者主语出现空位，并且省略的主语为第一人称，与说话人是同一个人，才能重新分析。

"恐/惧/怕"表"担心"义，句法结构为"NP₁ + 恐/惧/怕 + NP₂ + VP"，"恐/惧/怕"表"认识可能"义，有些句子句法结构为"NP₂ + 恐/惧/怕 + VP"（如"事恐败"），这种句法结构是如何衍生而来？汉语特别是古汉语中代词省略是常见现象，"恐/惧/怕"表"担心"义，母句主语 NP₁ 上的代

---

① 语例出自《汉籍全文数据库》（第四版）。
② 语例出自《汉籍全文数据库》（第四版），《朱子语类》5 例。

词经常省略，句法格式为："恐/惧/怕 NP_2 VP"或"恐/惧/怕 VP"。由于表达的需要，NP_2 通过提升结构提升到母句主语 NP_1 的空位上，形成"NP_2 恐/怕 VP"格式。

2. 转喻与语用推理

"害怕"义与"担心"义，语义接近，从"害怕"到"担心"的演变是"恐/惧/怕"后的宾语由名词性成分扩展为谓词性成分导致的语义变化。从"担心"到"认识可能"是转喻推理。第一人称主语"担心"某个未然消极事件发生，第一人称主语与说话人是同一个人，隐含着言者预测或推测这个消极事件可能发生，即产生"担心—认识可能"义。语用原则是"R原则"即"不过量原则（R-Principle）"，所谓"不过量原则"，就是只说必要的话，不说过多的话（Horn1984，沈家煊 2004，李明 2014）。"担心—认识可能"的语义信息量大于"担心"，即"担心—认识可能⊃担心"。"认识可能"义这种特殊隐含义随着语言使用而反复推导，由"特殊隐含义→一般隐含义→固有义"，同时伴随的是客观"担心"义的逐渐减弱乃至消失，主观推测义的逐渐增强凸显。具体表现为"恐/惧/怕"表"担心"义时，担心的是消极事件发生，而表"认识可能"义时，推导的不一定是消极事件。

3. 主观化与交互主观化

"害怕"→"担心"→"认识可能"，"害怕"义与"担心"义，是客观意义，属于行域；表"认识可能"义，是言者的推测，是主观意义，属于知域。其演变是从客观到主观，从行域到知域的演变。从"害怕→担心→认识可能"，其语义逐渐泛化：具体义→较少抽象义→更多抽象义；其主观性不断增加：客观性→较少主观性→更多主观性（吴福祥 2003）。具体义的逐渐消失，伴随的是言者主观观点和态度的强化，即语用的强化（李明 2014）。

"怕"在"认识可能"义基础上，进一步虚化为表"委婉语气"，从主观性进一步主观化为交互主观性。主观性只关注言者/作者的主观态度和观点，而交互主观性是在组织语言时关注到听者/读者"自我"，这种关注体现在认识意义上，关注听/读者对命题内容的态度，也体现在社会意义上，关注听者/读者的"面子"或"形象需要"（Traugott & Dasher 2002：124 - 139，吴福祥 2004，丁健 2019）。"怕"，表"委婉"用法，无论是避免行文的绝对化，还是使得建议委婉，语气和缓，都是使听者/读者易于接受，即关注听/读者对命题内容的态度。从主观化到交互主观化，是一个不可逆的过程。

第四节 "像/好像、似/似乎、仿佛"

汉语史上，一些表"相似"义的词，衍生出"认识可能"义。如"像/好像、似/似乎、仿佛"等等。以"似"为例，如：

（1）公谓行父曰："征舒似女。"对曰："亦似君。"（《左传·宣公十年》）——相似

（2）延州来季子其果立乎？巢陨诸樊，阍戕戴吴，天似启之，何如？（《左传·襄公三十一年》）——认识可能

"好像、似乎、仿佛"在现代汉语中，是较常见的表"认识可能"义的词。如：

（3）当然，赵辛楣的英文好像比自己都好——刘东方不得不承认。（钱钟书《围城》）

（4）来自上海的新郎杨威只穿了一双单鞋，似乎对北国的严寒没有准备。（2003年新华社新闻报道）

（5）天忽然暗了下来，仿佛会有大雨来临。（张斌《现代汉语虚词词典》）

"相似"到"认识可能"的语义演变研究，主要成果有邱崇（2009），李小军（2015），叶琼（2016），朱建军、唐依力（2017）。邱崇（2009）探讨了"似类""像类""仿佛类"这三类像义动词到测度类副词的语法化，认为其演变路径为：像义动词→测度动词→测度副词。李小军（2015）探讨了"好像、似乎、仿佛"表肯定推测的语义特点、来源及其在现代汉语中的语义、语体、句法差异，表"预设否定"义的话语特征、成因及词性；认为其演变路径为："相似"义分别衍生出"比拟"义、"肯定推测"义、"预设否定"义。叶琼（2016）侧重于探讨"好像"表不确定判断义的解读，认为其演变路径为：比拟→认识可能。朱建军、唐依力（2017）

探讨了"好像"的历时演变及其最新发展，指出其演变路径为：动词性偏正短语→像似义动词→像似义副词→揣测情态副词→委婉情态副词→话语标记。

上述诸位揭示了"相似"义词的很多语法现象及演变规律，但是有些问题值得进一步探讨。一、"相似"义，分为"一般相似"与"比拟相似"两类，前者称为"相似"，后者称为"比拟"，"像/好像、似/似乎、仿佛"之"认识可能"义，即上文所说的"推测"义，是由"相似"义衍生而来，还是"比拟"义衍生而来？以前的研究成果有两种看法，李小军（2015）认为是从"相似"义衍生而来，邱崇（2009），叶琼（2016），朱建军、唐依力（2017）认为是从"比拟"义衍生而来。那么"像/好像、似/似乎、仿佛"之"认识可能"义到底是由"相似"义还是由"比拟"义衍生而来？二、"像/好像、似/似乎、仿佛"等"相似"义词演变为"认识可能"义演变动因与机制是什么？

本节细致考察"像/好像、似/似乎、仿佛"等词，是如何从"相似"义衍生出"认识可能"义的，并回答以上问题。另外，"像/好像、似/似乎、仿佛"表"预设否定"义，关于其来源李小军（2015）已论述清楚，本节不讨论。

一、"像/好像"

（一）"象/像"

1. "形象/图像"→"描摹/模仿"→"相似"→"比拟"

"象"，本义是"大象"。韩非指出："人希见生象也，而得死象之骨，案其图以想其生也，故诸人之所以意想者皆谓之'象'也。今道虽不可得闻见，圣人执其见功以处见其形，故曰：'无状之状，无物之象。'"（《韩非子·解老》）由此可知，因人很少见到实物"大象"，难以描绘大象的图像，从而引申为"形象、图像"义。与实物相对，是意想之物，图画之物。"象"用作"形象/图像"义时，与"像"通用。

"象"表"形象、图像"义。如：

（6）王庸作书以诰曰："以台正于四方，惟恐德弗类，兹故弗言。恭默思道，梦帝赉予良弼，其代予言。"乃审厥<u>象</u>，俾以形旁求于天下。（《尚书·

说命上》）

（7）在天成**象**，在地成形。（《易·系辞传上》）

（8）物生而后有**象**，**象**而后有滋，滋而后有数。（《左传·僖公十五年》）

"厥**象**"，指的是"梦帝赉予良弼"的形象，即大王梦中见到的，上帝赐予的贤臣的形象。"在天成象，在地成形"，"象"与"形"对举。这些例句中"象"均表"形象、图像"义，在句中充当主语或宾语，是名词。

"像"在先秦时语例极少，义为"图像/形象"始见于西汉，如：

（9）黄帝即位，惟圣恩承天，明道一修，惟仁是行，宇内和平，未见凤凰，维思**影像**，夙夜晨兴，于是乃问天老曰："凤仪如何？"（西汉·刘向《说苑·辨物》）

（10）物穆无穷，变无**形像**，优游委纵，如响之与景。（西汉·刘安《淮南子·原道训》）

"象/像"用作动词时，表"描摹/模仿"义。如：

（11）爻也者，效此者也；象也者，**像**此者也。（《易·系辞传下》）

（12）昔夏之方有德也，远方图物，贡金九牧，铸鼎**象**物，百物而为之备，使民知神、奸。（《左传·宣公三年》）

"爻也者，效此者也；象也者，像此者也"，"像与效"同举，王力《古汉语词典》注释为"模仿"。"铸鼎象物"中"象物"，义为"描摹物象"。"象/像"从"形象/图像"义到"描摹/模仿"义，是名词用作动词时发生的语义变化。

"象"表"描摹/模仿"义时，句法格式为"A 象 B"。如：

（13）钦若昊天，历**象**日月星辰，敬授人时。（《尚书·尧典》）

（14）宾主**象**天地也；介撰**象**阴阳也；三宾**象**三光也；让之三也，**象**月之三日而成魄也；四面之坐，**象**四时也。（《礼记·乡饮酒义》）

"历象日月星辰"，义为"历法描摹的是日月星辰（的运行规律）"，即历法与日月星辰（的运行规律）有相似之处。"宾主象天地也；介撰象阴阳也；三宾象三光也；让之三也，象月之三日而成魄也；四面之坐，象四时也"，义为"宾主模拟的是天地，介撰模拟的是阴阳，三宾模拟的是天上的三光，（宾主）谦让三次模拟的是月亮三日后出现月魄，四面的坐席模拟的是四季"，即宾主与天地、介撰与阴阳、三宾与三光等有相似之处。

由此，A模拟B，隐含着A与B类似，从而转喻引申为"相似"义。"象/像"表"相似"义始见于战国时代，西汉后语例增多。如：

（15）且上者下之师也，夫下之和上，譬之犹响之应声，影之<u>像</u>形也。（《荀子·强国》）

（16）物类之起，必有所始。荣辱之来，必<u>象</u>其德。（《荀子·劝学》）

（17）岁余，<u>像</u>孙叔敖，楚王及左右不能别也。（西汉·司马迁《史记·滑稽列传》）

"影之像形"，义为"影子类似于形体"。"荣辱之来，必象其德"，义为"荣辱的降临，一定对应于他的德行"。"像孙叔敖"，指的是"（孙叔敖之子）与孙叔敖相似"，以至于楚王及左右不能分别。

"象/像"表"比拟"义，始见于战国时代。如：

（18）夫兵形<u>象</u>水，水之形避高而趋下，兵之形避实而击虚；水因地而制流，兵因敌而制胜。故兵无常势，水无常形。（《孙子兵法·虚实》）

（19）凡物有朕，唯道无朕。所以无朕者，以其无常形势也。轮转而无穷，<u>象</u>日月之运行；其春秋的代谢，若日月有昼夜。终而复始，明而复晦，莫能得其纪。（《淮南子·兵略训》）

"比拟"，俗称打比方，就是运用具有相似点的事物，来比拟想要说明的事物，使表达更加形象生动（于立昌、夏群2008）。与一般修辞学中的修辞格"比拟"不同，类似于修辞格中"比喻"。如"兵形象水"，"兵形"，即作战方式，人们对于如何用兵作战比较难以把握，言者就用"水"比拟"兵形"。两者之间有很多相似点，如"水之形避高而趋下，兵之形避实而击虚；水因地而制流，兵因敌而制胜。兵无常势，水无常形"等。

"象/像"表"相似"与表"比拟"，区别有三：

客观相似与主观相似。A相似B，A与B是一种客观相似，如"影之像形"，再如"（孙叔敖之子）像孙叔敖"，以致楚王及左右不能分别。这种相似是一种外形上的相似，不以言者的意志为转移，是一种客观相似。A比拟B，A与B是主观相似，如"兵形象水"，言者为了使听者更好地理解"兵形"，用熟悉的"水"比拟，"兵形与水"是一种主观相似。

A与B是否同类。A相似B，A与B的大部分是同类事物，如"影与形"，"（孙叔敖之子）与孙叔敖"，少部分是不同类的，如"荣辱之来，必象其德"。A 比拟 B，A 与 B 一般是不同类的，如"兵形与水"，"轮转而无穷与日月之运行"。

B 有指无指。所谓"有指名词"，与"无指名词"相对，"如果名词性成分的表现对象是话语中的某个实体，我们称该名词性成分为有指成分，否则，我们称之为无指成分"（陈平 1987）。A 相似 B，B 可以是有指的，如"像孙叔敖"，也可以是无指的，如"影之像形"中"形"。而 A 比拟 B，B 一般是无指。如"兵形象水"，不是指具体的某些水。

"象/像"表"相似"与"比拟"的区别如下：

	A 与 B	A 与 B	B
相似	客观相似	同类/不同类	有指/无指
比拟	主观相似	不同类	无指

从"相似"到"比拟"，是转喻类推演变的结果，A 与 B 由同类扩展为不同类，由客观相似扩展为主观相似。

2. "相似"→"相似－测度"→"认识可能"

"像"表"相似－测度"义，始见于元代。如：

（20）我看你二位生得齐整，<u>像</u>个出仕的人。（元·王子一《刘晨阮肇误入桃源》第一折）

（21）你看此人贫则贫，攀今览古，<u>像</u>个有学的。（元·无名氏《朱太守风雪渔樵记》第一折）

（22）这个妇人，不<u>像</u>个良人家的妇女。（元·无名氏《包待制陈州粜米》第三折）

"像个出仕的人"，言者基于"你二位生得齐整"，与"出仕的人"有相似之处，推测"你二位可能是个出仕的人"。"像个有学的"，言者基于"此人贫则贫，攀今览古"，与"有学的"有相似之处，推测"此人可能是个有学的"。"不像个良人家的妇女"，言者基于"这个妇人（外貌或行为举止等）"，与"良人家的妇女"不相似，推测"这个妇人可能不是个良人家的妇女"。值得注意的是，上面的"相似"是说话人根据客观相似而进行的主观推测，不是根据比拟相似而进行的推测，所以"像"之"认识可能"

义是"相似"义，而不是从"比拟"义衍生而来。

"像"表"相似"义与表"相似－测度"义，其不同点在于："A 相似 B"，但"A 不是 B"。"A 相似－测度 B"，言者推测"A 是 B"。言者能推测"A 是 B"，是基于两者有相似处。"像"表"相似"义，是一种客观相似，"像"表"测度"，是基于客观相似而作出的主观推测"A 是 B"，主观性增强。

"像"从"相似"义演变为"相似－测度"义的机制，是转喻推理和主观化。问题是为何会主观化，即为何会增加主观测度义？其关键是语境。"像"表"相似"义时，说话人对 A 与 B 的情况是知晓的，是一种客观叙述；而"像"表"相似－测度"义时，说话人对 A 的情况是未确知的，基于 A 与 B 相似，推测 A 可能是 B。如"我看你二位生得齐整，像个出仕的人"，说话人对"你二位"的情况不清楚，未确知，即引起"像"主观化的原因是未知语境，说话人未确知 A 的情况，从而使"像"隐含了主观认识情态义。

"像"从"相似"义到"相似－测度"，是从客观相似，到以相似为基础的主观测度。前者是行域，后者是知域，是从行域到知域的演变。从语用推理来看，是从"不过量准则"推理而来。"像"在"我看你二位生得齐整，像个出仕的人"中表"相似－测度"，信息量大于表"相似"，不仅仅"你二位"与"出仕的人"有相似之处，而且表达"你二位可能是个出仕的人"的主观观点，表"相似－测度"的信息量大于表"相似"。从语境来看，言者的语义重点不是表达"你二位与出仕的人"的相似，而是表达基于相似而作出的主观推测"你二位可能是个出仕的人"。"像"的这种表"测度"即"认识可能"的隐含义随着语言的使用反复推导，变成一般隐含义，并逐渐规约化。即用在不表相似的语境中，只表说话人的推测，就是典型的"认识可能"义。

"像"表"认识可能"义，始见于元代，明代比较常见。如：

（23）这一个像是好的。（元·无名氏《玎玎珰珰盆儿鬼》第三折）

（24）磨了半截舌头，母亲像有许的意思了。（元·李行甫《包待制智赚灰栏记》楔子）

（25）像似那汉子说甚蒋世隆。（元·施惠《幽闺记》第二十出）

（26）王甲夫妻夜里睡觉，只听得竹床栗喇有声，扑的一响，像似甚重物跌下地来的光景。（明·凌濛初《二刻拍案惊奇》卷三十六）

（27）是城外非空庵东院，一个长长的黄瘦小和尚，像死不多时哩。（明·冯梦龙《醒世恒言》卷十五）

从句法位置上看，"像"可以位于句中，也可以位于句首，但是管辖范围都是整个小句。如"母亲像有许的意思了"，"像"位于句中，表示是说话人推测"母亲可能允许了"，管辖范围包括句子主语"母亲"在内。从"像"后面的成分来看，"像"后接谓词性成分或小句。

"像"表"相似－测度"义时，"像"是谓语中心，A与B具有相似性，构成主宾关系。如"我看你二位生得齐整，像个出仕的人"中，"像"表"相似－测度"义，A"你二位"是主语，B"个出仕的人"是宾语，B是体词性成分，A与B之间具有相似性，是主宾关系。"像"表"认识可能"义时，A与B构成主谓关系（邱崇2009），如"这一个像是好的"，A"这一个"是主语，B"是好的"是谓词性成分；"母亲像有许的意思了"，A"母亲"是主语，B"有许的意思了"是谓词性成分。A与B构成主谓关系，B是谓词性成分，"相似"义几乎不存在。

"像"后由体词性成分扩展为谓词性成分，后面的谓词性是交际双方关注的焦点，"像"的句法地位下降，由谓语中心变为小句修饰成分，由动词降级为副词；同时管辖范围扩大，管辖整个小句，表达言者对命题的不太肯定的推断。

"像"表"认识可能"义的语例，再如：

（28）递个信儿道："方才与老爹说了，娘子留心察听，看可像肯的。"（明·冯梦龙《醒世恒言》卷三十四）

（29）小的虽然分得些金帛，不像陈小四强奸了他家小姐。（《醒世恒言》卷三十六）

（30）长老道："据你所说，我的宝船就过去不成了？我这西洋也下不成了？"龙王道："恰像也有些难处。"（明·罗懋登《三宝太监西洋记》第二十一回）

（31）正在愁头上，猛然间听见一声响，像是自家的宝贝。（《三宝太监西洋记》第七十回）

从上面的论述，我们知道，"像"表"认识可能"义，是由"相似"义动词，经"相似－测度"义，再衍生出"认识可能"义。那么是否能由"比拟"义衍生而来？本书认为不能。"比拟"是用 A 事物或情况比作 B 事物或情况，目的是形象生动，把抽象的讲得具体，深奥的讲得浅显，因此，言者对 B 事物是充分了解的。换句话说，只有充分了解 B 事物及其属性，才能更好地说明 A 事物，达到比拟的效果。既然言者对 B 事物充分了解，也就谈不上对 B 事物的推测。而"像"表"认识可能"义，是言者对 B 事物相关命题的推测，两者之间就不存在衍生的语义关联。

（二）"好像"

1. "好像"表"相似"义与"比拟"义

"好"与"像"连用，是副词"好"与动词"像"组成的偏正结构，最初义为"非常像"，表"相似"义。《全元曲》4 例"好像"，2 例表"相似"义。如：

（32）适才那妇人<u>好像</u>我夫人。叫道士过来，适才妇人那家宅眷？（净）钱都爷小姐。（生）原来天下有这般相似的。（柯丹邱《荆钗记》第四十五出）

（33）这一个走的，<u>好像</u>俺哥哥张林。（李行甫《包待制智赚灰栏记》第三折）

"适才那妇人好像我夫人"，"好像"义为"非常像"，后文中还追叙了一句"原来天下有这般相似的"。"这一个走的，好像俺哥哥张林"，义为"这一个走的，非常像俺哥哥张林"。"好像"表"相似"义，是一种客观相似。

另外两例"好像"表"比拟"义。如：

（34）刘伯伯，多时不见，吃得这般脸儿红丢丢的，<u>好像</u>个老猴孙屁股。（小生）不要取笑。（刘唐卿《白兔记》第二出）

（35）（丑）一起起来了，叫夏莲讨脸水来刷牙来。（净）来了。（丑）我便开了这一张臭口，<u>好像</u>洗酒瓶的一般，吸吓吸吓，这等洗了脸。（徐畈《杀狗记》第十四出）

"吃得这般脸儿红丢丢的，好像个老猴孙屁股"，言者把"刘伯伯红丢丢的脸"，比作"老猴孙屁股"。"好像洗酒瓶的一般"，言者把"自己漱口"比作"洗酒瓶"。"好像"用作"比拟"，已经词汇化成词，是一种主观相似。

2. "相似"→"相似 – 测度"→"认识可能"

"好像"表"相似 – 测度"义，始见于明代，可以在句中充当谓语中心，如：

（36）这蛮子**好像**做贼的，声息不见，已到厨下了，怎样可恶！（明·冯梦龙《醒世恒言》卷十五）

（37）众人闻着，都说道："这是何处来的香风？这像什么香？"黛玉道："**好像**木樨香。"（清·曹雪芹《红楼梦》第八十七回）

这两个例句中"好像"表"相似 – 测度"义，在句中充当谓语中心语。与表"相似"义不同的是，基于 A 与 B 的相似，言者推测 A 可能是 B。如"这蛮子好像做贼的"，言者基于"声息不见，已到厨下了"，这蛮子的行为与做贼的类似，从而推测"这蛮子可能是做贼的"。"好像木樨香"，言者基于个人经验飘来的香风与木樨香相似，推测可能是木樨香。

"好像"表"相似 – 测度"义，主观化的关键是说话人对 A 的情况未确知，如"这蛮子好像做贼"，说话人未确知"这蛮子"的情况，从而进行推测，使得"好像"隐含了主观认识情态义。

"好像"表"相似 – 测度"义，可以位于"是""不是"之前，如：

（38）那中间披红色道袍**好像**是个领袖模样的答道："贫道等皆海外炼气士，自尧舜以来得道至今，因贪图清闲，未升天曹。"（清·无垢道人《八仙得道传》第二十八回）

（39）听道长说话，**好像**不是本地人，莫非是远方来的仙人么？（《八仙得道传》第八十八回）

"好像"后接谓词性成分，句法地位下降，由动词降级为副词，情态意义增强。再如：

（40）听外边将士，益发鼓噪，**好像**要反的光景，左右听俺吩咐。（清·孔尚任《桃花扇》第九出）

（41）他这几日正在这里住着，每日到离此地不远一座青云山去，也不知甚么勾当。据奴才看，**好像**有甚么机密大事似的。（清·文康《儿女英雄传》第十四回）

"好像"表"认识可能"义始见于清代。如：

（42）"我今天见了一个老名士，说是前舟的业师，相貌清古，有六旬之外了。"子云道："姓什么？"蕙芳道："姓得有些古怪，我想想着，<u>好像</u>姓瞿，穿着六品服饰，觉得议论风生，无人不敬爱他。"（清·陈森《品花宝鉴》第三十七回）

（43）高品道："还有一个官衔你没有说。"蕙芳道："<u>好像</u>没有了。"（《品花宝鉴》第十四回）

（44）天福道："有些面善，想不起来，<u>好像</u>那里见过的。"（《品花宝鉴》第四十二回）

"好像"表"认识可能"义，从语义上，A 与 B 没有相似性，如"好像姓瞿"，A"老名士"与 B"姓瞿"之间没有相似性；从句法上看，"好像"后接谓词性成分，在句中充当状语，是副词；此外"好像"提到句首而语义不变，如"好像（他/老名士）姓瞿"，"好像"管辖的是整个小句，"好像那里见过的"，"好像"位于句首。"好像"表"认识可能"义，是言者的信念度低，所谓信念度，就是对命题的确信程度（李命定、袁毓林 2018），信念度低，是言者不确定，信心不足。

"好像"表"认识可能"义的语例，再如：

（45）听你所言，<u>好像</u>因我辈不当你们人类看待，所以有了凤怨，刚巧碰着那条老蛟前去诉苦，你们师徒便趁此机会前来报仇，是不是呢？（清·无垢道人《八仙得道传》第三十回）

（46）谁知老天爷<u>好像</u>有些不大相信他真能做好人，并也不希罕他能够改过，凭他说得那么好法，偏偏运气不好，结果，不但把背城的资本，一赌而空，还欠了人家一大笔钱，立下证据，限期偿还。（《八仙得道传》第五十三回）

"好像因我辈不当你们人类看待"，"好像"表示对原因的推测。"谁知老天爷好像有些不大相信他真能做好人"，"好像"表示对虚拟事件的推测。

二、"似/似乎"

（一）"似"

1. "相似"→"比拟"

"似"表"相似"义在《左传》中已存在，战国时期亦有语例。如：

（47）子期似王，逃王，而已为王。（《左传·定公四年》）

（48）守者曰："此非吾君也，何其声之似我君也？"（《孟子·尽心上》）

"子期似王"，指的子期（的外貌）与王相似；"何其声之似我君也"，指的是他的声音与我君（的声音）相似。无论是外貌相似，还是声音相似，A与B是客观相似。"子期"与"王"，都是人，"其声与我君（的声音）"，都是声音，A与B都是同类事物。B都是有指名词。"似"是动词，在句中充当谓语中心。

"似"表"比拟"义在春秋战国时代已存在。如：

（49）与之言伐晋，对曰："多则多矣，抑君似鼠。夫鼠，昼伏夜动，不穴于寝庙，畏人故也。今君闻晋之乱而后作焉，宁将事之，非鼠如何？"（《左传·襄公二十三年》）

（50）凄然似秋，暖然似春，喜怒通四时，与物有宜而莫知其极。（《庄子·大宗师》）

"抑君似鼠"，把君比作老鼠，君听说晋国动乱而攻打，说明君主像老鼠一样施行鼠盗狗窃的行为。"凄然似秋，暖然似春"。把"凄然"的心理感受比作"秋"，"暖然"比作"春"，A与B是一种主观相似。A与B不是同类事物，"君和鼠"，A是人，B是动物，"凄然与秋"，"暖然与春"，A是感觉，B是季节。"鼠"与"秋、春"，都是无指名词，不是具体的某只老鼠，某个秋或春，而是指其抽象的名词属性。

"似"从"相似"到"比拟"，是转喻类推演变的结果，A与B由同类扩展为不同类，由客观相似扩展为主观相似。

2. "相似"→"相似–测度"→"认识可能"

"似"表"相似–测度"义，在《左传》中已存在。如：

（51）赵孟将死矣。其语偷，不似民主。且年未盈五十而谆谆焉如八九十者，弗能久矣。（《左传·襄公三十一年》）

（52）吾闻西方有人，似有道者，试往观焉。（《庄子·让王》）

"不似民主"，言者基于"赵孟语偷"，即赵孟说话毫无远虑，与"民主（主持国政的人）"不相似，从而推测"（赵孟）可能不是民主"。"似有道者"，言者根据西方之人，与"有道者"相似，从而推测"（西方之人）可能是有道者"。"似"表"相似－测度"义，言者基于"A 与 B 相似"，从而推测"A 可能是 B"。

"似"表"认识可能"义在《左传》中也已存在，《史记》中使用频率增加。如：

（53）吴子使屈狐庸聘于晋，通路也。赵文子问焉，曰："延州来季子其果立乎？巢陨诸樊，阍戕戴吴，天**似**启之，何如？"（《左传·襄公三十一年》）

（54）因问陆生曰："我孰与萧何、曹参、韩信贤？"陆生曰："王**似**贤。"（《史记·郦生陆贾列传》）

（55）曰："陛下观臣能孰与萧何贤？"上曰："君**似**不及也。"（《史记·曹相国世家》）

"天似启之"，言者赵文子根据"巢陨诸樊，阍戕戴吴"，两位君王被杀的事实，推测上天可能开启了季子做国君的大门。"似"表对命题"天启之"不太肯定的推测，可以用"可能"替换，即"天可能启之"。"王似贤"，言者陆生推测"王可能（更）贤明"。"君似不及也"，言者认为"君可能不及也"。

"似"表"认识可能"义，从语义上看，A 与 B 不具有相似性，"天似启之"中"天"与"启之"，"王似贤"中"王"与"贤"，"君似不及"中"君"与"不及"，均不具有相似性。从句法上看，"似"后接谓词性成分，在句中充当状语，是副词。A 与 B 在句法上的关系是主谓关系。

"似"从"相似"义，经"相似－测度"义而衍生出"认识可能"义，句法上"似"后由 NP 变为 VP，"似"的句法地位下降，由谓语中心变为小句修饰成分，由动词降级为副词。语义由实变虚，从客观变为主观，"似"表"相似－测度"义时，是基于相似的测度，A 与 B 具有相似性，A 与 B 在句中分别充当主语和宾语；而表"认识可能"义时，A 与 B 构成主谓关系，"王"与"启之"，"王"与"贤"，"君"与"不及也"构成主谓关系，"似"指"相似"义几乎不存在，表说话人的推测，是主观意义。

（二）"似乎"

"似"与"乎"连用，最早见于战国时代。如：

（56）子曰："射有**似乎**君子，失诸正鹄，反求诸其身。君子之道，辟

如行远必自迩，辟如登高必自卑。"（《礼记·中庸》）

"射有似乎君子"，义为"射箭与君子有相似之处"，"有似乎"，相当于"似乎"，"似"表"相似"义，"乎"引出相似的对象。

下列句中"似"是动词，介词"乎"后可接名词性，也可以接谓词性词语。如：

（57）盖屋之下中无人，但空虚，似乎殡宫，故主哭泣也。（《汉书·天文志》）

（58）落落之玉，或乱于石；碌碌之石，时似乎玉。（南朝·刘勰《文心雕龙·总术》）

（59）得意同乎卷怀，违方似乎仗气。（唐·姚思廉《梁书·陆倕传》）

（60）虐臣酷吏者，资矫佞以事君，行刻薄以临下，矫佞似乎用意，刻薄类乎无私。（《全唐文·魏靖·理冤滥疏》）

"似乎"经常连用在一起，双音节韵律是标准音步。唐代以后，"乎"由介词虚化为后附缀成分（张谊生 2010），"似乎"从而逐渐词汇化成为词。值得注意的是，"似乎"表"相似"义，后接谓词性词语，"似乎"还是谓语中心，因为 A 相似 B 中，如"矫佞似乎用意"，A 与 B 都是谓词性词语，位于主语和宾语位置上，已经名物化了。

"似乎"表"相似－测度"义，始见于宋代。如：

（61）颜子当天下如此坏乱时节，却自箪瓢陋巷，则似乎杨氏之为我。（《朱子语类》卷十八）

（62）如今庙室甚狭，外面又接檐，似乎阔三丈，深三丈。（《朱子语类》卷一百七）

"似乎"，表"相似－测度"义，是基于 A 与 B 相似，从而推测"A 可能是 B"。"则似乎杨氏之为我"，说话人基于颜子在天下大乱之时，不承担国家振兴责任，而独自箪瓢于陋巷，基于相似而推测颜子可能是杨氏之为我之类的人。"似乎阔三丈，深三丈"，"似乎"表"相似－测度"义，即 A "庙室（大小）"与 B "阔三丈，深三丈"具有空间的相似性，推测"庙室可能阔三丈，深三丈"。

"似乎"后接谓词性成分，"似乎"句法地位从动词下降为副词。

"似乎"表"认识可能"义始见于宋代。如：

（63）今二个神<u>似乎</u>割据了两川。（《朱子语类》卷三）

（64）圣贤言语，大约<u>似乎</u>不同，然未始不贯。（《朱子语类》卷十二）

（65）文武之时，周召之作者谓之周召之风；东迁之后，王畿之民作者谓之王风。<u>似乎</u>大约是如此，亦不敢为断然之说。（《朱子语类》卷八十）

（66）唐杰问："近思录既载'鬼神者造化之迹'，又载'鬼神者二气之良能'，<u>似乎</u>重了。"（《朱子语类》卷九十五）

（67）五峰之说虽多，然<u>似乎</u>责效太速，所以传言其急迫。（《朱子语类》卷十八）

"今二个神似乎割据了两川"，"似乎"在句中充当状语，只表言者推测，即 A "二个神"与 B "割据了两川"之间无任何相似性。"大约似乎不同"、"似乎大约是如此"，"似乎"与认识可能义"大约"同义连用。"似乎重了"，言者基于"近思录既载'鬼神者造化之迹'，又载'鬼神者二气之良能'"，由因溯果。"然似乎责效太速"，对原因的推测。

三、"仿佛"

"仿佛"，连绵词，最初表"若有若无、隐约"义，始见于战国。如：

（68）存<u>仿佛</u>而不见分，心踊跃其若汤。（《楚辞·悲回风》）

（69）天含和而未降，地怀气而未扬，虚无寂寞，萧条霄霏，无有<u>仿佛</u>，气遂而大通冥冥者也。（《淮南子·俶真训》）

"仿佛"在句中充当宾语，表"隐约"义。"隐约"义隐含着"差不多、类似"之义，从而引申为"相似"义，始见于六朝，唐代以后语例增多。如：

（70）勔经始钟岭之南，以为栖息，聚石蓄水，<u>仿佛</u>丘中，朝士爱素者，多往游之。（南朝梁·沈约《宋书·刘勔传》）

（71）且岩壑闲远，水石清华，虽复崇门八袭，高城万雉，莫不蓄壤开泉，<u>仿佛</u>林泽。（南朝梁·沈约《宋书·隐逸传》）

（72）虽植德无殊邈，犹欲教养子孙以敦厚退让，或以轻薄，庶令举策数马，<u>仿佛</u>万石之风，君谓此何如？（唐·房玄龄等《晋书·王羲之传》）

"仿佛"表"相似"义，在句中充当谓语中心，大部分语例后接名词性成分。

"仿佛"表"相似 - 测度"义，始见于宋代，明清以后语例增多，如：

（73）夜饮东坡醒复醉，归来仿佛三更。（宋·苏轼《临江仙·夜归临皋》）

（74）洪都风景最繁华，仿佛参差十万家。（明·冯梦龙《醒世恒言》第四十卷）

（75）次日，雪越下得紧，山中仿佛盈尺。（明·冯梦龙《喻世明言》第七卷）

（76）莲生答应下楼，并不坐轿，带了来安出门，只见一个小孩子往南飞跑，仿佛是阿珠的儿子，想欲声唤，已是不及。（清·韩邦庆《海上花列传》第二十四回）

（77）那南上坡站立那人仿佛是害我之人。（清·石玉昆《七侠五义》第二十六回）

"仿佛"表"相似 - 测度"义，是"相似"演变为"认识可能"的中间阶段，是基于"相似"，从而推测"A 可能是 B"。"仿佛"表"相似 - 测度"义，后接名词性成分，是动词；后接谓词性成分，就由动词降级为副词。

"仿佛"表"认识可能"义，始见于清代。如：

（78）过了一刻，门外进来一个著蓝布棉袄的汉子，手里拿了两个三弦子，一个递给翠花，一个递给翠环，嘴里向翠环说道："叫你吃菜呢，好好的伺候老爷们。"翠环仿佛没听清楚，朝那汉子看了一眼。（清·刘鹗《老残游记》第十二回）

（79）这几件衣服，我记得仿佛是前天城里失盗那一家子的。（《老残游记》第四回）

（80）我看牡丹姐姐他不愿意去，如今连衣服也不换，仿佛有甚么委屈是的，搭眼抹泪的。（清·石玉昆《七侠五义》第九十九回）

如"翠环仿佛没听清楚"，言者基于翠环的神情，推测"翠环可能没听清楚"，"仿佛"是副词，在句中充当状语，管辖整个小句，表言者主观推测。"我记得仿佛是前天城里失盗那一家子的"，"仿佛"后是高位谓词"是"，表示言者推测"（这些衣服）可能是前天城里失盗那一家子的"，对命题不太肯定的推测。

另外，"仿佛"表"比拟"在清代使用频率增加。如：

（81）到了十二点半钟，看那台上，从后台帘子里面，出来一个男人，穿了一件蓝布长衫，长长的脸儿，一脸疙瘩，仿佛风干福桔皮似的，甚为丑陋。（清·刘鹗《老残游记》第二回）

（82）饭后，那雪越发下得大了，站在房门口朝外一看，只见大小树枝，仿佛都用簇新的棉花裹着似的。（《老残游记》第四回）

本节小结

本节主要探讨了"像/好像"、"似/似乎"、"仿佛"等词表"认识可能"义的来源及演变过程。从"相似"义到"认识可能"义，其演变的动因与机制有：

1. 转喻与语用推理

"像/好像"、"似/似乎"、"仿佛"等词，表"相似"义，句法格式为"A 相似 B"，其中"A 与 B"言者均已知的，客观说明"A 与 B"相似，并且知道"A 不是 B"。像/好像、似/似乎、仿佛之"相似"义演变为"认识可能"的关键是，言者基于"相似"而推测"A 可能是 B"，即经过"相似－测度"义这一中间阶段。

"相似－测度"义的产生，源于语用推理原则的"R 原则"。"R 原则"即"不过量原则"，"相似－测度"的语义信息量大于"相似"，即"相似－测度⊃相似"，产生的特殊隐含义"认识可能"义，经过反复推导，由"特殊隐含义→一般隐含义→固有义"，同时伴随的是客观"相似"义逐渐减弱乃至消失，主观推测义逐渐增强凸显的过程。

2. 句法上重新分析

"像/好像"、"似/似乎"、"仿佛"等词，表"相似"义时，是动词，在句中充当谓语中心语，以"像"为例，句法格式为：A（主语）像（动词）B（宾语）；表"认识可能"义时，是副词，在句中充当状语。演变的关键是"像"后由名词性成分扩展为谓词性成分或小句，使得句中有两个谓词性成分，后一谓词或小句是交际双方关注的焦点，使得"像"由动词降级为副词，A 与 B 由主宾关系，重新分析为主谓关系。同时伴随的是"像"的管辖范围的扩大，由管辖宾语扩展为管辖整个小句。

3. 主观化与交互主观化

"像/好像"、"似/似乎"、"仿佛"等词从"相似"到"认识可能"，语义上经历了"相似→相似－测度→认识可能"的语义演变。其表"相似"义时，是客观意义，属于行域；表"认识可能"义，是言者的推测，是主观意义，属于知域。其演变是客观向主观的演变，从行域到知域的演变。"相似－测度"义的产生，其主观化的关键是未知语境，即说话人对 A 的情况未确知，基于 A 与 B 相似，推测 A 可能是 B，未知语境导致主观化。从"相似→相似－测度→认识可能"，其语义逐渐泛化：具体义→较少抽象义→更多抽象义；其主观性不断增加：客观性→较少主观性→更多主观性（吴福祥 2003）。具体义的逐渐消失，伴随的是言者主观观点和态度的强化，即语用的强化（李明 2014）。

值得注意的是，"好像、似乎、仿佛"在现代汉语中还出现委婉的用法（李小军 2015，朱建军、唐依力 2017），如：

（84）田卫东笑道："在这儿，这句话好像应该由我来说更合适。是吧？"（陆天明《苍天在上》）

（85）当我们在调查中问及一些贫困户对政府有什么要求时，有的回答说："希望政府能给我们供应平价粮。"这种要求似乎太高了，因为在发展市场经济的今天，再吃 0.138 元 1 斤的米已不可能。（1994 年报刊精选）

（86）从说"百行之先"的孝而忽然拉到"男女"上去，仿佛也近乎不庄重，——浇漓。（鲁迅《朝花夕拾》）

"这句话好像应该由我来说更合适"，不表"推测"，使用"好像"的目的是冲淡言者的不满（李小军 2015）。"这种要求似乎太高了"，言者已经明确知晓不可能再供应平价粮，所以这种要求不可能达到，用"似乎"是避免行文的绝对化。"仿佛也近乎不庄重"也是如此。李小军（2015）指出，"好像、似乎、仿佛"的委婉用法，更像是一种交际策略，而不是表达一种真性揣测，这种看法非常有见地。但是"好像、似乎、仿佛"为何会产生委婉用法呢？

"好像/似乎/仿佛"从"认识可能"到"委婉"，是从主观性进一步引申为交互主观性的结果。主观性只关注言者/作者的主观态度和观点。而交互主观性是在组织语言时关注到听者/读者"自我"，这种关注体现在认识意义上，关注听/读者对命题内容的态度，也体现在社会意义上，关注听者/读者的"面子"或"形象需要"（Traugott & Dasher 2002：124 – 139，吴福祥 2004，丁健 2019）。

"好像、似乎、仿佛"，表"委婉"用法，无论是冲淡不满色彩，还是避免行文的绝对化，都是使听者/读者易于接受，即关注听/读者对命题内容的态度。从主观化到交互主观化，是一个不可逆的过程。

第五节　"莫、别"

汉语史上，一些表"劝阻"义的副词，衍生出"认识可能"义。如："莫"、"别"等。

"莫"：

（1）秦惠王车裂商君以徇，曰："**莫**如商鞅反者！"遂灭商君之家。（西汉·司马迁《史记·商君列传》）——劝阻

（2）狱主报言："门外有一三宝，剃除髭髪，身披法服，称言是儿，故来访看。"青提夫人闻语，良久思惟，报言："狱主，我无儿子出家，不是**莫**错？"（《敦煌变文集·大目乾连冥间救母变文》）——认识可能

"别"：

（3）晁凤说："淳叔，你听我说，你**别**合他一般见识。"（清初·西周生《醒世姻缘传》第三十二回）——劝阻

（4）王夫人道："**别**是宝玉有嘴无心，傻子似的从没个忌讳，高兴了信嘴胡说也是有的。"（清·曹雪芹《红楼梦》第七十八回）——认识可能

关于"劝阻→认识可能"的语义演变，主要成果有高增霞（2003），叶建军（2007），李宇凤（2007），陈振宇、邱明波（2010），王蕾（2018），陈振宇、姜毅宁（2019）等。上述学者揭示"劝阻"义副词的很多语法现象及演变规律，但是有些问题值得进一步探讨。一是演变动因与机制存在分歧，主要有四种观点：第一种观点是转喻机制，认为"莫、别"表"劝阻"义与"测度"义都是对"不希望"的"未确知"的情况的看法。如高增霞（2003）论述了"别"的语法化过程：禁止劝阻/警告告诫→担心—认

识情态→认识情态；李宇凤（2007）论述了"莫"的功能发展路径：主观不要（否定祈使）→担心认识情态（对不期望状况的测度）→认识情态（无明显主观态度的测度）。第二种观点是礼貌原则，叶建军（2007）以"莫"为例，认为"莫"用揣测问句实现禁止的目的，符合礼貌原则。第三种观点是反预期语境，陈振宇、邱明波（2010），陈振宇、姜毅宁（2019）认为是反预期语境，认为这一语境中语用尺度的颠倒，导致强否定转化为弱肯定的修辞用法。第四种观点是认知凸显的结果。王蕾（2018）以"别（是）"为例，认为其从"劝阻"义到"测度"义是认知凸显不同语义焦点的结果。

二是关于"莫、别"表"认识可能"义的语义特征，也存在分歧。除了［＋测度］外，高增霞（2003）、李宇凤（2007）认为具有［－期望性］的语义特征，王蕾（2018）认为具有［＋反预期］的语义特征。

那么，"莫、别"表"认识可能"义到底是具有［－期望性］还是［＋反预期］的语义特征？与"劝止"义是否存在关联？其演变动因与机制到底是什么？本书重新考察"莫、别"的历史语料，回答以上问题。

一、"莫"

（一）"无定代词"→"否定副词"→"劝阻副词"

"莫"，《说文》云："日且冥也。"本义是"日暮、傍晚"，此义后写作"暮"。"莫"假借为无定代词，义为"没有谁、什么"，在春秋时代已经很常见。如：

（5）终窭且贫，莫知我艰。（《诗经·邶风·北门》）

（6）溥天之下，莫非王土。（《诗经·小雅·北山》）

（7）吾惧君以兵，罪莫大焉。（《左传·庄公十九年》）

"莫知我艰"，义为"没有人知道我的艰苦"。"溥天之下，莫非王土"，义为"普天之下（的土地），没有一处不是国王的封土"。"罪莫大焉"，义为"罪过没有比这更大的了"。无定代词"莫"有两个句法特点：一是在句中充当主语，二是"莫"前面伴随或暗含着一个先行词，这个先行词一般指人或事物的群体。"莫"的语法意义是对群体中所有个体进行逐一否定，从而否定群体（薛儒章1987），"莫"语义指向前面的先行词。

"莫"在春秋时代也存在否定副词用法，义为"不"。如：

（8）三岁贯女，莫我肯顾。（《诗经·魏风·硕鼠》）

（9）小子何莫学夫《诗》？（《论语·阳货》）

（10）亡君夫人，不可以莫之死也。（《左传·昭公二十三年》）

"三岁贯女，莫我肯顾"，义为"多年侍奉你，（你却）不肯照顾我"，"莫"前可以补出先行词"你"，是一个单数个体名词，"莫"只能理解为否定副词"不"。"何莫学夫《诗》"中，"莫"位于疑问词"何"与动词"学"中间，处于状语的位置，是否定副词"不"之义。"亡君夫人，不可以莫之死也"，义为"丢了国君的夫人，不能不为此而死"，这是双重否定结构，"莫"作为第二个否定副词，修饰"之死"，"之死"即"死之"，否定结构中代词"之"提到动词"死"之前。"莫"作为否定副词，在句中只能充当状语，语义指向谓语动词。

"莫"从表"没有谁、什么"的无定代词，演变为表"不/没"的否定副词。其演变的因素主要有三个：

一是语义上，表无定代词的"莫"，其作用是对群体中所有个体进行逐个否定，从而否定群体（薛儒章1987）。这与否定副词表达语义一样。如：

（11）陈乱，民莫有斗心。（《左传·桓公五年》）

"民莫有斗心"，义为"民众没有一个有战斗精神"，语义等于"民众（都）没有战斗精神"。

二是句法上，"莫"作为无定代词，可以单独在句中作主语。其演变发生的句法环境是"莫"位于主语或话题之后，即"NP + 莫 + VP"。这类句法结构中，"莫"位于主语和谓语之间，处于状语位置，有了明确的主语后，"莫"的指代性减弱，与谓语关系更密切。句法结构由"（NP + 莫） + VP"，重新分析为"NP + （莫 + VP）"。"莫"由充当主语重新分析为充当状语，由无定代词降级为副词。

三是与"莫"前的 NP 语义结构有关。当"莫"前的 NP 是单数个体时，就不再具备对群体否定的语义要求，"莫"不再具有指代性，如上面《诗经·魏风·硕鼠》中"三岁贯女，莫我肯顾"，"汝"只能理解为单数名词。

否定副词"莫"用在祈使句中，演变为劝阻副词，语法意义是说话人不要受话人实施某个动作行为，即"阻止"受话人实施某个动作行为。这种用法在先秦到汉代出现零星语例，六朝后使用频率增加，主要有三类"禁止、劝止、祈止"，大体对应邵敬敏、罗晓英（2004）"别"的"否定性阻拦"中"禁止、劝阻、祈愿"三类。

1. 禁止

（12）秦惠王车裂商君以徇，曰："莫如商鞅反者！"（《史记·商君列传》）

（13）刘尹在郡，临终绵惙，闻阁下祠神鼓舞。正色曰："莫得淫祀！"（南朝宋·刘义庆《世说新语·德行》）

（14）各自纯作，莫杂馀种。（北魏·贾思勰《齐民要术》第五十一）

（15）师便咄云："出去！莫向这里屙！"（《祖堂集》卷五）

（16）又曰："莫笑莫笑！如拾得袜，即还我。"（《古小说钩沉·笑林》）

"莫"表"禁止"义，语气比较强硬，一般是上对下，强对弱的命令，强制对方不要实施某个动作行为，否定程度最强。

2. 劝止

（17）采葑采菲，无以下体。德音莫违，及尔同死。（《诗经·邶风·谷风》）

（18）佗曰："君有急病见于面，莫多饮酒。"（西晋·陈寿《三国志·华佗传》）

（19）远常向含悔忏宿业，恐有烦缘，终无感彻；僧含每奖厉，劝以莫怠。（《古小说钩沉·冥祥记》）

（20）门徒弟子，既解忏悔，改往修来，未来世中，必定成佛，更莫生疑。（《敦煌变文集·佛说阿弥陀经讲经文》）

（21）父母在，劝君莫向他乡住。（《敦煌变文集·父母恩重经讲经文》）

"莫"表"劝止"义，口气没有"禁止"义那么强硬，一般是平辈之间，劝告对方不要实施某个动作行为，否定程度中等。

3. 祈止

（22）唯愿世尊莫形则，要甚从头请说看。（《敦煌变文集·难陀出家缘

起》）

（23）既唤不应，又更大声唱叫："恶人！恶人！我目已损，若要珠，任将去。莫损我弟，我弟痴幼。"（《敦煌变文集·双恩记》）

（24）愿父莫惜情怀，说母所生之处。（《敦煌变文集·目连变文》）

（25）儿闻此语，雨泪向前，愿母不赐嗔容，莫作如斯咒誓，慈母作咒，冥道早知，七日之间，母身将死，堕阿鼻地狱，受无间之余殃。（《敦煌变文集·目连缘起》）

（26）却忧我弟年痴呆，伏愿慈悲莫损伤。（《敦煌变文集·双恩记》）

"莫"表"祈止"义，祈愿对方不要作某事，一般是下对上、弱对强的祈求，否定意义最弱。

"莫"表"禁止"义，说话人对受话人的言语约束力最强，强制约束受话人不能实施某个动作行为。"莫"表"祈止"义，说话人对受话人的言语约束力最弱。"莫"从"禁止"到"劝止"到"祈止"，说话人对受话人的言语约束力逐渐减弱；伴随的是说话人的意愿性逐渐增强，即"莫"表"祈止"义，更多地表达说话人的愿望、意愿，不希望某个动作行为发生。

（二）"劝阻"→"认识可能"

关于"莫"表"测度疑问"用法，即本书中"认识可能"义出现的时间，刘坚等（1992：261－262）认为最早出现在先秦，列举了四例，三例先秦一例六朝。即：

（27）文莫吾犹人也。（《论语·述而》）

（28）阳不克，莫将积聚也。（《左传·昭公二十四年》）

（29）（柏矩）至齐，见辜人焉……号天而哭之，曰："子乎！子乎！天下有大灾，子独先离之！"曰："莫为盗，莫为杀人？"（《庄子·则阳》）

（30）阁上人曰："闻鱼龙超修精进，为信尔不？何所修行？"长和曰："不食鱼肉，酒不经口，恒转尊经，救诸疾痛。"阁上人曰："所传莫妄。"（《古小说钩沉·幽明录》）

先秦三例"莫"，学者有不同看法，认为不能做疑问副词解。如《论语》一例，通常"文莫"连言（方一新2010：834），表"勉力、努力"。"阳不克，莫将积聚也"中"莫"，有些学者释为"日暮"。

董志翘、蔡镜浩（1994：280）提出"莫"表"测度"义六朝已经产生，列举了三例，包括上面《古小说钩沉·幽明录》中"所传莫妄"。另两例即：

（31）尔时，大鱼见小鱼来，便问小鱼曰："汝等莫离此间往至他所？"尔时，小鱼便答大鱼曰："我等向者已至他所来。"（晋·竺昙无兰译《佛说大鱼事经》）

（32）谢胡儿语庾道季："诸人莫当就卿谈，可坚城垒。"庾曰："若文度来，我以偏师侍之；康伯来，济河焚舟。"（南朝宋·刘义庆《世说新语·言语》）

也有学者认为上面举的六朝这两例"莫"是"日暮"之意（方一新2010：834，李素英2013：178）。六朝只剩下一个孤例，即《古小说钩沉·幽明录》中"所传莫妄"，所以有些学者指出"莫"不能说六朝已可作测度副词用（方一新2010）。

本书认为"莫"表"认识可能"义在六朝零星出现，在唐代比较常见。如：

（33）师与保福游山次，保福问："古人道妙峰顶，莫只这个便是不？"（《祖堂集·长庆和尚》卷九）

（34）李万卷问师："教中有言：'须弥纳芥子，芥子纳须弥。'须弥纳芥子，时不人疑；芥子纳须弥，莫成妄语不？"（《祖堂集·归宗和尚》卷十五）

（35）孩童虽生宫内，以世绝伦，莫是鬼魅妖神，莫是化生菩萨，心中疑误，决定审详，善恶二途，分明解说。（《敦煌变文集·太子成道变文》）

（36）项羽遂乃高喝："帐前莫有当直使者无？"（《敦煌变文集·汉将王陵变》）

"莫"表"认识可能"义，从句法特征来看：

一从句法位置来看，"莫"表"认识可能"义可以位于主语前，也可以位于主语后；"莫"表"劝阻"义，一般位于主语后。

二从管辖范围来看，"莫"后可以直接接小句，如"莫只这个便是不"，"只这个便是不"是小句；也可以与放在高位谓词"是"之前，"莫"的管辖范围是整个小句。而"莫"表"劝阻"义，管辖的是"莫"后的谓语部分。

三从主语来看，"莫"表"认识可能"义，主语可以是［＋有生］的，也可以是［－无生］的，如六朝《古小说钩沉·幽明录》中"所传莫妄"，主语"所传"指的是"所传的话"，是无生主语。"莫"表"劝阻"义，虽然主语一般省略，但"劝阻"的对象是一般是人，是受话人，属于有生主语。

四从句式来看，"莫"表"认识可能"义，主要用在疑问句中；"莫"表"劝阻"义，主要用在祈使句中。

五从时态来看，"莫"表"认识可能"义，可以用在未然语境，也可以用在已然语境，上面例句中"古人道妙峰顶，莫只这个便是不"，"莫用"在已然语境。"莫"表"劝阻"义，一般用在未然语境。

"莫"表"认识可能"义，从语义特征看，李宇凤（2007）认为"莫"从"不期望状况的测度→无明显主观态度的测度"，即"莫"表"认识可能"义，推测的一般是消极或中性事件，具有［－期望性］的语义特征。值得注意的是，"莫"在唐代有一些语例，推测的是积极事件，是说话人希望发生了的事件。如：

（37）相公接得，唯称大奇，莫是菩萨摩诃萨至我宅中？遂令取钱分付与牙人五百贯文，当即份付与白庄。（《敦煌变文集·庐山远公话》）

（38）相公一见，唯称大奇，我昨夜梦中见一神人，入我宅内，今日见此生口，莫是应我梦也。（《敦煌变文集·庐山远公话》）

"莫是菩萨摩诃萨至我宅中"，菩萨进宅显然是说话人希望发生的事件。"莫是应我梦也"，说话人昨夜梦中见神人入自己宅中，说话人是希望梦中的事情发生。显然这两例是说话人期望发生的，是积极事件。

本书认为"莫"表"认识可能"义是具有［＋反预期］的语义特征。所谓反预期信息，指的是与某个特定预期相反的话语信息。即言谈事件中，说话人针对语境中谈及某一个事物或事态，提出一种与他自己或受话人的预期相反或相背离的断言、信念或观点时，那么该说话人表达了一种反预期信息（Heine et al. 1991，Traugott & Dasher2002，吴福祥2004）。其主要分为反说话人预期，反受话人预期和反社会常规预期三类（吴福祥2004d）。"莫"之"认识可能"义的反预期，主要是反说话人预期。

（39）马师云："汝浑不解射。"进曰："和尚莫是解射不？"马师云：

"我解射。"(《祖堂集·石巩和尚》卷十三)

"和尚莫是解射不",义为"和尚该不是会射箭吧?",和尚就是马师,说话人的预期是"(这个)和尚不会射箭",与之前的预期相反。再如:

(40)问:阿难言一切众经,称"我闻"者,事亦不然。且世尊初成正觉,阿难方始诞生,后乃年至廿(二十),方与佛为弟子,已前教法,何得闻之?今称"如是我闻",应莫经中虚谬?(《敦煌变文集·维摩诘经讲经文》)

"应莫经中虚谬",说话人预想经书是没有虚谬的,但是"今称'如是我闻'",与前面的"且世尊初成正觉,阿难方始诞生,后乃年至廿(二十),方与佛为弟子,已前教法,何得闻之"的事实不符合,从而产生疑问"应莫经中虚谬",与说话人预期相反。这一例也可以理解为反社会常规预期。

"莫"表"认识情态"义在唐代没有发现反受话人预期的语例。

从语义上看,"莫"表"劝阻"义,说话人阻止受话人实施某个动作行为,即说话人不愿意受话人实施某个动作行为,隐含着受话人正在实施或将要实施的动作行为,不符合说话人的意愿或社会规范,即受话人的动作行为是反说话人预期或社会常规预期的,这是"莫"表"认识可能"义具有[+反预期]语义特征的源头。

"莫"在什么情况下由"劝阻"义衍生出"认识可能"义?"莫"表"劝阻"义分为三类,"禁止、劝止、祈止",其中"祈止"义,说话人对受话人的控制力最弱,无法控制受话人的行为,只是表达说话人的一种主观愿望。从句法上看,表"禁止和劝止","莫"后的谓语动词是[+自主/可控]的,当表"祈止"时,分为两种情况。如:

(41)既唤不应,又更大声唱叫:"恶人!恶人!我目已损,若要珠,任将去。莫损我弟,我弟痴幼。"(《敦煌变文集·双恩记》)

(42)却忧我弟年痴呆,伏愿慈悲莫损伤。(《敦煌变文集·双恩记》)

"莫损我弟",受话人是"恶人","损"对于说话人来说是可控的,"伏愿慈悲莫损伤",受话人是我弟,"损伤"对于受话人弟弟来说,是被动遭受,是不可控,是[-自主/可控],也可以理解为"祈止",义为"不要受伤"。

其演变的关键是表祈愿时,有时是受话人不在场的情况下,也就是未确知受话人的情况下，祈愿受话人不要实施或遭受某个动作行为，隐含着说话人的一种反预期的推测。如：

（43）王陵先到标下，灌婴不来，王陵心口思唯："莫遭项羽独（毒）手?!"道由未竟，灌婴到来。(《敦煌变文集·汉将王陵变》)

王陵先到标下，发现受话人灌婴没来，未知受话人的情况，祈愿（灌婴）不要遭受项羽毒手，"莫"表"祈止"义，表达说话人的一种主观愿望。同时，因为对受话人的情况不确知，说话人关注的是受话人（灌婴）的情况到底怎样，是否遭到项羽毒手，由此产生一种推测义，"该不是遭到项羽毒手"，也与说话人的预期相反的。

"莫"从"祈止"义到"认识可能"义，其演变的关键是对受话人的情况不确知。着眼于说话人对受话人的动作的"阻拦"，"莫"表"祈止"义；着眼于对受话人情况的推测，"莫"表"认识可能"义。"莫"表"祈止"义，是一种客观否定，"莫"的管辖范围是后面的谓语部分；"莫"表"认识可能"义，是主观推测，"莫"的客观否定意义消解，保留［＋反预期］的语义特征，管辖的是整个命题。

"莫"表"认识可能"义，扩展为对受话人以外的其他人或其他情况的推测。如：

（44）净能问长官曰："夫人莫先疾病否？"张令曰："先无病疾，只到此门（间）有亡。"(《敦煌变文集·叶净能诗》)

（45）师问黄蘗、定慧等学："明见佛性，此理如何？"黄蘗云："不依一物。"师云："莫便是长老家风也无？"(《祖堂集·南泉和尚》卷十六)

"夫人莫先疾病否"，受话人是长官张令，说话人是对受话人以外的人的情况进行推测。同时，这个例句是对已然事件的推测，而"莫"表"劝阻"义，主要用在未然语境中，这是从未然扩展为已然。"莫便是长老家风也无"，主语省略，指的前面对话中的"不依一物"。

综上，"莫"表"认识可能"义，具有［＋反预期］的语义特征，主要是反说话人预期和反社会常规预期。"莫"表"劝阻"义，说话人阻止受话人的动作行为，即受话人的动作行为是非说话人预期的或非社会预期的。"莫"从"劝阻"义衍生出"认识可能"义，是"劝阻"类中表说话人主要意愿的"祈止"类，在未知受话人情况的语境下，隐含着对受话人情况的推测，从而衍生出"认识可能"义。"莫"从表对受话人情况的推测，扩展为推测其他人的情况甚至无生主体的情况，从未然扩展为已然。

二、"别"

(一)"别"表"劝阻"义

"别"表"劝阻"义始见于元代（江蓝生 1991）。元明时代语例极少，清代比较常见，主要分为三类。

1. 禁止

(46) <u>别</u>引逗出半点儿风声，夫人他治家严肃狠情。（元·郑光祖《㑇梅香骗翰林风月》第一折）

(47) <u>别</u>近谤俺夫妻每甚的，只不过发尽儿掏窝不姓李。（元·关汉卿《邓夫人苦痛哭存孝》第一折）

(48) 说晁住道："你与我快快的拿出去，<u>别</u>要惹我没那好的!"（清初·西周生《醒世姻缘传》第三回）

(49) 你<u>别</u>调嘴! 这府里可也没你那前世的娘子! 我可也再不叫你往府里来了。（《醒世姻缘传》第四十一回）

2. 劝止

(50) 那老计从从容容的说道："晁大官儿，你消停。<u>别</u>把话桶得紧了，收不进去。"（《醒世姻缘传》第八回）

(51) 晁凤说："淳叔，你听我说，你<u>别</u>合他一般见识。"（《醒世姻缘传》第三十二回）

(52) 袭人道："姑娘快休如此，将来只怕比这个更奇怪的笑话儿还有呢! 若为他这种行止，你多心伤感，只怕你伤感不了呢。快<u>别</u>多心!"（《红楼梦》第三回）

(53) 吓得袭人辈众丫鬟忙上来搂住，叫："宝玉<u>别</u>怕，我们在这里!"（《红楼梦》第五回）

3. 祈止

(54) 好姐姐，你务必的夹紧着些，可<u>别</u>要在亥时生将下来!（《醒世姻缘传》第二十一回）

(55) 金荣的母亲听了这话，急的了不得，忙说道："这都是我的嘴快，

告诉了姑奶奶了，求姑奶奶<u>别</u>去，<u>别</u>管他们谁是谁非。"（《红楼梦》第十回）

（56）焙茗也笑道："爷<u>别</u>怪我。"忙跪下了。（《红楼梦》第二十六回）

"别"表"劝阻"义，从句式看，用于祈使句中。从句法位置看，位于主语之后，动词或动词短语之前，前面还可以添加其他副词，如"快别多心"，"可别要在亥时生将下来"中"快、可"。

（二）"劝阻"→"认识可能"

"别"表"认识可能"义始见于清代《红楼梦》。与"莫"一样，表"认识可能"义具有［＋反预期］的语义特征。如：

1. 反说话人预期

（57）尤氏道："他这个病得的也奇。上月中秋还跟着老太太、太太们顽了半夜，回家来好好的。到了二十后，一日比一日觉懒，也懒待吃东西，这将近有半个多月了。经期又有两个月没来。"邢夫人接着说道："<u>别</u>是喜罢？"（《红楼梦》第十一回）

（58）左等不见人影，右听也没声音，心下自思："<u>别</u>是又不来了，又冻我一夜不成？"（《红楼梦》第十二回）

（59）宝玉听了，笑道："这是怎么个原故？怎么林姑娘的倒不同我的一样，倒是宝姐姐的同我一样！<u>别</u>是传错了罢？"（《红楼梦》第二十八回）

（60）王、马二人将脸盘儿、身体儿说了一番。展爷听了大喜道："如此说来<u>别</u>是他罢？"（清·石玉昆《七侠五义》第四十四回）

"别是喜罢"，这是说话人期望发生的事件，和下面其他三例一样，是反说话人预期的。

2. 反社会常规预期

（61）且说众人等他不见，板儿见没了他姥姥，急的哭了。众人都笑道："<u>别</u>是掉在茅厕里了？快叫人去瞧瞧。"（《红楼梦》第四十一回）

（62）刘姥姥听了，喜的忙跑过来，拉着惜春说道："我的姑娘，你这么大年纪儿，又这么个好模样，还有这个能干，<u>别</u>是神仙托生的罢。"（《红楼梦》第四十回）

3. 反听话人预期

（63）宝钗听了，忙道："嗳哟！这么黄天暑热的，叫他做什么！<u>别</u>是

想起什么来生了气，叫出去教训一场。"（《红楼梦》第三十二回）

（64）凤姐笑道："谁可好好的得罪着他？况且他天天在园里，左不过是他们姊妹那一群人。"王夫人道："别是宝玉有嘴无心，傻子似的从没个忌讳，高兴了信嘴胡说也是有的。"（《红楼梦》第七十八回）

（65）贾瑞见凤姐如此打扮，益发酥倒，因饧了眼问道："二哥哥怎么还不回来？"凤姐道："不知什么原故。"贾瑞笑道："别是路上有人绊住了脚了，舍不得回来也未可知。"（《红楼梦》第十二回）

"别"表"认识可能"义，一般与高位谓词"是"结合在一起，主要用在疑问句和陈述句中，句法位置一般位于句首。

"别"从"劝阻"义到"认识可能"义，演变的关键是在未知语境中，对受话人或其他情况不确知。如：

（66）薛蟠便把湘莲前后事体说了一遍。众人听了，越发骇异，因说道："怪不的前日我们在店里仿仿佛佛也听见人吵嚷说，有一个道士三言两语把一个人度了去了，又说一阵风刮了去了。只不知是谁。我们正发货，那里有闲功夫打听这个事去？到如今还是似信不信的。谁知就是柳二爷呢。早知是他，我们大家也该劝他劝才是。任他怎么着，也不叫他去。"内中一个道："别是这么着罢?!"（《红楼梦》第六十七回）

"别是这么着罢"，一方面，说话人祈愿受话人（柳湘莲）"不要是这样吧"；另一方面，说话人对受话人的情况不确知，只是听薛蟠把柳湘莲的情况说了一下，这些情况与说话人的预期相反，说话人关注受话人情况到底怎样，说话人推测"别是这么着罢"，义为"该不是这么着吧"。说话人着眼于对受话人动作的"阻拦"，"别"表"祈止"义；着眼于受话人的情况的推测，"别"表"认识可能"义，推测的事件与说话人的意愿是相反的，这是在说话人对受话人情况不确知的语境中转喻而衍生的。

再如：

（67）宝钗听了，心中暗忖道："倒别看错了这个丫头，听他说话，倒有些识见。"（《红楼梦》第二十一回）

"倒别看错了这个丫头"，既可以理解为"（希望自己）不要看错了这个丫头"，"别"表"祈止"义；也可以理解为"倒可能看错了这个丫头"，"别"表"认识可能"义，这是在说话人对"这个丫头"情况不确知的语境中转喻而衍生的。

"别"表"认识可能"义后，表对受话人的"阻拦"义脱落，即客观否定义脱落，扩展为对受话人或其他事物的情况的推测。如：

（68）凤姐道："你听见说，'他甄府里'，别就是甄家荐来的那个厌物罢。"（《红楼梦》第一一二回）

（69）贾蓉道："不是说不治。为了是前日母亲从西府去，回来是穿着园子里走来家的，一到了家就身上发烧，别是撞客着了罢？外头有个毛半仙，是南方人，卦起的很灵，不如请他来占卦占卦。看有信儿呢，就依着他，要是不中用，再请别的好大夫来。"（《红楼梦》第一〇二回）

（70）严奇一看，不由的暗暗吃惊道："好大身量！我别不是他的个儿罢。"（清·石玉昆《七侠五义》第四十四回）

本节小结

本节以"莫"、"别"为例，论述了从"劝阻"义到"认识可能"义的演变动因与机制。"莫/别"表"劝阻"义，分为"禁止、劝止、祈止"三类。其中"禁止"义说话人对受话人言语约束力最强，从句法上看，"禁止""劝止"义"莫/别"后动词是［＋自主/可控］，"祈止"义说话人对受话人的控制力最弱，表示说话人的一种主观愿望，"莫/别"后动词既可以是［＋自主/可控］的，也可以是［－自主/可控］。如"莫/别受伤"，"受伤"是［－自主/可控］的。从"劝阻"到"认识可能"义，实际上是从"劝阻"义中"祈止"义衍生出"认识可能"义。演变机制是转喻推理，演变的关键在于未知语境，即说话人对受话人或其他情况未确知。着眼于说话人对受话人动作的"阻拦"，"莫/别"表"祈止"义；着眼于受话人对情况的推测，"莫/别"表"认识可能"义。"莫/别"再由从对受话人情况的推测扩展为对其他人或事物的情况的推测。"莫/别"表"认识可能"义具有［＋反预期］的语义特征，大部分语例是反说话人预期和反社会常规预期。因为"莫/别"表"劝阻"义，说话人劝阻受话人实施某个动作行为，即受话人实施的动作行为是反说话人或社会常规预期，由此"莫/别"表"认识可能"义具有［＋反预期］的语义特征。

第六节　"或、或者"

"或""或者"在《左传》中已出现了表"认识可能"义的用法。如：

（1）今公子兰，姞甥也，天或启之，必将为君，其后必蕃。（《左传·宣公三年》）

（2）晋侯曰："卫人出其君，不亦甚乎?"对曰："或者其君实甚。"（《左传·襄公十四年》）

"天或启之"，即上天可能要开启他（公子兰），"或"表达言者对"上天开启公子兰"这个命题的不太确定的推测，是言者对未然事件的推测。"或者其君实甚"，义为"也许是（卫国）国君太过分了"，说话人对（卫国）国君的情况不是很清楚，是对卫国人赶走他们国君这一事件原因的推测，是对已然事件的推测。

关于"或"表"认识可能"义的来源，主要成果有姚尧（2012），方有国（2015），罗耀华、李向农（2015）。上述诸位揭示"或"的语义演变的一些规律，但是有些问题值得进一步探讨。一是演变路径存在分歧：姚尧（2012）认为其演变路径为：无定代词→分指代词→认识可能。罗耀华、李向农（2015）认为其演变路径为：动词（有）→无定代词→认识可能。方有国（2015：296－298）认为其演变路径为：动词（有）→认识可能。二是对于其演变过程分析过于简略。

那么"或、或者"之"认识可能"义到底如何衍生而来，其演变的动因与机制是什么? 本书对"或、或者"的语料进行重新梳理，认为"或、或者"的演变路径为：存现动词→无定代词→认识可能。下面是具体的演变过程与机制。

一、"或"

（一）"存现动词"→"无定代词"

"或"，本义是邦国。《说文》云："邦也。从口从戈，以守一。""一"，地也，义为用戈来保护国土。本义读作"yù"，现写作"域"。"或"作为存现动词表"有"义与本义无关，可能是假借用法。王引之《经传释词》（1956：75 – 78）、杨树达《词栓》（1978：125）认为"或"存在"有"义；《汉语大词典》中"或"标注"有"的义项。《今文尚书》"或"20例，其中14例是动词，6例是无定代词。14例动词中11例用在否定句中，3例用在肯定句中。如：

（3）殷其弗或乱正四方。（《尚书·微子》）

（4）古之人犹胥训告，胥保惠，胥教诲；民无或胥诪张为幻。（《尚书·无逸》）

（5）时予乃或言。（《尚书·多士》）

春秋时期其他典籍的语例如：

（6）何斯违斯？莫敢或遑。（《诗经·召南·殷其雷》）

（7）尔无我叛，我无强贾，毋或盖夺。（《左传·昭公十六年》）

这些例句中，"或"在句中充当谓语中心语，前受否定副词"弗、无"或其他副词"乃"等的修饰，"或"显然是存现动词。

"莫"表无定代词在《今文尚书》也已出现，春秋时期比较常见。如：

（8）厥或诰曰："群饮。"（《尚书·酒诰》）

（9）或降于阿，或饮于池。（《诗经·小雅·无羊》）

（10）或谓孔子曰："子奚不为政。"（《论语·为政》）

（11）或谓太子："子辞，君必辩焉。"（《左传·僖公四年》）

（12）或告子旗，子旗不信，则数人告。（《左传·昭公八年》）

（13）宋人或得玉，献诸子罕，子罕弗受。（《左传·襄公十五年》）

（14）左右或沮之，曰："君不出，必执吾使。"（《左传·宣公十七年》）

"或"作为无定代词，从语义上看，可以指人，语例较多；也可以指物，如上面《诗经·小雅·无羊》中"或降于阿，或饮于池"，指有的羊，但都是不确指的。从句法上，大部分"或"位于句首主语的位置，少数位于先前主语之后，"宋人或得玉""左右或沮之"中"或"之前有先行词"宋人、左右"，"或"表示先行词中某一部分，也称为分指代词。

"或"从存现动词演变为无定代词，演变的因素有句法因素和语义因素两种。

句法因素。"或"表存现动词用法主要出现在两种句法格式：

一是"（主语）＋副词＋或＋VP"结构，"或"在此句式中不能从存现动词演变为无定代词。如：

（15）今尔罔不由慰日勤，尔罔或戒不勤。（《尚书·吕刑》）

（16）其二曰：训有之，内作色荒，外作禽荒。甘酒嗜音，峻宇雕墙。有一于此，未或不亡。（《尚书·五子之歌》）

（17）夫既或治之，予何言哉？（《孟子·公孙丑下》）

这些例句中"或"之前有否定副词或其他副词，"或"在肯定句中表示主语存在"或"后 VP 的动作行为，在否定句表示主语不存在"或"后 VP 的动作行为。例句中否定副词"罔""未"和时间副词"既"一般位于动词之前，限制了"或"由存现动词演变为无定代词。

另一种句法格式为"或＋VP"，"或"在此类句法结构中从存在动词演变为无定代词。如：

（18）国虽靡止，或圣或否；民虽靡膴，或哲或谋，或肃或艾。（《诗经·小雅·小旻》）

"或"位于句首位置，"或"后是 VP 结构，使得"或"有两种理解的可能：如"或圣或否"，可以理解为"有聪明（的人）有不（聪明的人）"。"圣、否"用作指称化宾语，"或"是存现动词。值得注意的是，"或"位于句首主语位置，后面接 VP，此句又可以理解为"有人聪明有人不聪明"，"或"是无定代词。

语义因素。"或"作为"存现动词"，语义较空灵，使得读者有多种解读。"或"后面接 VP 结构，且 VP 意义较实在，使得 VP 很容易被理解为谓语，而不是指称化宾语。这些都为"或"的语义演变奠定基础。

"或"从存现动词演变为无定代词，其演变的机制是转喻（罗耀华、李向农 2015）。转喻是两个相关认识范畴的一种凸显，其建立在"认知框架"上，而"认知框架"是人根据经验建立的概念与概念之间的相对固定的关联模式，是心理上的完形结构（沈家煊 1999）。"或＋VP"结构，"或"表存现动词，句法关系是"动词＋宾语"，存在某个动作行为，隐含着有人或其他有生主体实施这个动作行为，加上"或"位于句首主语位置，"或"很容易从存现动词通过联想，心理上的完形结构引申为无定代词，句法关系重新分析为"主语 + 谓语"。

"或 + VP"这类结构具有歧义性，"或"表无定代词最终确定下来，是先秦汉语中"或谓""或曰"等句型中，后面陈述话语内容，"谓、曰"只能作谓语，不能理解为动作指称化宾语，由此"或"的"无定代词"用法固定下来（方有国 2015：295）。

（二）"有"

"有"是常见的存现动词。如：

（19）东有启明，西有长庚。（《诗经·小雅·大东》）

（20）黾勉同心，不宜有怒。（《诗经·邶风·谷风》）

上面两个例句中"有"在句中充当谓语中心语。

当"有"位于句首主语位置，后接 VP，形成"有 + VP"结构，"有"很容易理解为无定代词。如朱声琦（1984）、于淮仁（1985）等认为"有"也存在无定代词的功能。下面例句引自朱声琦（1984）。如：

（21）有能一日用其力于仁矣乎？我未见力不足者。盖有之矣，我未之见也。（《论语·里仁》）

（22）城鄑，役人病，有夜登丘而呼曰："齐有乱！"不果城而还。（《左传·僖公十六年》）

（23）有焚其先人之室，则三日哭。（《礼记·檀弓下》）

"有能一日用其力于仁矣乎"，朱熹注"或有人果能一旦奋然用力于仁"，"有"即"有人"。"有夜登丘而呼"，杜预注"役人遇厉气，不堪久驻，故作妖言"，"有"即"役人"。"有焚其先人之室，则三日哭"，郑玄注"谓人烧其宗庙哭者"，"有"即"有人"。"有"在这些例句中确实可以理解为无指代词。

下列例句"有"可以理解为"分指代词"，如：

（24）民有不若德，不听罪。（《尚书·高宗肜日》）

（25）将食，张，如厕，陷而卒。小臣有晨梦负公以登天，及日中，负晋侯出诸厕，遂以为殉。（《左传·成公十年》）

"民有不若德"，即民众中有的人不顺着义理办事。"小臣有晨梦负公以登天"，即小臣中有人早晨梦见背着景公登天。

"有"在这些例句中，句法上也是"有 + VP"，"有"位于主语位置，后接 VP 结构，存现动词"有"通过转喻联想完形结构演变为无定代词，义为"有人"。但是"有"未出现在"曰、谓"等词前面固定其无定代词功能，所以现在一般词典并未收录"有"的无定代词义项。

"或"表无定代词之后往两个方面衍生，一是衍生为表"认识可能"义的副词，后文具体论述其演变过程与机制。二是衍生为选择连词，具体演变过程可参考姚尧（2012）。

"或"之选择连词功能，比较典型的语例出现在中古（赵长才，2013）。如：

（26）既饱而后轻食，既暖而后轻衣。或由年谷丰穰，而忽于蓄积；或由布帛优赡，而轻于施与。（北魏·贾思勰《齐民要术·序》）

（27）时婆罗门即作是念："此兔今日为何所见？见死鹿耶？或死兔乎？"（三国吴·支谦译《菩萨本缘经·卷下》）

（三）"无定分指代词"→"认识可能"

"或"在春秋时代就出现了"认识可能"义。如：

（28）《易》不可见，则乾坤或几乎息矣。（《周易·系辞传上》）

（29）夫子之墙数仞，不得其门而入，不见宗庙之美、百官之富。得其门者或寡矣。（《论语·子张》）

（30）死而利国，犹或为之，况琼玉乎。（《左传·僖公二十八年》）

"或"表"认识可能"义，表示说话人的对命题的主观推测。"《易》不可见，则乾坤或几乎息矣"，这是一个虚拟条件句，"《易》不可见"这一虚拟条件下，"或"表示说话人对乾坤可能几乎止息了这一命题的推测，主语"乾坤"是专有名词。"得其门者或寡矣"，说话人推测能入其门的人可能很少。值得注意的是，"得其门者"虽然是表多数的集合名词，但语境中主语"得其门者"与谓语动词"寡"搭配，是把主语作为一个不可切分的整体进行评价。"死而利国，犹或为之"，义为牺牲而有利于国家，仍有可能去做，"或"表示说话人对如果有利于国家，即使牺牲仍可能去做这一命题的推测。

"或"从无定代词演变为"认识可能"，姚尧（2012）认为是从无定代词下面的分指代词衍生而来，这非常有见地，即由无定分指代词演变为"认识可能"义。那么其演变的动因与机制是什么？

"或"表分指代词，句法结构为"NP＋或＋VP"，"或"是主语。"或"表"认识可能"，"或"是状语。"或"无论表无定分指代词还是"认识可能"，"或"的句法位置均是 VP 之前，但表"认识可能"时，"或"句法功能由主语变为状语，词类由代词演变为副词。那么是什么导致"或"从无定代词演变为"认识可能"？

第一，受"或"之前的 NP 的制约。

"或"表无定分指代词，经常出现在名词性成分 NP 之后，回指 NP 中集合内的一些，数量上一般不超过 1/2；作为分指代词，前面回指的 NP 必须具备［＋个体］［＋多数］的语义特征，以满足分指代词可切分其中一小部分的语义要求。如：

（31）齐人或为孟氏谋，曰："鲁，尔亲也，饰棺置诸堂阜，鲁必取之。"（《左传·文公十五年》）

（32）古之火正，或食于心，或食于咮，以出内火。（《左传·襄公九年》）

（33）二月癸未，晋悼夫人食舆人之城杞者，绛县人或年长矣，无子而往，与于食。（《左传·襄公三十年》）

"齐人或为孟氏谋"，"或"回指是齐人中的某些人。"古之火正，或食于心，或食于咮"，"或"回指火正中某些人。"绛县人或年长矣，无子而往，与于食"，"或"回指的绛县人某一位人。从上面的语例中可以看出，"或"之前的 NP 是集合名词，具有［＋个体］［＋多数］的语义特征，句法格式为"［NP＋或］＋VP"，强调的是 NP 内部的某一小部分人或某一个人与后面的 VP 发生语义关联，"或"的语义指向回指前面的 NP，与前面的 NP 结合紧密。

"或"表"认识可能"义，表达说话人对命题的主观推测，"或"指向说话人，与后面的 VP 关系紧密，句法格式重新分析为：NP＋［或＋VP］。NP 分为四类：

其一，NP 作为一个整体出现，虽然 NP 作为外延具有多数，但是并不强调集团内部的数量，NP 具有［－个体］［＋多数］的语义特征，无法满足分指代词多数可切分的要求。如上面所举的《论语·子张》"得其门者或寡矣"。

其二，NP 是由两个个体构成的复数集合，NP 的语义特征为［＋个体］［＋复数］［－多数］，语义上无法满足分指代词多数的要求。如上面所举的《周易·系辞传上》"则乾坤或几乎息矣"中"乾坤"。

其三，NP 为单数名词，NP 的语义特征为［＋个体］［＋单数］［－多数］，语义上无法满足分指代词多数的要求。如：例（1）《左传·宣公三年》"天或启之"的"天"。再如：

（34）彼其发短而心甚长，其或寝处我矣。（《左传·昭公三年》）

"彼其发短而心甚长，其或寝处我矣"，义为他头发短但心计很多，（他）也许寝处我了。"或"之前是承前省略"彼（卢蒲嫳）"，为单数名词。

其四，述谓性成分 VP 出现在"或"之前，充当话题，其述谓性减弱、指称性增强，可以理解为话题性事件，该事件不具有数量特征，无法满足分指代词具备的［＋个体］［＋多数］可切分的语义特征。如：

（35）子召外盗而大礼焉，何以止吾盗……赏而去之，其或难焉。（《左传·襄公二十一年》）

"赏而去之，其或难焉"，杨伯峻（1981：1057）指出，"其或"，"不肯定副词"，即"或"与"其"同义连用，均表示言者对命题的不太确定的推测。说话人推测完成这两个对立事件是很难的，即说话人认为也许很难是针对话题事件"赏而去之"而言，即一边赏赐盗贼一边除掉盗贼。

综上，"或"从无定分指代词演变为"认识可能"义，"或"之前的名词性成分对其演变起了重要的制约作用。伴随 NP 语义的变化，"或"的语义演变呈现如下特点：（1）指称对象从有到无。表无定分指代词时，"或"具有明确的指称对象，回指"或"前的名词性成分；而表"认识可能"义，"或"前的句法位置上出现单数、复数或谓词性成分，无法满足分指代词的语义要求，即要求［＋个体］［＋多数］的集合名词，使得"或"指称对象缺失。（2）语义指向的变化。"或"从无定分指代词向"认识可能"演变的过程中，其语义指向发生变化。表无定分指代词时，"或"的语义指向前面的名词性成分，而表达"认识可能"义时，"或"指向说话人，与后面谓词性成分结合紧密。

第二，未然与虚拟语境制约。

"或"表无定代词，主要用在已然语境，说话人对情况是确知的，如例

（30）（31）（32）等等。在未然与虚拟语境中，事情尚未发生，说话人对于情况是未确知的，又受到"或"之前 NP［＋个体］［＋单数］的语义制约，没有具体的指代对象，在这样的语境中，使得"或"隐含着主观认识情态义，进一步主观化为对命题的推测。

第三，主观化。

"或"从"无定分指代词"到"认识可能"义，其演变机制是主观化。"或"表"无定分指代词"，属于行域，主要是回指"或"前名词性成分 NP 的某一小部分，客观性较强。"或"表"认识可能"义，基于说话人的主观视角，属于知域，主观性较强。"或"从无定分指代词到"认识可能"义，是从行域演变为知域。

（四）"或"之"认识可能"义的后续演变

"或"由表"认识可能"义的副词根据其语法位置的不同，进一步衍生出假设连词与关联副词功能。

"或"表假设连词的语例始见于汉代。如：

（36）<u>或</u>有不带剑者，当入奏事，至乃借剑而敢入奏事。（《史记·张丞相列传》）

（37）<u>或</u>不充，不足以威晋；若充之以资财，实之以重禄之臣，是轻本而重末也。（西汉·贾谊《新书·大都》卷一）

（38）即不疑多有所平反，母喜笑，为饮食语言异于他时；<u>或</u>亡所出，母怒，为之不食。（东汉·班固《汉书·隽不疑传》）

"或"由"认识可能"义演变为假设连词，从语义上看，"或"表"认识可能"义，是说话人的推测，语义为不确定，主要用在未然或虚拟语境中，这与假设连词的分句表示未然或虚拟的情况是一致。这为"或"从"认识可能"义到假设连词的演变奠定了语义基础。从句法上看，表"认识可能"义的副词"或"所在的分句，主语经常承前省略。这样副词"或"就位于句首，而句首是连词的典型位置。从语境来看，当"或"用在假设语境中，"或"所在的前一分句与后一分句具有因果关系，假设意义得以强化并向连词转变。再如：《苏轼文集·答谢民师退官书》中"或僧有所欲记录"，"或"位于主语"僧"之前，是典型的假设连词。

"或"表补充关联副词的用法春秋时期已经出现，《史记》中比较常见。如：

（39）或僧有所欲记录，当为作数句留院中，慰左右念亲之意。（北宋《苏轼文集·答谢民师退官书》）

（40）既立之监，或佐之史。（《诗经·小雅·宾之初筵》）

（41）父死之谓何？或敢有他志，以辱君义。（《礼记·檀弓下》）

（42）军亡导，或失道，后大将军。（《史记·李将军列传》）

（43）物有不可忘，或有不可不忘。（《史记·魏公子列传》）

"或"表"认识可能"义与"关联副词"，语义上差距较大。"或"表"认识可能"义，用在未然或虚拟语境中，说话人表不确定的推测。其演变的关键是"或"位于表并列关系的后一分句，说话人推测可能出现的情况，是对前一分句补充说明。如：

（44）晋士庄子为载书曰："自今日既盟之后，郑国而不唯晋命是听，而或有异志者，有如此盟！"（《左传·襄公九年》）

"郑国而不唯晋命是听，而或有异志者"，说话人列举郑国可能出现的两种情况，一种是不唯晋命是听，一种有异志者。前一分句没有推测标记，听话人根据并列关系，忽略其推测功能，通过语境凸显其与前一分句的关联功能。

（45）今吴不如过，而越大于少康，或将丰之，不亦难乎！（《左传·哀公元年》）

"或将丰之"，如果着眼于情况是推测的，"或"表"认识可能"义，另外，"或"位于句首，处于关联副词位置，如果着眼于与前一分句之间"越大于少康"的联系，就凸显关联功能。"或"从"认识可能"演变为"关联副词"，是"或"位于并列分句的后一分句句首，"或"的推测功能减弱，通过语境吸收凸显与前一分句之间关联功能。当"或"与"既"对举，如例（40），"或"由"认识可能"义演变为典型的关联副词。

二、"或者"

（一）"无定代词"→"认识可能"

"者"，王力《古汉语词典》（2000：974）指出，"代词，通常用在谓词或谓词性词语之后，构成体词性者字结构，表示'……的人''……的事'"。

"或者"是存现动词"有"与代词"者"结合，还是两个代词同义结合，由于语料的缺乏，已无法考证。在春秋及以前的典籍《尚书》《周易》《诗经》《论语》中，均没有发现"或者"表无定代词的语例，"或"在《左传》中共出现 12 例，均是表"认识可能"义。先秦散文中的语例如：

（46）后之人或者将敬奉德义以事神人，而申固其命，若之何待之？（《左传·宣公十五年》）

（47）君子之喜怒，以已乱也。弗已者，必益之。郤子其或者欲已乱于齐乎？（《左传·宣公十七年》）

（48）今君或者未及武丁，而恶规谏者，不亦难乎！（《国语·楚语上》）

"或者"表"认识可能"义，从句类来看，可以用在陈述句中，不过与"或"表"认识可能"义不同的是，"或者"在先秦有很多语例在疑问句中，如上面的"郤子其或者欲已乱于齐乎"。再如：

（49）今周室少卑，晋实继之，其或者未举夏郊邪？（《国语·晋语八》）

（50）然则儒、墨、杨、宋四，与夫子为五，果孰是邪？或者若鲁遽者邪？（《庄子·徐无鬼》）

（51）请许学者而行宛曼于先王，或者不宜今乎？（《韩非子·外诸说左上》）

"或者"表"认识可能"义的来源是什么，由于语料的缺乏，无从考证。不过根据"或"是从"无定代词"衍生出"认识可能"义，可以推断"或者"表"认识可能"义也是从"无定代词"衍生而来。不过先秦"或者"表"无定代词"的语例极少，查阅先秦的相关典籍，总共 25 例，其中 24 例表"认识可能"义，只有 1 例是"无定代词"，即：

（52）今之城者，或者操大筑乎城上，或负畚而赴乎城下，或操表掇以善睎望。（《吕氏春秋·不屈》）

"或者"与后面的两个"或"，均是无定代词，指的是"今之城者"的一部分人。

西汉"或者"表"无定代词"的语例也极少，这两例姚尧（2012）已引用。如：

（53）进言者皆曰天下已安矣，臣独曰未安；<u>或者</u>曰天下已治矣，臣独曰未治。（西汉·贾谊《新书·数宁》卷一）

（54）仲尼，圣人也，<u>或者</u>劣诸子贡。（西汉·扬雄《法言·问明》）

"或者曰天下已治矣"，与前面的"进言者"对举。"或者劣诸子贡"，指的是一些认为孔子比不上子贡的一些人。

根据姚尧（2012）的考察，"或者"宋代以前很少用作"无定代词"，宋代《朱子语类》《五灯会元》中频频用作无定代词，推测是个人语言风格的表现；而在元明时代也很少用作"无定代词"，主要用作表"认识可能"义的副词。"或者"从"无定代词"衍生出"认识可能"，其演变机制可能与"或"一致。

（二）"认识可能"→"选择连词"

"或者"表连词用法，典型语例出现在明代（姚尧 2012，彭媛媛 2018）。如：

（55）地方官自然奏表，那昏君必有旨意，或与国丈商量，<u>或者</u>另行选报。（明·吴承恩《西游记》第七十八回）

（56）老孙这去，不消启奏玉帝，只到南天门里上彤华宫，请荧惑火德星君来此放火，烧那怪物一场，<u>或者</u>连那圈子烧做灰烬，捉住妖魔。（《西游记》第五十一回）

（57）恁日头半天里就拿马来，端的谁使你来？<u>或者</u>是你家中那娘使了你来？<u>或者</u>是里边十八子那里？你若不说，过一百年也不对你爹说替你这小狗秃儿娶老婆。（明·兰陵笑笑生《金瓶梅》第十六回）

（58）元来那"夫妻"二字，极是郑重，极宜斟酌，报应极是昭彰，世人决不可戏而不戏，胡作乱为。<u>或者</u>因一句话上成就了一家儿夫妇，<u>或者</u>因一纸字中拆散了一世的姻缘。（明·凌濛初《初刻拍案惊奇》卷二十）

那么"或者"的选择连词功能是如何衍生而来？姚尧（2012）列举了"或者"的连词功能，但是并没有论述其来源与演变过程。通过语料发现，"或者"的"选择连词"功能源于表"认识可能"义的副词，与"或"不同，"或"的"选择连词"功能源于无定代词。

从句法位置上看，"或者"表"认识可能"义，一般位于小句句首，而句首恰好是连词的典型位置。其演变的关键是在析取语境中，使得"或者"
具有两种理解的可能。如：

（59）这一脱了衣服，是要打我的情了，<u>或者</u>夹生儿吃我的情也有哩。
（《西游记》第七十二回）

（60）事出无奈，只得且去，得便就来。<u>或者</u>禀明父亲，径来接你，也
未可知。（《初刻拍案惊奇》卷十二）

（61）据冯公如此惧怕严府，沈襄必然不在他家，<u>或者</u>被公人所害也不
见得；<u>或者</u>去投冯公见拒不纳，别走个相识人家去了，亦未可知。（冯梦龙
《喻世明言》第四十卷）

例（59）"或者夹生儿吃我的情也有哩"，对于命题"夹生儿吃我的情
也有哩"，"或者"表示说话人对这一命题的主观推测，对于前后分句的关
联而言，"或者"是对"是要打我的情了"的补充说明，是选择连词。"是
要打我的情了"与"或者夹生儿吃我的情也有哩"，一起来说明对"这一脱
了衣服"之后可能出现情况的推测。例（61）"或者被公人所害也不见得；
或者去投冯公见拒不纳，别走个相识人家去了"，"或者"连用，表示说话
人列举沈襄可能出现的情况的推测。

一旦"或者"后面的小句不是表示说话人的主观推测，即不表知域内
容，而是陈述行域中事件，"或者"凸显其篇章连接功能，演变为典型的选
择连词。"或者"表"选择连词"，先连接分句，后扩展为连接短语或词。
另外，"或者"作为"选择连词"，单用时与"或"不同，"或"表"并
列"，"或者"表"补充"，这也能从其来源上得到解释。

另外，"或者"在明代也出现表"建议"的语例。如：

（62）只怕日子不利，<u>或者</u>另改一个也罢，那有不在今年之理？（《初刻
拍案惊奇》卷五）

"或者"表"建议"也是从"认识可能"义衍生而来。说话人推测的
命题，正好是听话人要实施的行为，由此衍生出"建议"，"或者"表"建
议"，也是一种委婉表达，照顾听话人的面子，是交互主观化的结果。

本节小结

本节探讨了"或""或者"由"无定代词"衍生出"认识可能"义。

其演变受"或"之前的主语名词的语义制约，也与未然和虚拟语境相关，是主观化的演变过程。另外，"或"表"无定分指代词"，指的是"或"前主语名词性成分 NP 的一小部分，也可以理解为概量（少量），其演变可以归为"概量"到"认识可能"的演变路径，这是汉语中一种常见的演变路径（董正存，2017）。"少量"演变为"认识可能"，如"或/或者"，"大量"演变为"认识盖然"，如"多半、大概、大约"等。另外，"或/或者"在现代汉语中常见的功能是做选择连词，表析取，两者来源不一样，"或"表"选择连词"源于"无定代词"，"或者"表"选择连词"源于表"认识可能"的副词。两者的语义功能和演变路径不完全一致，两者的具体演变路径归纳为：

"或"：存现动词→无定代词→认识可能→假设连词
　　　　　　　↗选择连词
　　　　　　　↘关联副词

"或者"：存现动词→无定代词→认识可能→选择连词
　　　　　　　　　　　　　　　↘建议

本章小结

本章主要探讨六组汉语认识可能义词的来源及演变，归纳了六条演变路径：一是探讨了"能、解、会₁"等词，归纳出"内在能力"→"条件可能"→"认识可能"的演变路径；二探讨了"容、许"等词，归纳出"容许"→"条件可能"→"认识可能"的演变路径；三是探讨了"恐、怕"等词，归纳出"害怕"→"担心"→"认识可能"的演变路径；四是探讨了"像/好像、似/似乎、仿佛"等词，归纳出"相似"→"相似－测度"→"认识可能"的演变路径；五是探讨了"莫、别"等词，归纳出"劝阻"→"认识可能"的演变路径；六是探讨了"或、或者"，归纳出"无定代词（少量）"→"认识可能"的演变路径。

第三章　汉语认识盖然义词
的来源及演变路径

　　本章主要探讨三组汉语认识盖然义词的来源及演变路径。第一节探讨"该、当、应、合"之"认识盖然"义的来源及演变路径。第二节探讨"大约、大概、大抵"之"认识盖然"义的来源及演变路径。第三节探讨"将、欲、行"等词之"认识盖然"义的来源及演变路径。

第一节　"该、当、应、合"

　　汉语史上情态助动词"当、应、合、该"等均可以既表道义情态，又可以表认识情态。现代汉语中"该"这两种用法仍保留，如：

　　（1）我<u>该</u>走了。（吕叔湘《现代汉语八百词》）

　　（2）这孩子今年<u>该</u>高中毕业了吧。（吕叔湘《现代汉语八百词》）

　　例（1）《现代汉语八百词》解释为"理应如此"，例（2）解释为"估计情况应该如此"。前者属于道义情态，表示说话人的权威、道德或社会准则等，指令实施某一动作行为，本书用"应当"表示；后者属于认识情态，表示说话人对某个命题真实性的主观推断。其认识情态从强度等级来看，介于"可能"与"必然"之间，本书称之为"盖然"。从语义演变来看，是从道义情态演变为认识情态，而不是相反（Sweeter 1990，Bybee et al. 1994，Van der Auwera et al. 1998，Heine & Kuteva 2002，Traugott & Dasher2002 等）。

　　对于这四个词的情态研究，朱冠明（2008）分析了"当、应"在《摩诃僧祇律》中的用法，并详细地考察了情态词"该"的来源及演变。李明

（2016）列举了其在各个历史时期表"应当"和认识情态的典型用例。基于两位学者的研究成果，重新考察这四个词的情态语义演变，总结其情态义最早出现的具体时间为：当："应当"（春秋战国）→"认识盖然"（西汉）；应："应当"（东汉）→"认识盖然"（东汉零星，六朝）；合："应当"（六朝）→"认识盖然"（六朝零星，唐代）；该："应当"（宋）→"认识盖然"（元）。这些词表道义"应当"义出现在前，表"认识盖然"义出现在后，从时间出现的先后顺序上证明了从"应当"到认识情态的语义演变。

已有研究有所发现的同时，仍有一些问题值得进一步探讨。比如：一、已有的研究侧重于其道义和认识情态用法的举例，从"应当"义到"认识盖然"义的语义演变的动因与机制则较少涉及，那么其演变的动因与机制是什么？二、这四个词最初的词汇义并不相同，但是研究发现这四个词都先演变为"符合"义，再演变为"应当"和"认识盖然"义。那么，这些词是怎样衍生出"符合"义的？本书尝试梳理"该、当、应、合"之"认识盖然"义的来源及演变过程，回答以上问题。

一、"该"

关于"该"的表道义"应当"义的来源，学界主要有三种观点：

第一种观点认为来源于"欠"义。艾乐桐（1985）、李明（2016）认为"该"表"应当"产生于元代，来源于"欠"。如：

（3）父亲你去时问刘员外借了十个银子，本利该二十个银子。（元·无名氏《玉清庵错送鸳鸯被》第四折）

（4）我父亲许久不回，本利该还二十个银子。（元·无名氏《玉清庵错送鸳鸯被》第三折）

"本利该二十个银子"中"该"为"欠"义，一般动词；"本利该还二十个银子"中"该"表"应当"义。

第二种观点认为来源于"具备、包括、具有"义。朱冠明（2008）认为例（3）"本利该二十个银子"中"该"并非"欠"义，而是"共计、合计"义。表"应当"义出现在宋代，而"该"表"欠"义在元代才出现，时间上存在矛盾。其进一步指出"该"宋代以前常见义项是"具备、包括、具有"，这个义项是假借"晐"，后其假借义成了常用义；归纳其演变路径是："军中约"→"拥有"（"晐"的假借）→"包含于、合于"→"应当"（宋）→"认识情态"（元明）。

第三种观点认为来源于"符合"义。张定（2013）在朱冠明（2008）研究的基础上，在"具备、包括"与"应当"义中间增加了"符合"的节点，即"该"的前情态义是"符合"，具体路径为：具备、包括→符合（唐代）→应当（南宋）→认识情态（元明）。张海媚（2017）认可张定（2013）的观点，认为"该"的前情态义是"符合"，演变路径为："兼备"→"符合"→"应当"。

综合前人研究以及重新考察其语义演变，本书认为"该"的演变路径为："兼备"→"符合"→"应当"（道义）→"认识盖然"。文中有些语例来自朱冠明（2008）、张定（2013）与李明（2016）。

（一）"兼备"→"符合"

"该"，《说文解字》云："军中约也。"典籍中无此义项书证。王力《古汉语词典》"完备"义典籍中多作"賅"。朱冠明（2008）依据朱骏声《说文通训定声》的观点："该"，常假借"晐"，而"晐"也误作"賅"。由此推断，"该""晐""賅"三个相互混用，都有"兼备、包括"之义，本书认可这一观点。此义自先秦起就是常见义。如：

（5）凡牧民者，必知其疾，而忧之以德，勿惧以罪，勿止以力，慎此四者，足以治民也……昔者天子中立，地方千里，四言者该焉，何为其寡也？（战国·管仲《管子·小问》）

（6）招具该备，永啸呼些。（战国·屈原《楚辞·招魂》）

六朝时，"该"后宾语为权威性、模范性的典籍、策略，具备某一内容或条件，隐含着符合这一内容或条件（张定2013）。这使得"该"由"兼备"义演变为"符合"义。如：

（7）钩深致远，错综典坟，该河洛之籍籍，博百氏之云云。（晋·葛洪《抱朴子·塞难》）

（8）观乎刘向显学于汉成时，才包三古，艺该九圣，悬日月以来，其类少矣。（晋·王嘉《拾遗记·后汉》）

（9）窃见京城内偶遭凶丧者，身不居于爵禄，葬有碍于条流，顷使鳌

甲车殡送者。事虽该于往制，敕已著于前文。（《全唐文·请申定官民丧葬仪制奏》卷九百七十一）

"该河洛之籍籍"、"艺该九圣"，义为兼备河洛典籍的内容条件，兼备九圣的才华观点。典籍圣人具有权威性、典范性，隐含着符合河洛典籍的内容，符合九圣人的观点。"事虽该于往制"，既可以理解为"事情具备往制的条件"，也可以理解为"事情符合往制"，显示了"该"的"具备"义与"符合"义之间的直接关联。"该"在此基础上引申为"符合"义。

"该"表"符合"义出现在唐代。如：

（10）故能用该仁里，象合天文：既左旋而右折，量轻并而重分。（《全唐文·平权衡赋》卷五百九十九）

（11）按《河图》，八柱承天，故置八柱。又按《周易》，大衍之数五十有五，故长五十五尺。筌兹八柱，承彼九间，数该大衍之规，形符立极之制。（《旧唐书·礼仪》）

（12）应五百之数，该二八之美。（《全唐文·赠杨珣郑国公制》卷二十五）

（13）文该礼义之源，武服铃符之奥。（《全唐文·授王宰高承恭田牟三道节度使制》卷七百二十八）

（14）伏见赦文节目中，新左降官有不该恩泽者。（《全唐文·论左降官准旧例量移疏》卷七百十五）

例（10）—例（13）中"该"与"合、符、应、服"等对举，表示"符合"之义，后接名词性宾语。

（二）"符合"→"应当"

1. 演变过程

"该"从"符合"演变为"应当"义，演变的关键是"该"后由名词性成分扩展为谓词性成分（朱冠明 2008：175，张定 2013：53），"符合"做某事，从情理上就"应当"实施某个动作行为。如：

（15）自归有过之门，须举无偏之道，合该议减，亦举律文。（《全唐文·详断杨汉宾奏》卷八百四十七）

（16）三年十月二十七日敕，勘会内外见欠市易非违法赊请人户，已降指挥，二百贯文已下除放，其外路系违法者，即不该除放。（宋·苏轼《论积欠六事并乞检会应诏四事一处行下状》）

"合该议减"，"该"与"合"连用，义为"符合议减"，也可以理解为"应该议减"。"其外路系违法者，即不该除放"，也是如此，既可以理解为"其外路系违法的人，不符合除放"，也可以理解为"其外路系违法的人，不应该除放"。

再如：

（17）伏为本路提点刑狱朱明之，是臣母之亲堂弟，牒明州检到敕条，窃虑合该回避，须至奏闻者。……如臣合当避亲，臣不敢陈乞在京差遣，只乞对移陈、蔡一郡，许臣暂至京师，迎侍老母赴任，使臣仰得就日月之光，俯得伸犬马之养。（唐·曾巩《明州奏乞回避朱明之状》）

"该"从"符合"义衍生出"应当"义，句法上，"该"后接谓词性成分，使得句中有两个谓词性成分，后一成分是交际双方关注的焦点，"该"的述谓性减弱，情态性增强，由谓语中心变为修饰成分，由动词降级为助动词。语境上，

"该"在唐宋时代主要出现在给皇帝的奏章或法律规定中，具有强制性，促使其向道义情态演变。

"该"在唐代、北宋主要用在书面语中，南宋口语中出现少许用例（朱冠明2008：197，张定2013：53）。如：

（18）余以年劳，该赐龟紫。（宋·刘克庄《水龙吟》）

（19）阁门官喝："不该赴坐官先退。"枢密喝群臣升殿，阁门分引上公已下合赴坐官升殿。（周密《武林旧事》）

"该"表典型的"应当"义，出现在元代。其用在祈使句中，满足以下条件：①主语为第二人称；②说话人直接指令；③说话人对受话人有权威；④动词为自主动词（Coates1983：36）。如：

（20）玉香，你也该辞我一辞怕甚么。（元·贾仲明《荆楚臣重对玉梳记》第四折）

（21）（李彦和云）嗨！妇女家不学三从四德，我男子汉说了话，你也该依着我。（元·无名氏《风雨像生货郎旦》第一折）

2. 类别

关于"该"表"应当"的类别，李明（2016：137 – 138）认为"合、该、应、当"表"应当"分为三种情况：一是表示应当实施某种还未实施

的行为；二是本应当实施某种行为，但实际未实行，否定用法则表示本不当实施某种行为，但实际上实施；三是表示主语应当得到或遭受什么，此类"该"后带的不是行为动词。这一发现很有见地，有这些不同，其实是反映了言者不同的言语行为目的，即分别表"施为""评价""判断"。本书从言者言语行为目的出发，通过《全元曲》中的"该"语例来分析这三类。

首先是施为类：此类"该"，言者关注动作行为是否实施。肯定形式表示因为情理相合，应当实施某个尚未实施的动作行为；否定形式表示由于情理不合，不应该实施某个尚未实施的动作行为。

（22）这厮不小心，惊觉老夫睡，<u>该</u>打这厮也。（兴儿云）我分付他那驿丞了。他不小心，我打这厮去。（杨显之《临江驿潇湘秋夜雨》第四折）

（23）学究兄弟，怎生李山儿同鲁智深到杏花庄去了许久，还不见来？俺山上<u>该</u>差人接应他么？（学究云）这两个贼子到的那里？不必差人接应，只早晚敢待来也。（康进之《梁山泊李逵负荆》第四折）

（24）爷<u>该</u>赏他。（净）赏他什么东西便好？（丑）与奶奶说，讨一两银子与他。（柯丹邱《荆钗记》第四十七出）

（25）这一宗文卷，是李得打死人命事，看来是个过误杀伤，不<u>该</u>抵命，则等大人发落。（无名氏《都孔目风雨还牢末》楔子）

此类语例中，"该"的言语行为目的类似于奥斯汀的以言行事，即"该"作为语力促使实施"该"后尚未实施的动作行为，言者关注的是"该"后动作行为的是否实施。如"该打这厮也"，因为"这厮不小心，惊觉老夫睡"，故"该打这厮也"，关注的是打了没有。为了凸显言者的言语目的是否实施，后面补充了"我打这厮去"。从形式上来看，情态主语是人；"该"后动词是可控动词，如"打"、"差（人）""赏""抵"；动作在说话时间或参照时间之后实施。此类"该"，属于道义情态中的原型范畴义务情态。

其次是评价类：此类"该"，言者不关注"该"后动作行为的实施情况，而是对情态主语的行为的评价。

（26）做哥哥的要打要骂，你只<u>该</u>劝你那丈夫便好，你倒走将来火上浇油！（元·无名氏《冻苏秦衣锦还乡》第二折）

（27）帕，同这绣鞋儿，都揣在那秀才怀中，见的我留情与他的意思，岂知倒害了他性命。……你是未嫁的闺女，可也不<u>该</u>做这等勾当。（元·无名氏《王月英元夜留鞋记》第三折）

（28）小家子心低志低，这辈诣谀之人，还<u>该</u>疏远他才是，怎么倒去亲近他？（元·徐畈《杀狗记》第二出）

（29）你从小里也<u>该</u>把这孩儿教，怎生由他恁撒拗？（元·武汉臣《散家财天赐老生儿》第二折）

与"施为类"不同的是，"评价类"的"该"的肯定形式表示，从情理上应该实施某种行为，但实际未实施；否定形式表示从情理上不应该实施某种行为，而实际上已经实施。这也就意味着"该"后动作行为，是针对说话时间或参照时间之前的动作行为。那言者的言语行为目的为何？我们先看肯定用法"你只该劝你那丈夫便好"，指的是做哥哥的要打要骂之时，你（作嫂子的）从情理上应该劝自己的丈夫就好，你却走过来火上浇油。言者用"该"的言语行为目的不再是以言行事，不是促使你（作嫂子的）去实施"劝"的动作，而是表达言者对情态主语的行为的一种评价，评论情态主语的行为违背了情理。否定用法"可也不该做这等勾当"，"该"后的"做这等勾当"，即把帕与绣鞋儿给秀才，与秀才有私情，这个事件已经发生，言者用"该"的言语行为目的不是也不可能是，促使"该"后动作不发生，而是对你这个未嫁的闺女实施"该"后行为的评价。

与"施为类"相比，一是"评价类"的"该"作为一种促使"该"后动作实施的行动力量减弱，言者主观性明显增强。主观性增强表现在：言者视角的变化。"施为类"的"该"，依据情理去实施某个动作行为，而"评价类"的"该"，是言者依据情理对情态主语过去行为的评价，主观性更强。二是表言者主观性的词明显增多。如"你只该劝你那丈夫便好""可也不该做这等勾当""还该疏远他才是"中"只、便好、可、也、还、才是"等，都是表现言者主观性的词，在"施为类"中较少出现。

最后是判断类：此类"该"，表达言者的一种主观判断。

（30）当日勒他不死，就<u>该</u>有今日的晦气了。（无名氏《风雨像生货郎旦》第四折）

（31）你须是平王的家孙，这位<u>该</u>是你的。（李寿卿《说鱄诸伍员吹箫》

第四折)

（32）他去时三十岁也，去了十八年，如今该四十八岁。（张国宾《相国寺公孙合汗衫》第三折）

（33）我死之后，怎见父母之面？我受十六年之苦，命该如此，也不怨他。（刘唐卿《白兔记》第三十三出）

（34）则管里迤逗杀，这言词早合该万剐。（罗贯中《宋太祖龙虎风云会》第一折）

此类"该"，从句法上看，后面的动词可以是非行为动词；从主语看，主语不是动作实施者，而是动作行为的遭受者，即不是施事，而是受事。因此"该"对后面的动作没有施为性，不再是以言行事，而是表达言者的一种主观判断。大部分是依据客观事理情理是否符合而作出的判断。比如，"就该有今日的晦气了"，是因为"当日勒他不死"而产生的结果。为何"这位该是你的"，是因为"你是平王的家孙"。"命该如此"，为何该如此受十六年的苦，是由命运决定的。

"判断类"的"该"，与"施为类"的相比，不同点有二：一是从言语行为力量来看，明显不同，"施为类"的"该"是作为一种语力直接指令动作的实施，而"判断类"的"该"，语力是微弱的，甚至去掉"该"，句子的基本语义不变。比如，"他去时三十岁也，去了十八年，如今该四十八岁"，去掉"该"，句中基本意义不变。二是"施为类"的"该"表达的是实施动作的一种事件状态，判断类的"该"判断的是一个命题。从"施为类"、"评价类"到"判断类"，"该"对后面动作行为的指令实施性越来越弱，言者主观性越来越强。

（三）"应当"→"认识盖然"

"该"在元代出现了"认识盖然"义。如：

（35）后来筑坛拜将，想这个元帅准定该是我老樊的。（元·无名氏《随何赚风魔蒯通》第一折）

（36）我已将公主囚在府中，这些时该分娩了。怎么差去的人去了许久，还不见来回报？（元·纪君祥《赵氏孤儿》第一折）

（37）嗨，这厮走了也。想这一拳儿买卖，不该是我的。（元·无名氏《朱砂担滴水浮沤记》第二折）

"想这个元帅准定该是我老樊的"，说话人樊哙推断元帅是会给他的，句首有认知动词"想"，这是对未然事件的推断。"这些时该分娩了"，是说话人对公主分娩情况的一种推断，这是对现在情况的推断。

"该"表"认识盖然"义，从管辖范围来看，"该"的管辖范围是整个小句，如"想这个元帅准定该是我老樊的"，"该"与表认识情态的"准定"可以提到句首而语义不变，如"想准定该这个元帅是我老樊的"；"该"表道义"应当"义，管辖范围是"该"后的VP。

从"该"后动词来看，"该"表"认识盖然"义，后接的动词可以是非可控动词，如"这些时该分娩了"中"分娩"；也可以放在高位谓词"是"之前。"该"表道义"应当"义，典型的"施为类"与"评价类"，"该"后一般接可控行为动词。

从"该"的主语来看，"该"表"认识盖然"义，主要是有生的人，也可以是无生主语，如"这一拳儿买卖，不该是我的"，"这一拳儿买卖"，是无生主语。"该"表"应当"义，典型的"施为类"与"评价类"，"该"的主语一般是有生的人。

从语义指向来看，"该"表"认识盖然"义，指向的是说话人；"该"表道义"应当"义，典型的"施为类"与"评价类"，指向的是"该"后动作的施事，经常位于主语位置。

从"应当"义到"认识盖然"义，这一演变具有大量跨语言的证据，汉语中"该"也不例外。那么"该"究竟是在怎样的语境中发生演变？其演变的动因与机制是什么？

"该"表"应当"义，分为三类："施为类"、"评价类"和"判断类"。"该"表"认识盖然"义，是从"判断类"的"该"衍生而来。其演变的关键是在未然性占卜性语境中。如：

（38）今早他到铺里问我的生年八字，与他掐算一卦，道是今日安然，明日无事，到后日午时，该在那土炕上板僵身死，因此来辞别你父亲。（元·王晔《桃花女破法嫁周公》第一折）

"该在那土炕上板僵身死"，从生辰八字命理上看，主语应该遭受"该"后的动作行为，"该"表"应该"义。值得注意的是，语境是未然语境，那么到底情况怎样，说话人是未确知的。重要的是说话人算命先生对受话人没有权威性，指令性减弱，凸显说话人的预测，即说话人算命先生根据生辰八字，预测他"该在那土炕上板僵身死"，"该"隐含义"认识盖然"义就先显露出来。再如：

（39）检生死簿看，徐知县的小女玉兰，今夕该死，着他借尸还魂去罢。（元·无名氏《萨真人夜断碧桃花》第三折）

（40）小人叫做彭祖，今年六十九岁，明日午时该死。只望上圣可怜见，与小人些寿岁咱。（元·王晔《桃花女破法嫁周公》第二折）

这两例也是如此，根据生死簿来看，"今夕该死""明日午时该死"，"该"表"应当"义。在未然语境中，说话人对情况是否发生是未确知的，这两例又可以理解为"今夕会死"，"明日午时会死"，"该"隐含着"认识盖然"义。

一旦说话人不是根据命理，而是根据实际情况推断，"该"的"认识盖然"义凸显。如：

（41）行本曰："吾观唐兵，势大难敌，吾命该横亡，不可逃矣！当自缚前去唐营，任其剐割，救蒲坂一郡百姓之命。"（明·罗贯中《隋唐野史·世绩大破王行本》）

这例中"吾命该横亡"，说话人根据实际情况"唐兵势大难敌"，推断自己会横亡，这也是对未然事件的推断，进一步凸显"该"的"认识盖然"义。

"该"的隐含义"认识盖然"义随着使用的反复推导，逐渐固化，伴随的是"应当"义的逐渐弱化。如：

（42）这叫做：物必腐而后虫生，人必疑而后谗人。番王心上只是疑惑百夫人，这莫非是王爷又该成此一功？（明·罗懋登《三宝下西洋》第八十一回）

"这莫非是王爷又该成此一功"，显然，"该"不是表情理上"应该"，而是表说话人推断王爷会成此一功。

"该"表"认识盖然"义首先出现在未然语境中，后扩展到已然语境。如：

（43）朱正忙来看时，上写："朱恺前往苏州，行至学宫，仇人裘龙劫去。"朱正便失惊道："这话蹊跷，若劫去，便该回来了。近日他有一班赌

友，莫不是朱恺将银赌去，难于见我，故写此字逃去。"（明·陆人龙《型世言》第二十三回）

"便该回来了"，句末有表完成的语气词"了"，这是说话人对已经发生事件的推断。

"该"从"应当"义演变为"认识盖然"义，演变的机制是转喻推理。"该"表"应当"义，表示应当实施某个动作行为，这个动作行为尚未实施，也就隐含着有可能实施这个动作行为。"该"在典型的"施为类应当"中，强调动作行为实施的指令性与必要性。其演变的关键是在未然性的占卜性语境中，这类语境含有弱的命理或事理的义务义，但是说话人对受话人没有权威性，说话人的指令性弱化，在未然语境中凸显其预测义。说话人的这种预测义即"认识盖然"义随着使用增加逐渐固化，"应该"义逐渐弱化脱落。伴随的是"该"的使用范围扩大，句法上由有生主语扩展为无生主语，"该"后的动词由可控行为动词扩展为非可控行为动词，由未然语境扩展为已然语境。

二、"当"

以往对"当"情态语义演变研究，比较重要的成果有白晓红（1997），刘利（2000），王雯、叶桂郴（2006），龙国富（2010），王继红、陈前瑞（2015），李明（2016），巫雪如（2018）等。主要在两个方面存在分歧：一是前情态义；二是演变路径。

对于"当"前情态义的来源，主要有三种观点。

第一种观点认为来源于"对着、面临"。由白晓红（1997：219）首先提出，后李明（2016）认可其观点。具体如下：

（44）不可以当吾世而失诸侯。（《左传·成公十六年》）——对着、面临

（45）当仁，不让于师。（《论语·卫灵公》）——对着、面临

后面接抽象概念或动作动词时，"当"就有演变的可能。如：

（46）且夫赵当亡而不亡，秦当霸而不霸，天下固以量秦之谋臣一矣。（《韩非子·初见秦》）——对着、面临、应当

（47）当可纳而不纳，故恶内也。（《谷梁传·庄公九年》）——应当

王继红、陈前瑞（2015）认为"对着、面临"义不能确定为义务义的来源，因为这种意义与义务义关系并不显豁，且使用频率不高。"对着"义是"当此之时"义的来源，后者有较高的使用频率。"当此之时"实际上是参照时间与事件时间同时，而义务义所涉及的事件通常在说话时间之后发生。"当"很难从"对着"义演化出两种不同的时间义。

第二种观点认为来源于"适合、符合"义。刘利（2000：21）认为"当"做助动词最早可追溯到《尚书》。即：

(48) 古人有言曰："人无于水监，当于民监。"（《尚书·酒诰》）

龙国富（2010）认为其情态义来源于上例中"当"的"适合"义，但是认为此例中"当"还是一个带宾语的行为动词。

王继红、陈前瑞（2015）认为此例中"当"具有很强的动词性，但是理解为"适合"义存在争议。因为"监"的本义是"临下也"，且据《毛传》："监，视也。""水监"理解为"对着器皿中的水查看"，那么"当于民监"理解为对着民查看来警示，"当"是"对着、面对"之意。且两人认为"适合"带有太多主观评价的色彩，而前情态义出现在礼法或相面等习俗中，不适合带有主观评价意义的阐释。

第三种观点认为来源于"对等、对应、相当"义。王雯、叶桂郴（2006）首先提出"当"是从本义引申出的"对等、相当"义的基础上发展出义务义的。

(49) 行爵出禄，并当其位。（《吕氏春秋·孟夏纪》）

后王继红、陈前瑞（2015）把"对等、相当"义改为"对应、相当"义，因为"对应"义更强调两个系列的系统对应，比"对等"义概括性更好。

从演变路径来看，"当"之认识情态义演变路径主要存在两种观点。即：

王雯、叶桂郴（2006），龙国富（2010）认为其演变路径是："当"（动词）→"应当"（道义）→"会"（认识）。

巫雪如（2018）认为其演变路径为：

应该（认识情态）

当（相当）——→应当（条件情态）——→应当（道义情态）

本书对"当"的情态语义演变重新进行考察，与王雯、叶桂郴

（2006），王继红、陈前瑞（2015）观点一致，认为其前情态义来源于"对应、相当"义。但是本书认为"对应、相当"义先抽象化为"符合"义，再演变为"应当"义。演变路径概括为："对应、相当"→"符合"→"应当"（道义）→"认识盖然"。

（一）"对应、相当"→"符合"

"当"，《说文》云，"田相值也"，即相当、相抵、对应，皆为"当"，表"对应、相当"义。其句法格式为：NP（A）当NP（B）。如：

（50）古者以周尺八尺为步，今以周尺六尺四寸为步。古者百亩，当今东田百四十六亩三十步。古者百里，当今百二十一里六十步四尺二寸二分。（《礼记·王制》）

（51）次国之上卿，位当大国之中，中当其下，下当其上大夫。小国之上卿，位当大国之下卿，中当其上大夫，下当其下大夫，其有中士、下士者，数各居其上之三分。（《礼记·王制》）

（52）列国之卿当小国之君，固周制也。（《左传·昭公二十三年》）

上面例句中，A当B，A与B属于同一范畴，如"古者百亩"和"今东田百四十六亩三十步"都属于度量的范畴，"次国之上卿"与"大国之中"，"列国之卿"与"小国之君"属于官爵的范畴，这些均属于同一具体范畴的对应。

"相当、对应"语义抽象化、泛化为"相合、符合"义。如：

（53）行爵出禄，必当其位。（《吕氏春秋·孟夏纪·孟夏》）

（54）夫名多不当其实，而事多不当其用者，故人主不可以不审名分也。（《吕氏春秋·审分览·审分》）

（55）功当其事，事当其言，则赏；功不当其事，事不当其言，则罚。故群臣其言大而功小者则罚，非罚小功也，罚功不当名也。（《韩非子·二柄》）

语义泛化、抽象化表现为两个方面，一是A与B可以不属于同一具体范畴，如"行爵出禄"与"位"，"名"与"实"，"事"与"用"，"功"与"事"，"事"与"言"等，使用范围扩大。二是A与B语义的抽象化，与上面例句中"百亩""上卿""小国之君"等表具体的名词或名词短语相比，"名""实""事""用"等是抽象名词。

有时其至前面的名词性词语 A 还可以隐去，如：

（56）凡君子之说也，非苟辨也，士之议也，非苟语也。必中理然后说，必<u>当</u>义然后议。（《吕氏春秋·孟秋纪·怀宠》）

（57）故辨而不<u>当</u>理则伪，知而不<u>当</u>理则诈，诈伪之民，先王之所诛也。（《吕氏春秋·审应览·离谓》）

（58）辨而不<u>当</u>论，信而不<u>当</u>理，勇而不<u>当</u>义，法而不<u>当</u>务，惑而乘骥也，狂而操"吴干将"也，大乱天下者，必此四者也。（《吕氏春秋·仲冬纪·当务》）

例（51）至例（55）中 A 当 B，A 不能省略。但是上面三例，A 没有出现，"当"理解为抽象的"符合"义。

（二）"符合"→"应当"

1. 演变过程

"当"从"符合"义衍生出"应当"义，是"当"后由名词性成分扩展为谓词性成分导致的语义变化。

关于"当"表"应当"义出现的时间，很多文献把《左传》中的这例作为"当"表"应当"义的早期用例。即：

（59）王闻之，召武子曰："季氏！而弗闻乎？王享有体荐，宴有折俎。公<u>当</u>享，卿<u>当</u>宴。王室之礼也。"（《左传·宣公十六年》）

王继红、陈前瑞（2015）认为"当"后"享、宴"是"享礼"与"宴礼"，是指称性成分，本书认可这种观点。"当"在句中是谓语中心语，表"符合"义，义为"公符合享礼，卿符合宴礼"。如果"享、宴"理解为动词，那么这个例句就可以重新分析，这恰好说明"当"从"符合"衍生出"应当"义是由名词性成分扩展为谓词性成分导致的语义变化。am

"当"后接谓词性成分始见于战国时代。如：

（60）且夫赵<u>当</u>亡而不亡，秦<u>当</u>霸而不霸，天下固以量秦之谋臣一矣。（《韩非子·初见秦》）

"赵当亡而不亡，秦当霸而不霸"，既可以理解为"赵国符合亡国的条件而没有亡国，秦国符合称霸的条件而没有称霸"，"当"表"符合"义；也可以理解为"赵国应当被灭亡而不亡，秦国应该称霸而不霸"，"当"表"应当"义。

再如：

（61）臣闻不知而言不智，知而不言不忠，为人臣不忠<u>当</u>死，言而不当亦<u>当</u>死。虽然，臣愿悉言所闻，唯大王裁其罪。（《韩非子·初见秦》）

"为人臣不忠当死，言而不当亦当死"，义为"为人臣不忠符合死刑，言而不当也符合死刑"，符合死刑就应该被处死，即"为人臣不忠，人臣应该被处以死刑，言而不当的人也应该被处死"，"当"表"应当"义。

"当"表典型"应当"义，出现在西汉。如：

（62）王曰："追而不及，不<u>当</u>伏罪，子其治事矣。"石奢曰："不私其父，非孝子也；不奉主法，非忠臣也。王赦其罪，上惠也；伏诛而死，臣职也。"遂不受令，自刎而死。（《史记·循吏列传》）

"不当伏罪"，用在祈使句中，主语为第二人称，说话人直接指令，说话人王对受话人臣子石奢有权威，动词"伏"为自主动词。

"当"从"符合"义衍生出"应当"义，主要是句法上"当"后由名词性成分扩展为谓词性成分导致的语义变化。王继红、陈前瑞（2015）指出礼法的语境强化了"当"的义务义，即强制"当"后动作实施的必要性，我们认可这种看法。

2. 类别

"当"表"应当"主要分为"施为类"、"评价类"。

施为类：

（63）晏子使楚，以晏子短，楚人为小门于大门之侧而延晏子，晏子不入，曰："使狗国者，从狗门入；今臣使楚，不<u>当</u>从此门入。"傧者更道从大门入，见楚王。（《晏子春秋·内篇杂下》）

（64）高乃谏二世曰："天子无故贼杀不辜人，此上帝之禁也，鬼神不享，天且降殃，<u>当</u>远避宫以禳之。"二世乃出居望夷之宫。（《史记·李斯列传》）

"不当从此门入"，晏子出使楚国，因身材矮小或其他原因楚国让晏子从小门去见楚王。晏子不愿从小门入，故曰：出使狗国，从狗门入，臣出使楚国，不应当从此门入。言者的言语行为的目的是告诉听者他不走小门，后文中接着说傧者改道带晏子从大门入，强调了"不走小门"的动作的实现。"当远避宫以禳之"，赵高劝谏二世，因天子无故残杀无辜人，这是上帝禁止的，鬼神不会享受祭祀，上天还会降灾，应当远避皇宫来祈祷消灾。言者赵高的言语行为目的是建议二世去实施离开皇宫的行为。后文接着说"二世乃出居望夷之宫"，强调了"远避宫"动作的实施。

评价类：

（65）汉王数项羽曰："始与项羽俱受命怀王，曰先入定关中者王之，项羽负约，王我于蜀汉，罪一。秦项羽矫杀卿子冠军而自尊，罪二。项羽已救赵，<u>当</u>还报，而擅劫诸侯兵入关，罪三。……吾以义兵从诸侯诛残贼，使刑余罪人击杀项羽，何苦乃与公挑战！"（《史记·高祖本纪》）

（66）会武帝年老长，而太子不幸薨，未有所立，而旦使来上书，请身入宿卫于长安。孝武见其书，击地，怒曰："生子<u>当</u>置之齐鲁礼义之乡，乃置之燕赵，果有争心，不让之端见矣。"于是使使即斩其使者于阙下。（《史记·三王世家》）

（67）丞相奏事，因言错擅凿庙垣为门，请下廷尉诛。上曰："此非庙垣，乃堧中垣，不致于法。"丞相谢。罢朝，怒谓长史曰："吾<u>当</u>先斩以闻，乃先请，为儿所卖，固误。"（《史记·袁盎晁错列传》）

如"项羽已救赵，当还报，而擅劫诸侯兵入关，罪三"，"还报"这个动作，汉王认为项羽在救赵之后应马上实施，也就是在说话时间前应该完成。那么应该在说话之前实施的动作，言者言之目的为何？是让听者以后再实施？从文中来看，显然不是。汉王言，项羽你已救赵，应当还报，而你却擅自劫诸侯兵入关，是第三大罪状。汉王的言语行为目的不是强调动作行为的完成，而是对项羽作出与其作为臣子身份不合的动作行为的评价，强调项羽的罪过。

（三）"应当"→"认识盖然"

"当"表"认识盖然"义，典型语例出现在西汉。如：

（68）此病疽也，内发于肠胃之间，后五日<u>当</u>臃肿，后八日呕脓死。（《史记·扁鹊仓公列传》）

（69）乃弃其步军，与其轻锐倍日并行逐之。孙子度其行，暮<u>当</u>至马陵。（《史记·孙子吴起列传》）

（70）终日，扁鹊仰天叹曰："夫子之为方也，若以管窥天，以郄视文。越人之为方也，不待切脉望色听声写形，言病之所在。闻病之阳，论得其阴；闻病之阴，论得其阳。病应见于大表，不出千里，决者至众，不可曲止也。子以吾言为不诚，试入诊太子，<u>当</u>闻其耳鸣而鼻张，循其两股以至于阴，<u>当</u>尚温也。"（《史记·扁鹊仓公列传》）

（71）渡河，船人见其美丈夫独行，疑其亡将，要中<u>当</u>有金玉宝器，目之，欲杀平。（《史记·陈丞相世家》）

（72）齐中御府长信病，臣意入诊其脉，告曰："热病气也。然暑汗，脉少衰，不死。"曰："此病得之<u>当</u>浴流水而寒甚，已则热。"（《史记·扁鹊仓公列传》）

"当"表"认识盖然"义，表示说话人对命题真实性的推断。"后五日当臃肿"，是医生根据病人的状况，以及医学知识等作出的推断。"暮当至马陵"，是孙子根据其行走速度等，作出"日暮行走到马陵"的推断。这两例是说话人对未然事件的推断。

"试入诊太子，当闻其耳鸣而鼻张，循其两股以至于阴，当尚温也"，说话人没有看到患者太子的情况，根据自己的经验推断，如果尝试去诊断太子的症状，一定会听到他（太子）耳鸣而鼻张，其两股以至于阴处，一定还有体温。"要中当有金玉宝器"，说话人船夫推断美丈夫腰中会有金玉宝石。这两例是对已然事件的推断。

"此病得之当浴流水而寒甚"，这是回溯推理，是一种由果溯因的推理，是说话人对病因的推理。

句法上，从主语来看，"当"表"认识盖然"义，主语可以是有生主语，如"暮当至马陵"中主语是省略的骑马的人，可以是无生主语，如"循其两股以至于阴，当尚温也"，主语承前省的"两股以至于阴处"是无生主语。"当"表"应当"义，典型的"施为类"和"评价类"，主语一般是有生的人。

从"当"后动词来看，"当"表"认识盖然"义，后可接可控行为动词，也可以接非行为动词，如"当尚温也"中"温"是静态动词。"当"表"应当"义，典型的"施为类"和"评价类"，"当"后的动词一般是可控行为动词。

从语义指向来看，"当"表"认识盖然"义，语义指向说话人；"当"表"应当"义，语义指向"当"后动作的施事，一般是句首的主语。

"当"从判断类"应当"演变为"认识盖然"义，演变首先发生在未然性的占卜语境。未然语境，说话人对情况不确知，表达说话人的预测或推断。如：

（73）媪之许负所相，相薄姬，云当生天子。（《史记·外戚世家》）

"云当生天子"，根据命相薄姬应该生天子，"当"表示事理上应该如此，表"应当"义。这是在未然语境中，说话人许负对情况不确知，同时对受话人没有权威性，凸显说话人的一种预测，预测薄姬会生天子，"当"表"认识盖然"义。

再如：

（74）若言离法而行远功，则绳外民也，二君又何礼之，礼之当亡。（《韩非子·外储说左上》）

这是虚拟语境，虚拟语境是非现实的，说话人对礼遇言离法而行远功的绳外民的结果是未确知的，同时，说话人对受话人"国家"没有指令性，凸显说话人的推断，说话人认为"礼遇他们（国家）会灭亡"，"当"表"认识盖然"义。

说话人根据现实情况预测，凸显"当"的推断义。如：

（75）或说王曰："先吴军起时，彗星出长数尺，然尚流血千里。今彗星长竟天，天下兵当大起。"（《史记·淮南衡山列传》）

（76）臣意告永巷长曰："竖伤脾，不可劳，法当春呕血死。"（《史记·扁鹊仓公列传》）

"天下兵当大起"，是说话人根据"彗星长竟天"的现象，推断"天下兵战会大兴"。"法当春呕血死"，医生作为说话人根据病人竖伤脾，推断她会春呕血死。这两个例虽然仍用在未然语境中，但"当"的"认识盖然"义凸显，"应当"义务义弱化。

"当"在已然语境中表"认识盖然"义是未然语境扩展而来。

三、"应"

以往对"应"的情态研究，主要成果有朱冠明（2008）、李明（2016）等。两者都侧重于"应"的道义和认识情态用法举例，李明（2016）归纳了其演变路径是"接受"→"符合"→"应该"（道义）→"认识盖然"，但未论述其演变过程。本书侧重于其演变过程的论述。

（一）"接受"→"符合"

"应"最初是"受"义，王引之《经义述闻》卷四"应保殷民"条考证指出：《广雅》"应，受也"。"应"与"受"经常连用，如例（78）（79），"应"与"受"同义，义为"接受"。如：

（77）已，汝惟小子，乃服惟弘王，应保殷民。（《尚书·康诰》）

（78）文王既勤止，我应受之，敷时绎思。（《诗经·周颂·桓》）

（79）生十年而丧先君，未及习师保之教训而应受多福，是以不德，而亡师于鄢；以辱社稷，为大夫忧，其弘多矣。（《左传·襄公十三年》）

（80）应公之赐，杀之黄泉，死且不朽。（《管子·小匡》）

当"应"后接"天"之类的权威性的名词为宾语，接受天命隐含着符合、顺应之意。如：

（81）付俾于四方，用应受天命，敷文在下。（《逸周书·祭公解》）

"应受天命"，接受天命隐含着顺应天命。

（82）大畜，刚健笃实辉光，日新其德，刚上而尚贤。能止健，大正也。不家食吉，养贤也。利涉大川，应乎天也。（《周易·大畜》）

"应乎天也"，既可理解为"受天"，也可以理解为"顺天"。再如：

（83）艺因伐用，是谓强转，应天顺时，时有寒暑，风雨饥疾，民乃不处，移散不败，农乃商贾。（《逸周书·大明武解》）

"应天顺时"，"应"与"顺"连用，理解为顺应天时。在此基础上发展为"符合"义，战国时代就已出现。如：

（84）翾飞兮翠曾，展诗兮会舞。应律兮合节，灵之来兮蔽日。（《楚辞·东皇太一》）

（85）曲者中钩，直者应绳。（《庄子·马蹄》）

两汉时语例增多。如：

（86）人主立于生杀之位，与天共持变化之势，物莫不应天化，天地之化如四时，所好之风出，则为暖气，而有生于俗；所恶之风出，则为清气，而有杀于俗；喜则为暑气，而有养长也；怒则为寒气，而有闭塞也。（西汉·董仲舒《春秋繁露·王道通三》）

（87）时或咸苦酸淡不应口者，犹人芍药失其和也。（东汉·王充《论

衡·状留篇》)

（88）夫比不应事，未可谓喻；文不称实，未可谓是也。（《论衡·物势篇》）

（89）或能陈得失，奏便宜，言应经传，文如星月。（《论衡·效力篇》）

（90）论说之出，犹弓矢之发也；论之应理，犹矢之中的。（《论衡·效力篇》）

（91）常应法律而无轻失。（《佛说成具光明定意经》）

（二）"符合"→"应当"

1. 演变过程

"应"从"符合"义到"应当"义，是"应"后由名词性成分扩展为谓词性成分导致的语义变化。

"应"后接谓词性词语始见于东汉，主要出现在东汉佛经中。如：

（92）于是太子，即回车还，斋思不食。王问其仆，太子又出，意岂乐乎。仆言，行见沙门，倍更忧思，不向饮食。王闻大怒，举手自击，前敕修道，复令太子辄见不祥，罪应刑戮。（《修行本起经·试艺品》第三）

（93）又凡民臣奴婢，皆得生于天，长于地，得见养理于帝王。以此三事为命，无此三事，则无缘行生长自养理也。而反下皆共欺其上，共无知天与地，使帝王无聪明闭塞，罪皆应万死，尚复有余罪，何其重也？（东汉·于吉《太平经》卷八十六）

"罪应刑戮"，义为"罪刑符合刑戮"，"应"表"符合"义；隐含着"犯此罪之人应该受到刑戮"，"应"表"应当"义。"罪皆应万死"，义为"罪过符合死"，"应"表"符合"义；隐含着"欺上、无知天地、使帝王无聪明闭塞的民臣奴婢应该受到万死之惩罚"，"应"表"应当"义。

再如：

（94）二十二年，立太子，以勋为中庶子。徙黄门侍郎，出为魏郡西部都尉。太子郭夫人弟为曲周县吏，断盗官布，法应弃市。（西晋·陈寿《三国志·崔毛徐何邢鲍司马传》）

"法应弃市"，义为按照法律符合弃市之罪，因处罚的是人，隐含着太子郭夫人之弟因犯盗窃官布之罪，应该受到弃市的处罚。

上面三例"应"的主语是"罪、法"等,当"应"的主语是受话人,"应"表典型的"应当"义,最早出现在东汉佛经中。如:

(95)比丘<u>应当</u>学是佛说。(《佛说是法非法经》)

(96)<u>应</u>得不得,<u>应</u>解不解,<u>应</u>自知证不自知证,是为六菩菩种或时行者……<u>当</u>得不得,<u>当</u>解不解,<u>当</u>自知证不自知证,是为七菩菩种或时行者。(《长阿含十报法经》)

"比丘应当学是佛说","应"与"当"同义连用,主语"比丘"是"应当"动作的施事,说话人"高僧"直接指令,说话人"高僧"对受话人"比丘"有权威,动词"学"为自主动词。"应得不得,应解不解,应自知证不自知证","应"出现在习语化的环境中,说明"应"表"应当"义已经常态化。

2. 类别

"应"表"应当"义在东汉和六朝主要有"施为类"和"判断类"。

施为类:

(97)若是如有知便所法不<u>应</u>念便不念,所<u>应</u>念法便念。(《佛说一切流摄守因经》)

(98)十七为不作者亦不<u>应</u>作。(《佛说普法义经》)

(99)设使闻佛法教,不<u>应</u>除尘垢,亦不得道眼。(《佛说七处三观经》)

(100)设扁鹊亦一切良医并祠祀尽会,亦不能愈是,便医意念,是病痛命求绝,<u>应当</u>避已,便告家中人言。(《修行道地经》)

(101)一者不<u>应</u>行强披袈裟,二者身不自持戒。(《佛说遗日摩尼宝经》)

(102)是其人<u>应当</u>并出,贤知并来,神书并至,奇方自出,皆令欢喜,即其人也。(东汉·于吉《太平经》卷八十三)

"应"在这些佛经中,大部分是佛作为权威个体,指示信徒应该或者不应当实施某一动作或行为。"施为类"的"应"是典型道义类,主语是人,一般是"应"后动作的实施者,否定词位于"应"之前,"应"后动词是可控行为动词。

判断类:

(103)我寿命未<u>应</u>死,但服药太多,伤我五脏耳。今当复活,慎无葬

也。（东晋·干宝《搜神记》卷十五）

（104）我本应堕龙中（广记引作狱中），支和尚为我转经，昙护昙坚迎我上第七梵天快乐处矣。（《古小说钩沉·冥祥记》）

（105）吾寿命久尽，早应过世，赖比岁来敬信佛法，放生布施，以此功德，延驰数年耳。（《古小说钩沉·冥祥记》）

（三）"应当"→"认识盖然"

"应"表"认识盖然"义，东汉语例零星，六朝增多。如：

（106）人中于寒，饮药行解，所苦稍衰；转为温疾，吞发汗之丸而应愈。（东汉·王充《论衡·寒温篇》）

（107）大元中，临海有李巫，不知所由来，能卜相作水符，治病多愈，亦礼佛读经。……便指北山曰："后二十日，此应有异事彰也。"（《古小说钩沉·幽明录》）

（108）时婆罗门子即见毒龙，毒遍全身，命即欲断。……父到儿所，而作是言："我子从来无害心者，此毒应消。"（《杂宝藏经，4/481b》）

（109）废帝时，王景文领选，谓子勋典签沈光祖曰："邓琬一旦为长史行事，沈伯玉先帝在蕃口佐，今犹不改，民生定不应佳。"（南朝梁·沈约《宋书·自序列传》）

（110）略计华州一车，官酬绢八匹三丈九尺，别有私民雇价布六十匹；河东一车，官酬绢五匹二丈，别有私民雇价布五十匹。自余州郡，虽未练多少，推之远近，应不减此。（北齐·魏收《魏书·食货志》）

（111）经三年，希曰："玄石必应酒醒，宜往问之。"（东晋·干宝《搜神记》卷十九）

上面例句中，前三例是说话人对未然事件的推断，后三例是对已然事件的推断。句法上，从主语来看，"应"表"认识盖然"义，主语可以是有生的，也可以是无生的，如"此毒应消"中"此毒"是无生主语；"应"表"应当"义，主语一般是有生的人。从"应"后动词来看，"应"表"认识盖然"义，动词可以是可控行为动词，也可以是非行为动词，如"民生定不应佳"中，"佳"是非行为动词，是静态动词；"应"表"应当"义，典型"施为类"的"应"后动词一般是可控行为动词。从否定词的位置来看，"应"表"认识盖然"义，否定词可以位于"应"之前，也可以位于"应"之后，如"应不减此"；"应"表"应当"义，否定词一般位于"应"之前。从语义指向来看，"应"表"认识盖然"义，语义指向说话人；"应"表"应当"义，"应"指向施事主语。

"应"从"应当"义演变为"认识盖然"义，也产生于未然与虚拟语境。如：

（112）桓恭为桓安民参军，在丹徒所住廨，床前一小陷穴，详视是古墓，棺已朽坏。桓食，常先以鲑饭投穴中，如此经年。后眠始觉，见一人在床前，云："我终没以来，七百余年，后绝嗣灭，烝尝莫继。君恒食见播及，感德无已，依君籍，当<u>应</u>为宁州刺史。"后果如言。（《古小说钩沉·幽明录》）

"当<u>应</u>为宁州刺史"，说话人是埋在古墓的人，受话人是桓恭，桓恭经常将鲑饭投墓穴中，桓恭对埋在古墓的人有恩，即受话人是说话人的恩人。说话人对受话人没有权威性，其指令性减弱，在未然语境中凸显其预测义，即凸显"认识盖然"义。如果说话人是皇帝或其他权威人，"当应为宁州刺史"，指令性增强，就凸显强制施事实施"应"后动作行为。

再如：

（113）人有相羊祜父墓，后<u>应</u>出受命君。祜恶其言，遂掘断墓后，以坏其势。相者立视之曰："犹<u>应</u>出折臂三公。"俄而祜坠马折臂，位果至公。（南朝宋·刘义庆《世说新语·术解》）

"后应出受命君"，"犹应出折臂三公"，说话人是算命先生，受话人是羊祜，说话人对受话人也没有权威性，同样指令性减弱，在未然语境中凸显说话人预测义。

下面这个例句，"应"的预测义进一步增强。如：

（114）往者曰："男也。名为奴。当与十五岁。""后<u>应</u>以何死？"答曰："<u>应</u>以兵死。"仲举告其家曰："吾能相此儿当以兵死。"父母惊之，寸刃不使得执也。至年十五，……凿从梁落，陷脑而死，……仲举闻之，叹曰："此谓命也。"（东晋·干宝《搜神记》卷十九）

"应"的主语为无生主语时，或"应"后接非行为动词时，"应"表典型的"认识盖然"义。如：

（115）伤寒脉迟，六七日，而反与黄芩汤彻其热。脉迟为寒，今与黄

芩汤，复除其热，腹中<u>应</u>冷，当不能食；今反能食，此名除中，必死。（东汉·张仲景《伤寒论》卷十二）

（116）救自缢死，旦至暮，虽已冷，必可治；暮至旦，小难也，恐此当言阴气盛故也。然夏时夜短于昼，又热，犹<u>应</u>可治。（东汉·张仲景《金匮要略方论》第二十三）

（117）伤寒有热，少腹满，<u>应</u>小便不利。（《伤寒论》卷三）

（118）恭从会稽还，王大看之，见其坐六尺簟，因语恭："卿东来，故<u>应</u>有此物，可以一领及我。"（南朝宋·刘义庆《世说新语·德行》）

"应"在已然语境中表推断，是从未然语境扩展而来。

根据李明（2016）的考察，唐代"应"前还出现了加认知动词"计、算、想、料"的情况，这类"应"全部表认识情态。如：

（119）女即使闻周氏教，儿还教念百家诗。<u>算应</u>未及甘罗贵，早被无常暗里追。（《敦煌变文集·左街僧录大师压座文》）

（120）却恐为使不了，辱着世尊，弟子尚自如斯，师主<u>想应</u>不然。（《敦煌变文集·维摩诘经讲经文》）

（121）兽头浑是可憎儿，国内<u>计应</u>无比并，若论此女形貌相，长大将身娉阿谁。（《敦煌变文集·金刚丑女因缘》）

（122）祇园会里谈真教，能问慈尊是阿谁，<u>算料</u>别人<u>应</u>不敢，莫过长者须菩提。（《敦煌变文集·金刚般若波罗蜜经讲经文》）

四、"合"

以往对"合"的情态语义演变研究，主要成果有张海媚（2015、2017）、李明（2016）。两位学者均指出"合"由"符合"演变为道义情态，但是对其演变过程未能具体论述。通过重新查阅相关语料，本书认为"合"的演变路径可概括为"合拢"→"符合"→"应当"→"认识盖然"，下面具体论述其演变过程。

（一）"合拢"→"符合"

"合"，甲骨文作 ，徐中舒《甲骨文字典》云："象器盖相合之形。"《说文解字·亼部》云："合，合口也。从亼，从口。"器盖相合与唇闭口合，均表示"二物相合形"（吴庆峰2008）。据此可知，"合"的本义是"合拢"，与"开"相对。如：

（123）公孙龙口呿而不合，舌举而不下，乃逸而走。（《庄子·秋水》）

（124）蚌方出曝，而鹬啄其肉，蚌合而拑其喙。（《战国策·燕策二》）

后语义抽象化、泛化为"符合"义。如：

（125）人主将欲禁奸，则审合刑名者，言异事也。（《韩非子·二柄》）

（126）虚无恬惔，乃合天德。（《庄子·刻意》）

（127）凡言不合先王，不顺礼义，谓之奸言；虽辩，君子不听。（《荀子·非相》）

（128）博闻强志，不合王制，君子贱之。（《荀子·解蔽》）

"审合刑名"指的是"审察刑与名是否相合"；"虚无恬惔，乃合天德"即"虚无恬惔符合天德"；"言不合先王"即"言论不符合古代帝王的思想"；"不合王制"即"不符合圣王的制度"。从"合拢"义演变为"符合"义，其演变机制是隐喻。由具体二物合拢的"相合"隐喻投射到抽象的名词之间的"相合"。值得注意的是，上面例句中的抽象名词，涉及的是道德、规则等，如"天德""先王""王制"。再如：

（129）且吾以宋卫为主，齐秦辅我，我合天道，独以人事固将胜之矣。（西汉·刘向《说苑·权谋》卷十三）

（130）呜呼悲哉！世有明于事情，不合于人心者；有合于人心，不明于事情者。（《说苑·杂言》卷十七）

（131）德合天地者称帝，仁义合者称王，别优劣也。（东汉·班固等《白虎通义》卷一）

（132）今己所言，不合于礼义，君欲罪之，可得也。（东汉·班固等《白虎通义》卷四）

"天道""人心""德""礼仪"等属于道德规范、礼仪制度等，其语境与道义情态的语境相合，为其演变创造了条件。

（二）"符合"→"应当"

1. 演变过程

"符合"与"应当"语义关系密切，"合"后接谓词性词语，表"符合"实施某个动作，隐含着从情理上"应当"实施这个动作。如：

（133）此妇无状，而教充离间母兄，罪<u>合</u>遣斥。（南朝宋·范晔《后汉书·独行列传》）

（134）固之过衅，事<u>合</u>诛辟。（《后汉书·李杜列传》）

"罪合遣斥"，此妇行为失检，让充（其丈夫）离间母兄，其罪刑符合斥逐，隐含着从情理上此妇应该被斥逐。同样，"事合诛辟"，即固所犯之罪，符合诛辟，隐含着从情理上（固）应当被诛辟。

当"合"的主语不是"罪、事"等，而是"合"后动作的施事或受事，"合"后不是罪名，而是具体的动作行为时，"合"表"应当"义，始见于六朝。如：

（135）司空言曰："原杀鸜鹆之痛，诚<u>合</u>治杀，不可以禽鸟故，极之于法。"令止五岁刑也。（南朝宋·刘义庆《幽明录》）

（136）臣愚以为宜如旧制，不<u>合</u>翻移。（南朝宋·范晔《后汉书·宣张二王杜郭吴承郑赵列传》）

"诚合治杀"中，"合"后谓词"治杀"不是具体的罪刑或罪名，而是具体的动作，义为确实应该治杀（主典人）。"不合翻移"，即"不应该翻移"。

2. 类别

"合"表"应当"义，分为"施为类"、"评价类"、"判断类"。

施为类：

（137）爰参议，皇太子期服内，不<u>合</u>作乐及鼓吹。（南朝梁·沈约《宋书·礼志二》）

（138）今歆继后南丰，彼此俱为列国，长沙、南丰，自应各告其祖，岂关太庙？事非始封，不<u>合</u>临轩。（南朝梁·沈约《宋书·礼志四》）

（139）而黄巾为害，萍浮南北，复归邦乡。入此岁来，已七十矣。宿素衰落，仍有失误，案之礼典，便<u>合</u>传家。（南朝宋·范晔《后汉书·郑玄传》）

评价类：

（140）是岁，有司奏，和、安、顺、桓四帝无功德，不宜称宗，又恭怀、敬隐、恭愍三皇后并非正嫡，不<u>合</u>称后，皆请除尊号。（《后汉书·寿献帝纪》）

判断类：

（141）须叟更检，检出，捧呈官云："更有十八年合在人间。"（唐·谷神子《博异志·郑洁》）

（142）净能便对皇帝书符，吹向空中，当时化为神，便乃升天；又书符牒问地府。须叟天曹地府同报曰："皇后此生不合有子。"（《敦煌变文集·叶净能诗》）

（三）"应当"→"认识盖然"

"合"表"认识盖然"义六朝出现零星用例，唐代语例较多。六朝的例子李明（2016）已引用。

（143）文王出游猎，占曰："今日猎得一狩，非龙，非螭，非熊，非罴，合得帝王师。"（东晋·干宝《搜神记》卷八）

（144）管辂至平原，见颜超貌主夭亡。颜父乃求辂延命。辂曰："子归，觅清酒鹿脯一斤，卯日，刈麦地南大桑树下，有二人围位，次但酌酒置脯，饮尽更斟，以尽为度。若问汝，汝但拜之，勿言，必合有人救汝。"（《搜神记》卷三）

（145）希惊曰："酒之美矣，而致醉眠千日，今合醒矣。"（《搜神记》卷十九）

（146）尊师曰："此虽然，腰腹间已合有异。"令不疑命刀劈之，腰颈间果有血，浸润于木矣，遂焚之。（唐·谷神子《博异志·张不疑》）

（147）太子是出世之尊，不是凡人之数。大王今若不信，城南有一泥神，置世已来，人皆视验。王疑太子魍魉，但出亲验神前。的是鬼类妖精，其神化为凝血，若不是精奸之类，只合不动不变。（《敦煌变文集·八相变一》）

"合得帝王师"，"必合有人救汝"，表示说话人对未然事件的推断。"今合醒矣"，"腰腹间已合有异"，表示说话人对已然事件的推断。"若不是精奸之类，只合不动不变"，表示说话人对虚拟情况的推断。

句法上，"合"表"认识盖然"义，管辖范围是整个小句，可以位于句首，如"合得帝王师"。否定副词位于"合"之后，如"只合不动不变"。主语可以是有生的，也可以是无生的，如"腰腹间已合有异"，主语"腰腹间"是无生主语。"合"后可接非可控动作行为，如"腰腹间已合有异"中

"有异"。

"应"从"应当"义到"认识盖然"义，重新分析的语例如：

（148）吉甫，贤父也，伯奇，孝子也，以贤父御孝子，合得终于天性，而后妻闲之，伯奇遂放。（南朝·颜之推《颜氏家训·后娶》）

"以贤父御孝子，合得终于天性"，以贤父对待孝子，从事理上（他们）应该能够一直父慈子孝，"合"表"应当"义；也可以理解为说话人推断（他们）会一直父慈子孝，"合"表"认识盖然"义。

再如：

（149）荣退曰："夫人不信，荣不敢言。使君命合有三妇，若不更娶，于夫人不祥。"（唐·张鷟《朝野佥载》卷一）

"使君命合有三妇"，从命理上，"使君应该娶三个媳妇"，"合"表"应当"义；但是说话人对受话人没有权威，指令性减弱，凸显其预测义，义为"使君会娶三个媳妇"，"合"表"认识盖然"义。

"合"的这种在未然语境中的预测义，随着使用的增加不断固化。如：

（150）汝缘年少，或若治国不得，有人夺其社稷者，汝但避投南阳郡，彼先有受恩之人，必合救汝。（《敦煌变文集·前汉刘家太子传》）

（151）汝莫归家，但取你亲阿娘坟墓去，必合见阿娘现身。（《敦煌变文集·舜子变》）

这两例中，"合"后动作行为"救汝""见阿娘现身"，是受话人不可控的动作行为，"合"表"认识盖然"义凸显。

本节小结

本节论述"该、当、应、合"之"认识盖然"义的来源及演变路径。

"该"的演变路径为："兼备"→"符合"→"应当"→"认识盖然"。"当"的演变路径为："对应、相当"→"符合"→"应当"→"认识盖然"。"应"的演变路径为："接受"→"符合"→"应当"→"认识盖然"。"合"的演变路径为："合拢"→"符合"→"应当"→"认识盖然"。

从"符合"到"应当"，演变的关键是"该、当、应、合"后宾语由名词性成分扩展为谓词性成分导致的语义变化。"该、当、应、合"表"符合"义，是动词，充当谓语中心语。当"该、当、应、合"后接谓词性成分，句中就有两个谓词性成分，后一谓词是表义焦点，使得"该、当、应、合"述谓性减弱，情态性增强，句法上由动词降级为助动词。语义上，"符合"做某事，隐含着"应当"实施某个动作行为。"该、合"表"应当"义，分为三类：施为类、评价类、判断类。"当"表"应当"义分为两类：施为类、评价类。"应""表"应当"义"分为两类：施为类、判断类。典型的"施为类"，句法上，主语是［＋有生］的，一般是人；"该、当、应、合"后的动词是［＋自主］［＋可控］的；时态是将来的；语力来源是权威说话人或法律、道德、习俗等社会规范，对说话人具有约束控制力。

从"应当"义演变为"认识盖然"义，演变的机制是转喻推理。"该、当、应、合"表"应当"义，表示应当实施某个动作行为，这个动作行为尚未实施，也就隐含着有可能实施这个动作行为。"该"在典型的"施为类应当"中，强调动作行为实施的指令性与必要性。其演变的关键是在未然性的占卜性语境中，这类语境含有弱的命理或事理的义务义，但是说话人对受话人没有权威性，说话人的指令性弱化，在未然语境中凸显其预测义。说话人的这种预测义即"认识盖然"义随着使用增加逐渐固化，"应该"义逐渐弱化脱落。伴随的是"该"的使用范围扩大，句法上由有生主语扩展为无生主语，"该"后的动词由可控行为动词扩展为非行为动作，由未然语境扩展为已然语境。

第二节 "大约、大概、大抵"

"大概、大约"是现代汉语中常见的认识情态词。如：

（1）柜子里大约还有一点吃的，你去拿吧。（张斌《现代汉语虚词词典》）

（2）已经十点了，他大概不会来了。（吕叔湘《现代汉语八百词》）

例句中"大约"、"大概"表示言者对某一情况的推断，介于"可能"与"必然"之间，本书称为"认识盖然"。"大概、大约"表"认识盖然"义是由其"概量（大量）"义衍生而来。除"大概、大约"外，还有一些表"概量（大量）"的范围副词，如"大抵、大半、多半"，均衍生出"认识盖然"义。

"概数（大量）"到"认识盖然"的语义演变，目前研究成果较少。Bybee, Perkins & Pagliuca（1994）从历时角度跨语言探讨了情态的语义来源与演变路径，Van der Auwera &Plungian（1998）构建情态语义地图，均没有构建"数量"到认识情态的演变路径。范晓蕾（2012a）基于汉语方言构建汉语认识情态语义地图，构建了"大比例/大部分→认识情态"演变路径。董正存（2017）以"多半"为例，较详细地论证了从"约量"到认识情态的演变路径和机制。胡静书（2018）以"大概、大约"为例，证实汉语中存在"约量→认识情态"的语义演变，但是对演变过程与机制论述较简略。

有些问题值得进一步探讨：第一，"大概、大约"在现代汉语中，是比"多半"更常用的表"认识盖然"义的词，有必要对其演变过程与机制进行进一步探讨。第二，许多词表认识情态是从对未然事件的推断扩展到已然事件的推断，如从道义情态到认识情态等。而"大约、大概"是由对已然事件的推断扩展到未然事件的推断，为什么？本书结合已有的研究成果及语言事实，系统地研究"大约、大概、大抵"等词，回答以上问题。

一、"大约"

（一）"大"与"约"

1. "大"

"大"，《汉语大词典》云："在体积、面积、数量、力量等方面超过一般或超过所比较的对象，跟'小'相对。"根据认知语言理论具体到抽象的衍生规则，"大"最初应该是"体积、面积"等空间大，再扩展到其他抽象领域。如：

（3）二公命邦人，凡大木所偃，尽起而筑之。（《尚书·金滕》）

（4）鲁人三郊三遂，峙乃刍茭，无敢不多；汝则有大刑。（《尚书·费誓》）

"大"分别修饰名词"木""刑"，"大木"之"大"表空间大，"大刑"之"大"表强度大，是形容词。后扩展为修饰谓词性成分，如：

（5）壬戌，大败宋师，以报其入郑也。（《左传·隐公十一年》）

进一步虚化为范围副词，表"大部分、大体"义。如：

（6）郦山事大毕，今释阿房宫弗就，则是章先帝举事过也。（西汉·司马迁《史记·秦始皇本纪》）

（7）吾贾人往市之身毒，身毒在大夏东南可数千里。其俗土著，大与大夏同，而卑湿暑热云。（《史记·大宛列传》）

（8）时已昏，汉匈奴相纷挐，杀伤大当。（《史记·卫将军骠骑列传》）

2. "约"：缠束/约束→简约/概括→估量

"约"，《说文》云："缠束也。""约"表"缠束"义在春秋时代已出现。如：

（9）约之阁阁，椓之橐橐。（《诗经·小雅·斯干》）

（10）尽借邑人之车，锲其轴，麻约而归之。（《左传·定公九年》）

"约之阁阁"，即"缠束筑墙板（发出）阁阁声"；"麻约"，即"用麻绳缠束"。这两例中"约"是"缠束"义，表具体动作行为。

引申为较抽象的"约束"义。如：

（11）君子博学于文，约之以礼，亦可以弗畔矣夫。（《论语·颜渊》）

（12）人主之道，静退以为宝；不自操事而知拙与巧，不自计虑而知福与咎。是以不言而善应，不约而善增；言已应则执其契，事已增则操其符。（《韩非子·主道》）

"约之以礼"，即"用礼来约束自己"；"不约"，即"（人主）不约束（臣下）"。这两例中"约"表"约束"义，即用无形的法律、道德规范等来约束。从"缠束"到"约束"，是"约"后的宾语由具体名词扩展为抽象名词，语义泛化抽象化的结果。

"约"在战国时代出现了"简约/概括"义。如：

（13）善歌者，使人继其声；善教者，使人继其志。其言也约而达，微而臧，罕譬而喻，可谓继志矣。（《礼记·学记》）

（14）礼乐法而不说，诗书故而不切，春秋约而不速。（《荀子·劝学》）

（15）推礼义之统，分是非之分，总天下之要，治海内之众，若使一人。故操弥约，而事弥大。（《荀子·不苟》）

"约"之"简要、简略"义，主要针对言语、文章、方法等抽象事物性状的描绘，是形容词。"简要、简略"与"详繁"相对，指言语数量少、文章内容精简、操作步骤少、方法简单。

"约"从"缠束、约束"到"简约、概括",是动作到性状的演变。当某个事物处于"缠束、约束"的动作中,对具体事物进行缠束,其结果是比被缠束的事物更紧更小;对抽象事物进行缠束,如对言语进行约束,言语就会变得简略概括。"简约、概括"正是其动作义"约束"导致的事物产生的性状结果。

六朝时"约"之"简约、概括"义用在动词之前充当状语。如:

(16)又略言公孙述、《蜀书》、咸熙以来丧乱之事,约取《耆旧》士女英彦,肇自开辟,终乎永和三年,凡十篇,号曰《华阳国志》。(晋·常璩《华阳国志·序志》卷十二)

(17)然本其为义,事在奖叹,所以古来篇体,促而不广,必结言于四字之句,盘桓乎数韵之词。约举以尽情,昭灼以送文,此其体也。(南朝·刘勰《文心雕龙·颂赞》)

"约取《耆旧》士女英彦",即"简略选取《耆旧》士女英彦","约"与"略"对举,表示不具体。"约举以尽情",即"简略表达情感"。

"约"在六朝时出现了"估量"义,主要有两种句法格式。

句式一:"约+数量"。如:

(18)疾者前入坐,见佗北壁县此蛇辈约以十数。(西晋·陈寿《三国志·华佗传》)

(19)《饵黄金法》,炼金内清酒中,约二百过,出入即沸矣,握之出指间,令如泥,若不沸,及握之不出指间,即削之,内清酒中无数也。(晋·葛洪《抱朴子·金丹》)

句式二:"约+V+数量"。如:

(20)折粟米法:取香美好谷脱粟米一石,勿令有碎杂。于木槽内,以汤淘,脚踏;泻去渖,更踏;如此十遍,隐约有七斗米在,便止。(北魏·贾思勰《齐民要术》卷九)

(21)言讫,忽不见,乃在一大陵松树下,约去虎丘三里许。(南朝·刘敬叔《异苑》卷六)

唐代语例增多。如:

(22)虏既全强,汉使半败,不觉在后,约损五百余人。(《敦煌变文集·

李陵变文》)

（23）远公出得寺门，约行百步以来，忽然腾空而去，莫知所在。（《敦煌变文集·庐山远公话》)

"约"表"估量"义，是副词，是对数量的估计，语义指向后面的数量成分。

"约"之"简约、概括"义具有［＋不精确］的语义特征，当"约"位于"（V）数量"前，［＋不精确］的语义特征凸显，表示对数量的不精确估计，从而虚化为表"估量"义的副词。

唐代以后"约"与认知揣测动词"计""算""估"等连用。如：

（24）河南府应供行营般粮草等车，准敕粮料使牒共雇四千三十五乘。每乘每里脚钱三十五文，约计从东都至行营所八百余里，钱二千八文。共给盐利虚估匹段。绢一匹，约估四千已上，时估七百文；紬一匹，约估五千，时估八百文。（《全唐文·为河南百姓诉车》卷六百五十一）

（25）一僧衣食，岁计约三万有余，五丁所出，不能致此，举一僧以计天下，其费可知。（《全唐文·删汰僧道议》卷四百四十五）

（26）诸国闻此，岂不得计？约算已西诸国，未敌我一两大州，可汗亦应先知，何烦遣尔为恶？（《全唐文·敕突骑施毗伽可汗书》卷二百八十六）

"约"后估量成分由数量范围扩展为空间范围。如：

（27）中有人烟鸡犬之候，寻声渡水，忽到一处，约在瓯闽之间，云古茶然之墟，有好田泉竹果药，连栋架险，三百余家。（《全唐文·仙游记》卷五百二十九）

后扩展为对其他范围的估量。如：

（28）其公廨田、官田、驿田等所税轻重，约与职田相似，亦是抑配百姓租佃，疲人患苦，无过于斯。（《全唐文·同州奏均田状》卷六百五十一）

这个语例中，"约"的语义指向与前面"约"位于"（V）数量"之前不同。"约"位于"（V）数量"之前，"约"语义指向后面的数量。此例中"约"语义指向前面的主语名词，即"廨田、官田、驿田等所税轻重"，义为"大部分/大体"。

（二）"大约"的词汇化及语法化

"大"与"约"连用最早出现在西汉，唐代以前语例极少，唐代使用频率增加，表"概量（大量）"义。如：

（29）若夫大变之应，<u>大约</u>以权决塞，因宜而行，不可豫形。（西汉·贾谊《新书·匈奴》）

（30）在大方中，又有七气方，<u>大约</u>与此大同小别耳。（东晋·葛洪《肘后备急方》卷四）

（31）自到广陵，并锺多垒，即亦招降草寇，救援临淮。<u>大约</u>昭灼功勋，不大于此数者。（《全唐文·切责高骈诏》卷七百六十七）

（32）若以叙人伦，正褒贬，则人皆知之，非独情至而称其制作也。<u>大约</u>公之习尚，敦古风，阅传记，硁硁然以此导引于人，以为其常。（《全唐文·唐右补阙梁肃文集序》卷四百八十）

上面例句中"大约"表"概量（大量）"义，所谓"概量（大量）"，是一个大比例的不精确量，通俗地说，就是"大部分、大体"义。如"若夫大变之应，大约以权决塞，因宜而行，不可豫形"，"大约"指的是"大变之应"中"大部分"。"大约"在句中充当状语，是范围副词。句法格式为："NP 大约 VP"或"大约 NPVP"。"大约"在句中语义指向 NP，回指 NP 中的大部分或大多数。"大约"表"概量（大量）"义，主要用在叙实语境中。

"大约"在唐代还出现了"估量"义。如：

（33）儿子叫欢郎，<u>大约</u>十多岁，容貌漂亮。（唐·元稹《莺莺传》）

（34）一行用勾股法算之，云："<u>大约</u>南北极相去才八万余里。"（唐·刘肃《大唐新语·记异》）

所谓"估量"，就是对数量的估计。如"大约十多岁"，"大约"表示对数量"十多岁"的估计。"大约南北极相去才八万余里"，"大约"后虽然位于小句句首，但是仍然是表对数量"八万余里"的估计。"大约"表"估量"义，"大约"语义指向后面的数量，是由"约＋数量"中"约"表"估量"义扩展衍生而来。

"大约"表"认识盖然"义，始见于宋代，宋元明语例较少，清代比较常见。宋代语例如：

（35）子闻韶音，学之三月，不知肉味。……三月，<u>大约</u>只是言其久，不是真个足头九十日，至九十一日便知肉味。（《朱子语类》卷三十四）

（36）器之问"严父配天"。曰："'严父'，只是周公于文王如此称才是，成王便是祖。此等处，尽有理会不得处。<u>大约</u>必是郊时是后稷配天，明堂则以文王配帝。孝经亦是凑合之书，不可尽信。但以义起，亦是如此。"（《朱子语类》卷八十二）

"三月，大约只是言其久，不是真个足头九十日，至九十一日便知肉味"，"大约"显然不是"大部分、大体"，而是说话人对"三月"如何理解的主观推断，说话人认为"三月很可能只是说很久"的意义，"大约"表"认识盖然"义。同样，"大约必是郊时是后稷配天，明堂则以文王配帝"，"大约"也是表说话人对"严父配天"的主观看法，认为很可能是"郊时是后稷配天，明堂则以文王配帝"。

"大约"表"认识盖然"义，可以用在回溯推理中。如：

（37）即以中国东、西、南、北相距，何止万里？而日、月、星、辰并无差谬，又何也？<u>大约</u>目所未见，语多矛盾，讹以传讹，吾未敢信也。（明·谢肇淛《五杂俎》卷二）

（38）好端端的，谁去跳井？我家从无这样事情，自祖宗以来，皆是宽柔以待下人。<u>大约</u>我近年于家务疏懒，自然执事人操克夺之权，致使生出这暴殄轻生的祸患。（清·曹雪芹《红楼梦》第三十三回）

（39）"西瓜往年都还可以，不知今年怎么就不好了。"贾政道："<u>大约</u>今年雨水太勤之故。"（《红楼梦》第七十五回）

由果溯因，如"大约目所未见，语多矛盾，讹以传讹"，是说话人对"中国东、西、南、北相距万里，日、月、星、辰并无差谬"的原因比较肯定的推断。"大约我近年于家务疏懒，自然执事人操克夺之权，致使生出这暴殄轻生的祸患"是说话人对"好端端的，谁去跳井"的原因比较肯定的推断。

上面例句"大约"均是对已然事件的推断，在清代"大约"可以表对未然事件的推断和在虚拟语境中表推断。如：

"大约"表对未然事件的推断。如：

（40）宝二爷倒没什么大病，<u>大约</u>再吃一剂就好了。（清·曹雪芹《红楼梦》第八十三回）

（41）二爷带了林姑娘同送林姑老爷灵到苏州，<u>大约</u>赶年底就回来。

（《红楼梦》第十四回）

（42）凤姐道："你还装什么呆？你难道不知道林姑爷升了湖北的粮道，娶了一位继母，十分合心合意。如今想着你搁在这里，不成事体，因托了贾雨村作媒，将你许了你继母的什么亲戚，还说是续弦，所以着人到这里来接你回去，<u>大约</u>一到家中就要过去的。"（《红楼梦》第八十二回）

（43）老爷只得随口说："等我回去，<u>大约</u>他就该来看你来了。"（清·文康《儿女英雄传》第三十九回）

"大约"在虚拟语境表推测。如：

（44）我这屋子<u>大约</u>神仙也可以住得了。（清·曹雪芹《红楼梦》第五回）

（45）论理该请贵妃赐题才是，然贵妃若不亲睹其景，<u>大约</u>亦必不肯妄拟。（《红楼梦》第十七回）

（46）那姑娘道："幸而你明白是我救你，不然，<u>大约</u>你有三条命也没了！"（清·文康《儿女英雄传》第八回）

如"我这屋子大约神仙也可以住得了"，言者把"住"的处所宾语"我这屋子"，提到"大约"之前充当话题，义为估计神仙也可以住得了我这屋子。"贵妃若不亲睹其景，大约亦必不肯妄拟"，"若"标记虚拟条件，"大约"表示说话人对其结果的推断，即"贵妃很可能也必不肯妄拟"。"大约"表"概量（大量）"义时，是范围副词，语境是叙实；表"认识盖然"义时，是言者的推断，语境扩展为未然与虚拟语境。

上面列举了"大约"的三种语义："概量（大量）"义、"估量"义、"认识盖然"义。"大约"表"认识盖然"义，是从"概量（大量）"义还是从"估量"义衍生而来？从语义演变规律来看，"大约"表"认识盖然"义，可以从"估量"义衍生而来，由对数量的估计扩展为对情况的估计，从而衍生出"认识盖然"义，理论上也是允许的。不过，一方面，"大约"表"估量"义，句法结构为"大约+（VP）+数量"，这种句法结构在唐代语例不多，"大约"在"宋代"已经出现表"认识盖然"义的语例；另一方面，"大概、多半"等在出现"认识盖然"义之前，并未出现"大概/多半+数量"结构，表达对数量的估计，"大概"的演变可参下一小节，"多半"的演变董正存（2017）已详细论述。基于此，本书倾向于"大约"

表"认识盖然"义，来源于"NP + 大约 + VP"中"大约"的"大部分、大体"义，即"概量（大量）"义。

（三）制约因素

"大约"从"概量（大量）"义，衍生出"认识盖然"义，影响其演变的动因与机制是什么？

从句法上，"大约"在表"概量（大量）"义与"认识盖然"义时，都是副词，句法位置相同，句法因素所起的作用不大。其演变主要涉及两个因素，一是与"大约"前的 NP 的语义结构有关，这与"多半"从"约量"演变为认识情态的动因一样（具体可参董正存 2017）。二是与语境有关。

1. NP 语义结构制约

第一，"NP"具有［＋个体］［＋多数］的语义特征，此类"大约"语例最早始于魏晋南北朝，唐亦有语例。如：

（47）有子者，……皆以杨为姓，故今蜀中西界多谓杨，率皆猳玃化之子孙，大约皆有玃爪者也。（西晋·张华《博物志·异兽》）

（48）大约郡将自擅，常赋殆绝，藩侯废置，不自朝廷，王业于是荡然。（《旧唐书·僖宗》卷十九下）

"大约"回指 NP 中大多数成员。"大约皆有玃爪者也"，"大约"指的是"猳玃化之子孙"中大多数。"大约郡将自擅"，即"郡将中大多数郡将自作主张"，"大约"回指"郡将"中大多数郡将。"大约"前是 NP，NP 指称的事物具有［＋个体］［＋多数］的特征。除例（47）外，再举一例，如：

（49）状元、录事具启事取人数，主司于其间点请三五人工于八韵、五言者。或文字乖讹，便在点窜矣，大约避庙讳、御名、宰相讳。（唐·王定保《唐摭言·点检文书》卷三）

"或文字乖讹，便在点窜矣"，"乖讹"义为"差错"，"点窜"义为"修饰润色"，即文中不正确而润色的文字错误，这些文字错误中大多数是为了避庙讳、御名、宰相讳。"大约"回指"文字错误"中的大多数错误。

"大约"回指的 NP 具有［＋个体］［＋多数］语义特征，这样的语例不多。

第二，NP 作为一个整体出现，所谓整体，就是不强调集团内部的每个个体与谓语的关系，而是作为一个名词集合与谓语发生关系，即凸显整体，与凸显个体性质不同。关于凸显整体与个体，可参考周韧（2011）。此类"大约"始见于唐代。如：

（50）其孙武所著十三篇，自武死后凡千岁，将兵者有成者，有败者，勘其事迹，皆与武所著书一一相抵当，犹印圈模刻，一不差跌。<u>武之所论，大约用仁义</u>，使机权也。（《全唐文·注孙子序》卷七百五十三）

（51）臣出使经行，历求利病。窃知渭南县长源乡本有四百户，今才一百余户；阌乡县本有三千户，今才有一千户；<u>其他州县大约相似</u>。（《旧唐书》卷一百八十二）

（53）每道各令知两税判官一人赴京，与度支类会参定，通计户数，以配税钱。<u>轻重之间，大约可准</u>。（《全唐文·均节赋税恤百姓六条》卷四百六十五）

（54）臣等伏以回鹘在边，切须有备，边备既壮，制置不难。<u>访问利害，大约如此</u>。（《全唐文·条疏太原以北边备事宜状》卷七百五）

NP 作为一个整体，后接"大约"这类语例较多。值得注意的是，此类语例中，"大约"既可以理解为 NP 整体中"大部分"，表"概量（大量）"义，也可以理解为对 NP 从整体上进行概括评价。如"武之所论，大约用仁义，使机权也"，既可以理解为"武之所论，大部分（内容）是用仁义，使机权"，也可以理解为"武之所论，总的来说是用仁义，使机权"，"大约"可以理解为"大体"。

两种不同的理解，"大约"的语义指向也发生改变。回指 NP 整体中"大部分"，"大约"语义指向是前面的 NP；对 NP 从整体上进行评价，"大约"语义指向 VP。值得注意的是，对 NP 进行整体评价时，"大约"的主观性明显增强，表示言者的主观看法。如"武之所论，大约用仁义，使机权也"，理解为"武之所论，总的来说是用仁义，使机权"，"用仁义，使机权"表达言者对"武之所论"的概括和评价。

第三，NP 具有［＋个体］［＋复数］的语义特征，此类"大约"始见于唐代。如：

（55）且议谥追尊称皇与帝，既有增减之字，合陈褒贬之辞，<u>大约二名</u>俱为尊称，若三皇之代，则不可加帝。（《全唐文·议追尊名号诏》卷一百

七）

"大约"不再回指 NP 的大多数或大部分，只能理解为说话人认为皇与帝二名都是尊称。

第四，NP 具有［＋个体］［＋单数］的语义特征。此类"大约"最早始于宋代，如上面例（35），明清亦有语例，再如：

（56）便对西门庆说："夫人尊颜，学生已是望见了，<u>大约</u>没有甚事，还要问个病源，才是个望闻问切。"（明·兰陵笑笑生《金瓶梅》第五十四回）

（57）鸳鸯一夜没睡……贾赦怒起来，因说道："我这话告诉你，叫你女人向他说去，就说我的话：'自古嫦娥爱少年'，他必定嫌我老了，<u>大约</u>他恋着少爷们，多半是看上了宝玉，只怕也有贾琏。"（清·曹雪芹《红楼梦》第四十六回）

（58）子兴冷笑道："万人皆如此说，因而乃祖母便先爱如珍宝。……他说：'女儿是水作的骨肉，男人是泥作的骨肉。我见了女儿，我便清爽，见了男子，便觉浊臭逼人。'你道好笑不好笑？将来色鬼无疑了！"雨村罕然厉色忙止道："非也！可惜你们不知道这人来历，<u>大约</u>政老前辈也错以淫魔色鬼看待了。"（《红楼梦》第二回）

"大约没有甚事"，省略了主语"夫人"，"大约"表示说话人比较肯定地认为（夫人）没什么事，"大约"表"认识盖然"义。"大约他恋着少爷们"，言者贾赦认为，鸳鸯很可能恋着少爷们。"大约政老前辈也错以淫魔色鬼看待了"，言者贾雨村估计，政老前辈很可能错把（宝玉）当淫魔色鬼看待了。NP 具有［＋个体］［＋单数］的语义特征，"大约"不能再理解为"大多数、大部分"，"大约"表"概量"的客观义消解，由此衍生出"认识盖然"义。

综上，"大约"从"概量（大量）"义衍生出"认识盖然"义，与"大约"前的先行词 NP 的语义有关。NP 具有［＋个体］［＋多数］的语义特征，"大约"回指 NP 中大多数，是典型的表"概量（大量）"义的范围副词。NP 具有［－个体］［＋多数］的语义特征，即 NP 作为整体，"大约"进行重新分析：既可以理解为回指 NP 整体中大部分，语义指向 NP；也可以理解为言者对 NP 进行整体概括和评价，语义指向 VP 或整个小句。当把

NP 作为一个整体评价、概括时，NP 的表量意义逐渐消减，言者的主观义增强。特别是 NP 具有［＋个体］［＋单数］语义特征时，"大约"的客观表量义完全消失，语义焦点发生变化，不再关注数量，而是关注事件本身。

2. 语用因素

"大约"表"概量（大量）"义，是说话人对已知情况的较客观陈述。如：

（59）智者相师，大约类此。（明·谢肇淛《五杂俎》卷九）

（60）普天地下大约都是骄纵淫佚之处。（清初·西周生《醒世姻缘传》第三十二回）

"智者相师，大约类此"，义为"智者相师，大部分情况类此"，说话人对"智者相师"的情况是比较清楚的，这是比较客观的陈述。"普天地下大约都是骄纵淫佚之处"，义为"普天地下大部分地方都是骄纵淫佚之处"，说话人对于"普天地下是骄纵淫佚之处"的情况是知晓的。

"大约"表"认识盖然"义，说话人对于命题的情况是未知的。如：

（61）雨村听如此说，便笑问门子道："如你这样说来，却怎么了结此案？你大约也深知这凶犯躲的方向了？"（《红楼梦》第四回）

（62）宝玉听了这话，不觉轰去魂魄，目瞪口呆，心下自思："这话他如何得知！他既连这样机密事都知道了，大约别的瞒他不过，不如打发他去了，免的再说出别的事来。"（《红楼梦》第三十三回）

"你大约也深知这凶犯躲的方向了"，说话人贾雨村对"你（门子）是否深知这凶犯躲的方向了"的情况是不清楚的，是未知的，只是根据门子的话推断"门子很可能知道这凶犯躲的方向了"。"大约别的瞒他不过"，同样，说话人宝玉对"别的能否瞒得住他"是不清楚的，是未知的，只是推断"很可能瞒不住他"。换句话说，"大约"在未知语境中，引发了说话人主观推断的语境义，并随着使用的频繁逐渐固化。此外，使用环境扩大，扩展为未然与虚拟语境。

二、"大概"

对于"大概"的演变研究，主要成果有罗耀华（2015）、冯璠（2017）、胡静书（2018）。罗耀华（2015）、冯璠（2017）侧重于探讨"大概"的词汇化及语法化过程，胡静书（2018）论述了"大概"从"约量"到认识情态的演变过程，但是论述较简略。

（一）"概"

"概"，王力《古汉语词典》指出："说文作槩字，今经典多用概。"故今"概"古为"槩"。《说文解字系传》云："槩，杚斗斛。""概"就是量谷物刮平的器具，引申为"量器、标准"，始见于战国时代。如：

（63）日夜分，则同度量，均衡石，角斗甬，正权概。（《礼记·月令》）

（64）斗斛敦概者，所以为啧也；上好贪利，则臣下百吏乘是而后丰取刻与，以无度取于民。（《荀子·君道》）

"概"之"量器、标准"用作动词时，引申出"概量、概括"义，就是用某个标准去概量概括某个对象，始见于战国时代，汉以后语例增多，如：

（65）同糅玉石兮，一概而相量。（屈原《楚辞·怀沙》）

（66）仲尼以来，国君将相，卿士名臣，参差不齐，一概诸圣，撰《重黎》。（西汉·扬雄《法言序》）

（67）清浊参差，所禀有主，朗昧不同科，强弱各殊气，而俗士唯见能染毫画纸者，便概之一例。（晋·葛洪《抱朴子·尚博》）

（68）江南市大夫良多，度足下不遍识……特以二君概之，亦不可也。（宋·王安石《答王景山书》）

"概"在"概量、概括"义基础上引申为"梗概、大略"义，始见于战国时代，汉以后语例增多。如：

（69）彭蒙、田骈、慎到不知道。虽然，概乎皆尝有闻者也。（《庄子·天下》）

（70）余以所闻由、光义至高，其文辞不少概见，何哉？（西汉·司马迁《史记·伯夷列传》）

（71）臣所欲言，陛下已知，故略其梗概，不敢具陈。（南朝·范晔《后汉书·文苑列传》）

（72）盖乃事美一时，语流千载，概见坟籍，旁出子史。（南朝梁·萧统《文选序》）

综上，"概"的演变路径归纳为：量器/标准→概量/概括→梗概/大略。

（二）"大概"的词汇化语法化过程

关于"大概"的词汇化，罗耀华（2015）、冯璠（2017）已经论述得较清楚。结合已有研究成果与相关语料，大致勾勒其演变过程。

"大"与"概"连用最早见于汉代。例如：

（73）亥日雨，立止，不止，久阴，此其大概也。（严可均《全汉文·东方朔占》卷二十五）

"大概"，即"大致的内容情况，大致的梗概"，"大概"是形容词"大"和名词"概"组成的偏正式名词性短语。六朝时又出现1例"大"与"梗概"组合的例句。即：

（74）而其记及《汉中记》不载，又不为李雄所据，璩识其大梗概，未能详其小委曲也。（晋·常璩《华阳国志》卷二）

"大梗概"，即"大致的情况"，是偏正式的名词性结构，说明至六朝"大概"还未词汇化成词。

唐代，"大概"使用频率的增加，受频率和韵律机制影响，"大概"在唐代逐渐词汇化成词。冯胜利（1996）认为，汉语中最基本的音步是两个音节，单音节是"蜕化音步"，三音节是"超音节"；一般情况下，标准音步具有优先实现权。"大概"双音节，是标准音步，优先构成韵律词。

（75）三主之俗，东方为上。其居室则东辟其户，旦日则东向以拜。人主之地，南面为尊。方俗殊风，斯其大概。（唐·玄奘《大唐西域记》卷一）

（76）每临其事，恒御此心以决断，此又法之大概也。（唐·房玄龄等《晋书·刑法》）

"斯其大概"，"此又法之大概也"中的"大概"，受代词"其、之"等修饰，已经可以看作是一个词。宋代以后，名词"大概"可以受数量词修饰，如：

（77）某尝说，古者之礼，今只是存他一个大概，令勿散失，使人知其意义，要之必不可尽行。（《朱子语类》卷八十九）

（78）若只块然守一个"敬"字，便不成个敬，这个亦只是说个大概。（《朱子语类》卷九十四）

综上，形容词"大"与名词"概"组合的偏正结构，受韵律和频率影响，在唐代已经词汇化为名词。

名词"大概"是怎样语法化为副词的呢？

（79）北乃山阜隐轸，丘陵舄卤；东则川野沃润，畴垄膏腴；南方草木荣茂；西方土地硗确。斯<u>大概</u>也，可略言焉。（唐・玄奘《大唐西域记》卷二）

（80）以吾观之，则邠公之言，其<u>大概</u>验矣。（唐・无名氏《玉泉子》）

（81）除盗之术，<u>大概</u>有三。（《全唐文・上治道事宜疏》卷八百六十三）

"斯大概也，可略言焉"，"大概"与谓语"可略言焉"中间有语气词"也"隔开，不太可能演变为副词。

"其大概验矣"，名词"大概"在句中位于谓语动词"验"之前，与状语的谓语一致，这为"大概"演变为副词提供了重新分析的句法条件。即"〔其大概〕验矣"可以重新分析为"其〔大概验矣〕"，"其大概"是代词修饰的名词短语一起充当谓词"验"的主语，重新分析为"其"做主语，名词"大概"修饰谓词"验"充当状语。

"大概有三"中，"大概"前不再有代词修饰，前有主语"除盗之术"，"大概"显然不再是主语，而是状语修饰"有三"，即"大概有三"中"大概"为副词。

综上，名词"大概"位于谓词之前，处于状语位置，而前有名词性词语充当主语，名词"大概"就虚化为副词。

"大概"虚化为副词后，还可以位于主语之前。如：

（82）<u>大概</u>吴风巧，其失也浮；虏俗愚，其失也鄙滞。（《全唐文・上封事表》卷七百十二）

综上，"大概"的语法化路径为："大（形）"＋"概（名）"→大概（名）→大概（副）。

（三）"概量（大量）"→"认识盖然"

"大概"在唐代出现了副词用法，不过语例不多，宋代语例较多。"大概"在唐宋时代表"概量（大量）"义和"认识盖然"义，没有表"估量"义的语例，即没有用在"大概＋（V）＋数量"结构中表示对数量估计的语例。

"大概"表"概量（大量）"义的语例如：

（83）为将者大概多才而或顽钝无耻，非皆节廉好礼不可犯者也。（宋·苏洵《任相》）

（84）将帅大概用恩泽进，虽谨重可信，然卒与敌遇，不知所以为方略，故敌势益张，兵折于外者二十年，此选将得失之效也。（《续资治通鉴》卷二十五）

"为将者大概多才而或顽钝无耻"，"大概"指的是"为将者的大部分"，表"概量（大量）"义。

"大概"表"认识盖然"义始见于宋代。如：

（85）春秋获麟，某不敢指定是书成感麟，亦不敢指定是感麟作。大概出非其时，被人杀了，是不祥。（《朱子语类》卷八十三）

（86）神宗大概好用生事之人，如吴居厚在京西，括民买镬，官司铸许多镬，令民四口买一，五口则买二，其后民怨，几欲杀之，吴觉而免，然卒称旨。（《朱子语类》卷一百二十七）

"大概出非其时，被人杀了，是不祥"，是言者对"春秋获麟"的阐释。为何会"春秋获麟"，言者认为很可能是（麒麟）出非其时，被人杀了，（孔子认为）不详而停止书写《春秋》，"大概"显然是表"认识盖然"义。

从"概量（大量）"义到"认识盖然"义，其演变与"大概"前/后的NP内部语义密切相关。

其一，NP具有［＋个体］［＋多数］的语义特征，此类"大概"最早出现于唐代，如例（81）。再如：

（87）平生诗甚多，大概尖新，长于对属。（金·刘祁《归潜志》卷三）

（88）小雅后数篇大概相似。（《朱子语类》卷八十一）

（89）贤君大概属意于雅乐，所以仁宗晚年极力要理会雅乐，终未理会得。（《朱子语类》卷九十二）

（90）金军虽时有斩获，不能除也，大概皆李全、国用安、时青之徒焉。（《续资治通鉴》卷一百六十）

"大概"指的是NP中大部分，如"平生诗甚多，大概尖新，长于对属"，"大概"指的是"平生诗中的大部分"。

其二，NP 作为一个整体，此类"大概"最早在唐代就出现了，如例
（82）。再如：

（91）吴奎论事，大概皆此类也。（北宋·魏泰《东轩笔录》卷八）

（92）迁固之史，大概只是计较利害。（《朱子语类》卷八十三）

（93）今之法，大概用唐法。（《朱子语类》卷一百二十八）

（94）惟兵事枢密院可以专行，乃与许翰条具调发防秋之兵，大概有
五：一曰系将兵，二曰不系将兵，三曰土兵，四曰民兵，五曰保甲。（宋·
李纲《靖康传信录》卷三）

（95）金朝用人，大概由省令史迁左右司郎中、员外郎、首领官，取其
簿书精干也。（金·刘祁《归潜志》卷七）

与"大约"一样，NP 作为一个整体，"大概"有两种理解，一种是回
指 NP 中大部分，语义指向 NP；另一种是把 NP 作为一个整体评价，语义指
向 VP。如"吴奎论事，大概皆此类也"，既可以理解为：吴奎论事，大部
分都属于此类也；也可以理解为：吴奎论事，总的来说/大体上都属于此类
也。再如"今之法，大概用唐法"，既可以理解为：今之法，大部分用唐
法；也可以理解为：今之法，总体上/大体上用唐法。

其三，NP 作为［＋个体］［＋单数］，此类"大概"始于南宋。

（96）李朴先之大概是能尊尚道学，但恐其气刚，亦未能逊志于学问。
（《朱子语类》卷一百一）

（97）学者观书，病在只要向前，不肯退步看。愈向前，愈看得不分
晓。不若退步，却看得审。大概病在执著，不肯放下。（《朱子语类》卷十
一）

（98）孔子大概使人优游餍饫，涵泳讽味；孟子大概是要人探索力讨，
反己自求。（《朱子语类》卷十九）

"李朴先之大概是能尊尚道学"明显是言者对"李朴"的主观评价。
"大概"表"概量"的客观义消解，主观义增强，由此衍生出"认识盖然"
义，表达言者对某个命题的推断。

其四，"大概"前是 VP 结构，"大概"表示言者对某个事件的推断。
此类"大概"始于南宋。如

（99）"聪明睿知，足有临也"，某初晓那"临"字不得，后思之，大概是有过人处，方服得人。且如临十人，须是强得那十人方得；至于百人、千人、万人皆然；若临天下，便须强得天下方得。（《朱子语类》卷六十四）

"大概是有过人处，方服得人"，言者后来思考后认为，"聪明睿知，足有临也"，怎样才能"有临"，言者认为有过人之处，才能使人服，才能"有临"。

"大概"表"认识盖然"义元明语例不多，清代比较常见，用在回溯推理的语例如：

（100）邱成从外面进来，面上并无惊恐之色，四老观看邱成光景，大概镖车不至有了差错。（清·张杰鑫《三侠剑》第一回）

（101）我夜宿贤弟三合店，二郎山之贼俱已知之，大概是被踩盘子的探去啦，因此众贼各有防范，也许是该山艺业高强之贼。（《三侠剑》第一回）

（102）黄三哥，你看前道院一道白线，大概淫贼回来啦。（《三侠剑》第二回）

（103）贤弟是本处的绅董，大概地理必熟。（《三侠剑》第一回）

如"大概镖车不至有了差错"，言者四老通过观察邱成脸上并没有惊恐，推断"镖车不至有了差错"。再如，言者夜宿三合店，但是二郎山众贼都已知之，言者推断可能是被踩盘子的探去啦，这是据果溯因，"夜宿贤弟三合店，二郎山之贼俱已知之"是结果，推测其原因是"被踩盘子的探去啦，因此众贼各有防范"。

"大概"表"认识盖然"义，随着使用的增加，使用范围扩大，由对已然事件比较肯定的推断，扩展为未然事件比较肯定的推断，始见于清代。如：

（104）据说这人是从前纪大将军的业师，他原要帮纪大将军作一番事业，因见他不可与图，便隐在天台、雁宕一带，这一个大概未必肯出山了。（清·文康《儿女英雄传》第四十回）

（105）况且浙江离淮安甚近，寄去也甚便，老师这事情大概也就可挽回了。（《儿女英雄传》第三回）

（106）他现在还在你家后门外徘徊，大概是预备替你祖孙伸雪冤情，

还不快去求到他，迟了他要走了。（清·无垢道人《八仙得道传》第八十九回）

（107）如今老君已把童子谪贬人间，另派妥当老成的童子前来收领神牛，<u>大概</u>不久也快到了。（《八仙得道传》第三十四回）

（108）贼人心中想道："不怕十人拿，就怕一个看。老儿胜英在旁边一站，我这条性命<u>大概</u>十成有九成保不住，老胜英一走，我有八成脱逃得了。"（清·张杰鑫《三侠剑》第二回）

"大概"在虚拟语境中表推断也始于清代。如：

（109）若要打起官司来，我们全体都陪他同到森罗殿上，将此理陈说明白，<u>大概</u>阎王不见得偏袒于他吧。（清·无垢道人《八仙得道传》第七十七回）

（110）你家五虎已被我军杀死四虎，尚有一虎，<u>大概</u>也被杀死。（清·唐芸洲《七剑十三侠》第九十八回）

（111）打鹿打豹，连伤三位，我若再请别位，<u>大概</u>也是白白送了性命。（清·张杰鑫《三侠剑》第一回）

综上，"大概"连用始见于汉代，是形容词"大"与名词"概"组成的偏正结构，唐代词汇化成名词"大概"，位于主谓之间的名词"大概"虚化为副词"大概"。副词"大概"主要表"概量（大量）"义与"认识盖然"义，"大概"表"概量（大量）"义，始见于唐代，表"认识盖然"义，始见于宋代。从"概量（大量）"到"认识盖然"，与NP的语义结构变化有关。值得注意的是，"大概"表"认识盖然"义，首先是对已然事件的推断，出现在南宋，后扩展为对未然事件和虚拟事件的推断，出现在清代。

三、"大抵"

（一）"抵"与"氐"

"氐"、"抵"存在通用现象，"大抵"又称"大氐"。《助语词集注》（1988：46）云："《史记》多用'大抵'，《汉书》多用'大氐'。"

"氐"，本义是"树根"。《汉语大词典》云："树根。清朱骏声《说文通训定声·履部》：'氐……实即柢之古文。蔓根曰根，直根曰氐。'"

后语义抽象化为"本、根本"。如：

（112）尹氏大师，维周之氏。（《诗经·小雅·节南山》）

"抵"借用"氏"之"本、根本"义。如：

（113）货之滞于民用者，以其贾买之，物褐而书之，以待不时而买者，买者各从其抵。（《周礼·地官·泉府》）

"抵"，借用"氏"之"本、根本"，其语境义表"本金、原价"义。

"抵"之"本金、原价"义用作动词时引申为"相当"义。如：

（114）齐使老儒掘药于马梨之山，名掘药也，实间君之国，君杀之，是将以济阳君抵罪于齐矣。（《韩非子·内储说下》）

（115）高后闻御史大夫江邑侯赵尧高祖时定赵王如意之画，乃抵尧罪，以广阿侯任敖为御史大夫。（《史记·张丞相列传》）

（116）白头搔更短，家书抵万金。（唐·杜甫《春望》）

"济阳君抵罪于齐""乃抵尧罪"，这两例"抵"在语境中是"抵偿"义，所谓"抵偿"，指罪行与处罚相当。"家书抵万金"，即"家书"与"万金"相当。

综上，"抵"借用"氏"之"本、根本"义，在特定的语境中表"本金、原价"义，"抵"在"本金、原价"义的基础上引申为"相当"义。

（二）"大抵"

"大"与"抵"连用，最早出现在《战国策》中。如：

（117）韩地险恶，山居，五谷所生，非麦而豆；民之所食，大抵豆饭藿羹；一岁不收，民不厌糟糠；不满九百里，无二岁之所食。（《战国策·韩一》）

"大抵"，是副词"大"与动词"抵"的跨层组合，"抵"在句中充当谓语中心，表示"大致相当"之意。"民之所食，大抵豆饭藿羹"，即百姓所吃的食物，与豆饭藿羹大致对应。

"大抵"受频率和韵律因素影响，逐渐词汇化成词，后接VP，虚化为副词，始见于西汉。如：

（118）奸猾穷治，大抵尽靡烂狱中，行论无出者。（《史记·酷吏列传》）

"大抵"后接VP，并位于副词"尽"之前，已经虚化为副词了。

"大抵"用作副词时，主要有"概量（大量）"义和"认识盖然"义。其表"概量（大量）"义，始见于西汉，如：

（119）三晋多权变之士，夫言从衡强秦者大抵皆三晋之人也。（《史记·张仪列传》）

（120）县官鼓铸铁器，大抵多为大器。（西汉·桓宽《盐铁论·水旱》）

如"从衡强秦者大抵皆三晋之人也"，"大抵"指的是"从衡强秦者"中的大部分人，"大抵"表"概量（大量）"义。

"大抵"表"认识盖然"义，始见于六朝，宋以后语例增多。如：

（121）《汉书·地理志》称："凉州之畜，为天下饶。"若无水草，何以畜牧？又汉人为居，终不于水草之地筑城郭，立郡县也。又雪之消液，绝不敛尘，何得通渠引曹，溉灌数百万顷乎？此言大抵诬于人矣。（北齐·魏收《魏书·崔浩传》）

（122）某二十年前得上蔡语录观之，初用银朱画出合处；及再观，则不同矣，乃用粉笔；三观，则又用墨笔。数过之后，则全与元看时不同矣。大抵老兄好去难处用工，不肯向平易处用工，故见如此难进，今当于平易处用工。（《朱子语类》卷一百四）

"大抵"从"概量（大量）"义，衍生出"认识盖然"义，同"大约""大概"一样，也与 NP 的语义结构有关。"大抵"前，后 NP 的语义结构，具体分为以下几类：

其一，NP 具有［＋个体］［＋多数］的语义特征，此类"大抵"始见于西汉。

（123）数年之后，诸侯王大抵皆冠，血气方刚。（西汉·贾谊《新书·宗首》）

（124）诸侯人来事秦者，大抵为其主游间于秦耳，请一切逐客。（《史记·李斯列传》）

（125）关中富商大贾，大抵尽诸田，田啬、田兰。（《史记·货殖列传》）

此类"大抵"属于典型的表"概量"的范围副词，语义指向前面画波浪线的 NP，表示 NP 中的大多数人或事物。

其二，NP 是一个整体，此类"大抵"始见于西汉，汉以后语例增多。如：

（126）窃迹前事，<u>大抵</u>强者先反：淮阴王楚，最强，则最先反……卢绾国北，最弱，则最后反。（西汉·贾谊《新书·藩强》）

（127）自宁成、周阳由之后，事益多，民巧法，<u>大抵</u>吏之治类多成、由等矣。（《史记·酷吏列传》）

（128）夫灾变<u>大抵</u>有二：有政治之灾，有无妄之变。（东汉·王充《论衡·明雩》）

（129）凡其经旨，<u>大抵</u>言生生之类，皆因行业而起。（北齐·魏收《魏书·释老志》）

此类"大抵"，一方面，我们仍然可以理解为，NP 这个整体的大部分；另一方面，可以理解为言者对整个 NP 进行概括和评价，其主观性明显增强。如"窃迹前事，大抵强者先反"，"大抵"理解为"前事中大部分"时，是表"概量（大量）"义，语义指向"前事"；也可以理解为"过去的事情，大体上是强者先反"，言者对"前事"进行整体评价，"大抵"指向后面的谓语"强者先反"。

"大抵"前/后的 NP 是一个整体，是"大抵"由表"概量"的范围副词，向认识情态副词演变的关键。

其三，NP 是［+个体］［+复数］，此类"大抵"始见于宋代。

（130）<u>大抵</u>二人都是好人，可托。（《朱子语类》卷二十八）

其四，NP 具有［+个体］［+单数］的语义特征，此类"大抵"始见于六朝，如例（121），唐宋语例较少。如：

（131）只如曾子则<u>大抵</u>偏于刚毅，这终是有立脚处。（《朱子语类》卷九十三）

NP 为复数或单数名词，"大抵"不能再回指 NP 中大多数或大部分。此时言者对 NP 进行评价，"大抵"表"认识盖然"义。

值得注意的是，"大抵"于宋代起出现了类似回溯推理的语例。如：

（132）史以陆宣公比贾谊，谊才高似宣公，宣公谙练多，学便纯粹。<u>大抵</u>汉去战国近，故人才多是不粹。（《朱子语类》卷一百三十六）

元明时期"大抵"表"认识盖然"义的语例较少，清代和现代的语例如：

（133）我邑惟彭薄墅先生看画略多，自后无一人讲究者，大抵为考试文章所误。（《曾国藩家书》）

（134）为此他撰写过许多学术文稿投寄有关刊物，但总是泥牛入海无消息，大抵是他没有学历没有声望的缘故。（1994年报刊精选）

"大抵"还表对未然事件的推断，不过语例极少。如：

（135）将来这少年有了儿孙时，大抵也要摆这架子的罢，便再没有什么不平了。（鲁迅《端午节》）

"大抵"用在虚拟语境中表推断，如：

（136）又如看见兵士打车夫，在先也要愤愤的，但现在也就转念道，倘使这车夫当了兵，这兵拉了车，大抵也就这么打，便再也不放在心上了。（鲁迅《端午节》）

综上，"大抵"始见于西汉，是副词"大"与动词"抵"的跨层组合，后虚化为副词。副词"大抵"在西汉出现"概量（大量）"义，六朝时出现"认识盖然"义。从"概量（大量）"到"认识盖然"，其演变的关键是NP的语义结构变化，是否把"NP"作为一个整体来概括评价。"大抵"表"认识盖然"义，表对已然事件的推断出现在六朝，表对未然事件和虚拟事件的推断语例较少。

（三）"大致"

"大"与"致"连用，最早出现在东汉，义为"重大的、主要的"，南北朝也有语例。如：

（137）今唯天师幸哀开示，其天法象多少，愿无中弃，唯见示敕书文部界所到至也。然子问之大致数，吾犹当言也。如吾不言，名为妒道，业学而止，而反得天适。（东汉·于吉《太平经》卷九十六）

（138）且自度性笃懒而才至短，以笃懒而御短才，虽翁肩屈膝，趋走风尘，犹必不办大致名位而免患累，况不能乎？（晋·葛洪《抱朴子·自叙》）

"大致"位于名词"数、名位"之前，是形容词，义为"重要的、主要的"。"大致数"，即"重大的主要的条目"。"大致名位"，即"重要的名誉地位"。

六朝时"大致"位于谓词前,"大致"由形容词向副词演变。如:

(139) 终陈掌不侯,而郦昌绍国,虽有不类,未可致诘,其<u>大致</u>归然矣。(南朝宋·范晔《后汉书·袁安传》)

(140) 天命符验,可得而见,未可得而言也。然<u>大致</u>受大福者,归于信顺乎!(《后汉书·袁术传》)

"其大致归然矣",即"其基本情况/大体是这样的"。"然大致受大福者,归于信顺乎",即"基本情况/大体是禀受天命的人,是归于信义顺应"。

副词"大致"主要表"概量(大量)"义,始见于唐代,宋代亦有语例。如:

(141) 孺清贞孤介,不交流俗。涉历经史,有才思,虽不为大文,<u>所有诗咏</u>,<u>大致</u>清远。(《北史·薛道衡传》)

(142) 其约束之辞,<u>大致</u>悉吏文也。(宋·蔡绦《铁围山丛谈》卷一)

"所有诗咏,大致清远","大致"指的是"所有诗咏"的大多数。

唐宋元明清的文献中没发现"大致"表"认识盖然"义的语例。

现代汉语中"大致"是否表"认识盖然"义,学者的观点存在分歧。张斌主编的《现代汉语虚词词典》(2003:125)认为,"大致"表"不很肯定的估计推测",例句如下:

(143) 这幢大楼的竣工,<u>大致</u>要到年底。(张斌《现代汉语虚词词典》)

(144) 从现场留下来的脚印来看,罪犯的身高<u>大致</u>是1米70。(张斌《现代汉语虚词词典》)

(145) 明天的会议<u>大致</u>需要两个小时。(张斌《现代汉语虚词词典》)

而北京大学中文系1955和1957语言班编写的《现代汉语虚词语法例释》(1996:134 – 136/139)认为,"大致"不表"估测",即没有"认识盖然"的用法。

我们认为张斌(2003)列举的三个语例中,"大致"表"估量"义,"大致"后面接数量词,"大致"语义指向后面的数量。"认识盖然"义是对命题是否实现的推断,上面三例"大致"不表"认识盖然"义。此外,"大致"不能用在回溯推理中,也不能对未然事件、虚拟事件进行推断。

关于"大致"的NP语义结构,主要有两类。即:

其一，NP 具有［＋个体］［＋多数］的语义特征，此类"大致"始见于唐代。如：

（146）属寿阳已陷，狼狈北还，<u>器械军资</u>，<u>大致</u>遗失。（唐·李百药《北齐书·皮景和传》）

"器械军资，大致遗失"，"大致"回指"器械军资"的大多数。

其二，NP 作为一个整体，"大致"此类语例较多。

（147）且言玄每进新图妙势，悦惑明主，而万机听断，<u>大致</u>壅遏，复恐坐驰睿襟，神气郁滞。（宋·文莹《湘山野录》卷中）

（148）<u>近来的事</u>大致这样，容我以后再写，兄国藩手具。（《曾国藩家书》）

（149）当时我虽修成人身，<u>行为</u>大致相仿，两遭曹劫，正是天降刑戮的实据。（清·无垢道人《八仙得道传》第十五回）

"大致"可以理解为回指 NP 中大部分，也可以理解为对 NP 的总体评价。

本节小结

本节通过对"大约、大概、大抵"等词的探讨，归纳了"概量（大量）"到"认识盖然"的演变路径。对于"大约""大概""大抵""大致"等词，主语 NP 的语义结构、是否出现回溯推理、是否在未然、虚拟语境中表推断，总结如下表：

	概量		过渡阶段	认识盖然			
	［＋个体］ ［＋多数］	叙实/ 已然	［＋整体］	［＋个体］ ［＋单数］	回溯 推理	未然	虚拟
大约	＋（较少）	＋	＋（较多）	＋	＋	＋	＋
大概	＋（较少）	＋	＋（较多）	＋	＋	＋	＋
大抵	＋	＋	＋	＋（较少）	＋（较少）	＋（极少）	＋（极少）
大致	＋	＋	＋	＋（较少）	－	－	－

从表中可以看出，"大约""大概"是典型的表"认识盖然"义的词，其次是"大抵"，"大致"未发现典型的"认识盖然"义语例。

其演变的动因与机制有：

1. 其演变与 NP 的语义结构有关

NP 具有［＋个体］［＋多数］语义特征，在叙实的语境中，"大约/大概/大抵"理解为 NP 的"大多数、大部分"，表"概量（大量）"义。演变的关键在于，NP 具有［－个体］［＋多数］语义特征时，言者是否把 NP 看作一个整体：不看作一个整体，"大约、大概、大抵"回指 NP 整体中大部分，语义指向 NP；看作一个整体，"大约/大概/大抵"对 NP 进行整体概括和评价，语义指向 VP 或整个小句，主观性增强。当 NP 具有［＋个体］［＋单数］语义特征时，"大约"的客观表量义消失，"大约、大概、大抵"演变为"认识盖然"义。

2. 语境制约

"大约、大概、大抵"从"概量（大量）"义向"认识盖然"义演变，受语境的制约。"大约、大概、大抵"表"概量（大量）"义时，说话人或者是"大约、大概、大抵"前 NP 的情况是确知的，是叙实语境；而表"认识盖然"义，说话人对 NP 的情况是不确知的，又受到"大约/大概/大抵"之前 NP［＋个体］［＋单数］的语义结构制约，没有具体的指代对象，使得"大约/大概/大抵"由表"概量（大量）"，进一步主观化为对命题的推断，表"认识盖然"义。

3. 从已然扩展为未然与虚拟

"大约、大概、大抵"表"概量（大量）"义，是在叙实语境中；"大约、大概、大抵"回指 NP 的大多数或大部分，以及从整体上对 NP 进行概括，一般是已然事件。从"概量（大量）"向"认识盖然"，首先表对已然事件中的推断，然后扩展到未然事件、虚拟语境中表推断。

很多认识情态是从对未然事件的推测/推断，扩展到已然事件的推测/推断。如由"道义情态"演变为"认识盖然"的"该、当、应、合"等，以及由"担心"演变为"认识盖然"的"恐、怕"等。这是因为"该、当、应、合"表"道义情态"，指令别人去实施未然事件，"恐、怕"表"担心"时，是对未然事件的担心。故其演变首先是在表未然事件中表推断或推测，然后扩展到已然事件表推断或推测。

4. 语义泛化和主观化

"大约、大概、大抵"从"概量"到"认识盖然",语义经历了"大多数、大部分→大体→认识盖然"。"大约、大概、大抵"表"概量(大量)"义,是客观意义,即表"NP"的大多数或大部分。"大约"对 NP 作为一个整体进行评价时,语义表"大体"义,语义虚化。从"大多数/大部分→大体",是客观向主观的演变,但两者都是对言者已知情况的概括。从"大体→认识盖然",一方面是 NP 具有[＋个体][＋单数]的语义特征,另一方面,言者由对已知情况的概括转为对未知情况的推断,从而导致"大体"义的完全消失,其语义更抽象,主观性更强。"大约"从"概量"到"认识盖然",是从范围副词演变为情态副词。语义经历了"大多数/大部分→大体→认识盖然",即其语义逐渐泛化:具体义→较少抽象义→更多抽象义;其主观性不断增加:客观性→较少主观性→更多主观性(吴福祥 2003)。

"大概""大约""大抵"等词衍生出认识情态用法,本质上还是与来源于约量的"多半、八成"一样,"多半"的演变过程(见董正存 2017),属于"约量→认识情态"的演变。这一演变路径未见于 Van der Auwera & Plungian(1998)的情态语义地图,是汉语中比较有特色的演变路径。"大概""大约""大抵"与"多半""八成"等,从数量来看,都是约量,语义上与认识情态的主观约量比较吻合,因而衍生出认识情态义。不过值得注意的是,"多半、八成"等数词数量意义更明显,限制了其表认识情态的用法,即其认识情态义没有"大概""大约"等常见。"大概""大约"等"概量"义更抽象,因而不再凸显其数量义,反而更常见地用来表达认识情态义。

第三节　"将、欲、行"

汉语史上,一些表将来时的词,衍生出"认识盖然"义,以"将"为例。如:

(1) 孟之反不伐,奔而殿。将入门,策其马,曰:"非敢后也,马不进也。"(《论语·雍也》)——将来时

（2）制曰："冠履勿劾，灾异屡见，咎在朕躬，忧惧遑遑，未知其方。<u>将</u>有司陈事多所隐讳，使君上壅蔽，下有不畅乎?"（南朝宋·范晔《后汉书·明帝纪》）——认识盖然

将来时与认识情态之间关系密切，Bybee et al.（1994）与 Van der Auwera et al.（1998）均构建了将来时到认识情态的演变路径。石毓智、白解红（2007）分析英语和汉语将来时的认识情态用法，论述了将来时标记向认识情态功能衍生，但是没有具体论述其演变过程。本节梳理"将""欲""行"语义演变，重点探讨将来时向认识情态演变的过程与机制。

一、"将"

关于"将"的认识情态义的来源及演变研究，主要成果有石毓智、白解红（2007），龙国富（2010），巫雪如（2015），胡敕瑞（2016），卢烈红（2018），张希、陈前瑞（2019）等。石毓智、白解红（2007）认为"将"的演变路径为："率领、拿持"→"将来时"→"认识情态"。龙国富（2010）归纳其演变路径为：

"扶持"（动词）→"估价"义动词→"会"义认识情态→"将要"义时间副词。（其中"意愿"义动词→"打算"义动力情态）巫雪如（2015）认为其路径演变为："往"→"将来时"。胡敕瑞（2016）认为演变路径为"意愿"→"将来时"，没有涉及认识情态。卢烈红（2018）认为其演变路径为："意愿"→"将来时"→"测度"。

诸位学者揭示了"将"的一些重要语言现象，但有些问题值得进一步探讨。一是"将"表将来时的词汇来源，石毓智、白解红（2007）认为来源于"将"的"率领、拿持"义，龙国富（2010）、胡敕瑞（2016）、卢烈红（2018）认为来源于"将"的"意愿"义，巫雪如（2015）认为"将"与"且"同源，来源于"往"义。那么"将"到底来源于哪个义项？二是"将"的将来时与认识情态之间衍生关系，石毓智、白解红（2007）认为衍生路径是"将来时"→"认识情态"，龙国富（2010）认为是"认识情态"→"将来时"。那么"将"的"将来时"与"认识情态"的演变路径到底是怎样的？本节重新考察"将"历史文献，认为"将"的演变路径为："捧持、扶持"→"希望"→"意愿"→"将来时"→"认识盖然"。

（一）"捧持、扶持"→"希望"→"意愿"→"将来时"

关于"将"表将来时的语义来源，前文已经提到，有三种观点：第一种是来源于"率领、拿持"义，第二种是来源于"意愿"义，第三种认为"将"与"且"同源，来源于"且"的"往"义。这三种观点有两种视角，一种是词义自身演变的结果，一种是受外力影响的结果。语义演变首先关注演变的内在力量，慎用外部力量（贝罗贝、李明2008：12）。我们不赞成"将"与"且"同源，来源于"且"的"往"义。"将"的本义是"捧持"义，徐中舒（1988：1296）指出"将"，从𠬞从𤉣，𠬞象两手捧持扶将之形，𤉣为声符。"将"的本义是表具体动作"捧持"，后扩展为抽象的"扶持、奉养"义，"将"的宾语由具体的持拿物品扩展为表人名词，语义从具体的"捧持"义扩展为抽象的"扶持"义（巫雪如2015）。

（3）或剥或亨，或肆或将。（《诗经·小雅·楚茨》）——捧持

（4）吹笙鼓簧，承筐是将。（《诗经·小雅·鹿鸣》）——捧持

（5）文王诰教小子有正有事，无彝酒；越庶国，饮惟祀，德将无醉。（《尚书·酒诰》）——扶持

（6）乐只君子，福履将之。（《诗经·周南·樛木》）——扶持

（7）王事靡盬，不遑将父。（《诗经·小雅·四牡》）——扶持（赡养）

（8）国步蔑资，天不我将。（《诗经·大雅·桑柔》）——扶持（帮助）

"将"表"捧持、扶持"义，是动词，在句中充当谓语中心，后接名词性宾语。

"将"表"希望"义，在《诗经》中也比较常见。如：

（9）载输尔载，将伯助予。（《诗经·小雅·正月》）

（10）将子无怒，秋以为期。（《诗经·卫风·氓》）

（11）将叔无狃，戒其伤女。（《诗经·郑风·大叔于田》）

（12）将仲子兮，无逾我里，无折我树杞，岂敢爱之？（《诗经·郑风·将仲子》）

如"将伯助予"，义为"请/希望大哥帮助我"，"将子无怒"，义为"请/希望您不要生气"，"将"表说话人的请求、希望。句法上，"将"表"希望"义，后接小句宾语，句法格式为"（NP1）将＋NP2＋VP"。

"将"表"扶持"义,是一种行为上支持,表"希望"义,是一种心理上的支持。从"扶持"到"希望",是从行为上的支持到心理期望支持的过程,也是"将"从行为动词衍生为心理动词的过程(龙国富2010)。

"将"表"意愿"义,在《今文尚书》中已存在,《诗经》《论语》中已经很常见。如:

(13)今予将试以汝迁,安定厥邦。(《尚书·盘庚》)

(14)逝将去女,适彼乐土。(《诗经·魏风·硕鼠》)

(15)子路曰:"卫君待子而为政,子将奚先?"子曰:"必也正名乎!"(《论语·子路》)

(16)孔子曰:"诺。吾将仕矣。"(《论语·阳货》)

"今予将试以汝迁",即"今天我打算把你们迁走"。"逝将去女","逝"通"誓",即"发誓打算离开你"。"子将奚先",即"您打算先做什么"。"吾将仕矣",即"我将去做官了"。"将"表"意愿"义,是施事主语意图实施"将"后动作行为。

"希望"与"意愿"语义接近,"将"表"希望"义,后接小句宾语,句法格式为"(NP1)将 + NP2 + VP",句式义为希望某人实施某个动作行为,"将"是动词。"将"表"意愿"义,句法格式为"NP1 + 将 + VP",句式义为施事主语意图实施某个动作行为,"将"为助动词。"将"从"希望"演变为"意愿",是NP1与NP2相同,换句话说,NP1与NP2是同一个人时,NP2省略而形成。同时,句中有两个谓词,后一谓词是交际双方关注的焦点,使得"将"述谓性减弱,由动词降级为助动词。

"将"表"意愿"义,表示施事主语意图去实施某个动作行为,凸显施事主语的意向。句法上,主语具有[+有生]的语义特征。"将"后动词是自主行为动词。另外,就主语人称来讲,第一人称主语凸显"意愿"义。

"将"在《今文尚书》中已出现3例表将来时,春秋时代就比较常见。如:

(17)武王既丧,管叔及其群弟乃流言于国,曰:"公将不利于孺子。"(《尚书·金縢》)

(18)王曰:"呜呼!封,汝念哉!今民将在祇遹乃文考,绍闻衣德言。往敷求于殷先哲王,用保乂民。"(《尚书·康诰》)

（19）简兮简兮，方<u>将</u>万舞。（《诗经·邶风·简兮》）

（20）俨兮其若容；涣兮若冰之<u>将</u>释。（《老子》十五章）

（21）叶公问孔子于子路，子路不对。子曰："女奚不曰：其为人也，发愤忘食，乐以忘忧，不知老之<u>将</u>至云尔。"（《论语·述而》）

（22）士弥牟谓韩宣子曰："子弗良图，而以叔孙与其仇，叔孙必死之。鲁亡叔孙，必亡邾。邾君亡国，<u>将</u>焉归？子虽悔之，何及？所谓盟主，讨违命也。若皆相执，焉用盟主？"（《左传·昭公二十三年》）

"公将不利于孺子"，即"周公将要对幼小的国王不利了"。"将"不能理解为"意图"义，因为"意愿"义是周公内心的一种想法，内心想法外人一般是无法知道的。这例中说话人是管叔及其群弟，"将"理解为"将要"义，即表将来时显然更符合语境。"今民将在祇遹乃文考"，义为"现在臣民将要察看（你）是否恭敬地遵循你的父亲文王（的传统）"。"方将万舞"即"将要万舞（开场）"，显然不是"打算跳舞"。

句法上，"将"表将来时，主语可以是有生的人，也可以是无生主语，如上面例句中"冰之将释"中"冰"，还可以是状态谓词，如"老之将至"中"老"。"将"后VP既可以是主语可控的，也可以是主语不可控的，如"老之将至"的"至"是不可控的。"邾君亡国，将焉归"中"归"，也是亡国之后施事主语邾君不可控的。"将"表将来时，指的是动作发生的时间，管辖范围是"将"后的谓语部分。

"将"表将来时，所谓将来时，是现在之后的某一段时间（Comrie1985），即动作或事件在参照点之后发生，参照点指现在，一般是说话时间。从"意愿"到将来时，演变机制是转喻推理。"意愿"义表示施事主语打算要实施某个动作行为，这个动作行为在说话时尚未发生，隐含着这个动作行为是说话时间之后发生。那么"将"是在什么语境中发生重新分析呢？

张希、陈前瑞（2019）认为"将"的主语为第一人称时，凸显"意愿"义。如《论语·阳货》中"吾将仕矣"，凸显的是第一人称主语的意愿。当主语是第三人称时，不凸显"将"的施事主语的意愿。即"将"的主语是第三人称时，"将"可以重新分析"意愿"与"将要"。如：

（23）季氏<u>将</u>伐颛臾。（《论语·季氏》）

（24）郑伯将伐许。五月甲辰，授兵于大宫。（《左传·隐公十一年》）

如"季氏将伐颛臾"，既可以理解为"季氏打算伐颛臾"，"将"理解为"打算"，表"意愿"义；也可以理解"季氏将要伐颛臾"，"将"理解为"将要"义，表将来时。

"将"表将来时的隐含义随着使用频率增多，逐渐固化，"意愿"义逐渐脱落。句法上表现为："将"的主语为无生主语、"将"后VP是不可控的动作行为。"将"不再表"意愿"义，而是表将来时，如例（17）—（22）。

另外，"意愿"到将来时是跨语言反复出现的演变路径，Bybee et al.（1994）与 Heine et al.（2002）归纳将来时的词汇来源时，均列举了"意愿"义。

"将"表"意愿"义，是助动词，表将来时，是副词，语义更虚。

（二）"将来时"→"认识盖然"

"将"表"认识盖然"义，始见于《论语》，仅1例。《左传》中语例较多。如：

（25）我之不贤与，人将拒我，如之何其拒人也？（《论语·子张》）

（26）公曰："不义不暱，厚将崩。"（《左传·隐公元年》）

（27）襄仲如齐，拜谷之盟。复曰："臣闻齐人将食鲁之麦。以臣观之，将不能。齐君之语偷。臧文仲有言曰：'民主偷，必死。'"（《左传·文公十七年》）

（28）少师谓随侯曰："必速战。不然，将失楚师。"（《左传·桓公八年》）

"我之不贤与，人将拒我"，这是虚拟语境，义为"（如果）我不贤明的话，别人很可能会拒绝我"。"拒我"这一事件实现时间虽然处于将来，但是如果译为"别人将来拒绝我"，与句意不符。"将"表达的是一种预测，表达说话人对这一命题比较肯定的推断，"将"可翻译为"很可能会、大概会"，表"认识盖然"义。"不义不暱，厚将崩"，义为"没有正义就不能团结大众，（即使）势力大了（也）很可能会崩溃"。"以臣观之，将不能"，前有表说话人的推断的"以臣观之"提示语，义为"据臣看来，估计不能"。

上面这些例句中"将"表对未然事件的推断，东汉及魏晋南北朝"将"

扩展为表对已然事件的推断。如：

（29）须菩提白佛言："般若波罗蜜少有晓者，<u>将</u>未狎习故？"佛语须菩提："如是如是，般若波罗蜜少有晓者，用未狎习之所致，何以故？"（《道行般若经》卷三）

（30）<u>将</u>记述者欲以少见奇，非其实录也。（西晋·陈寿《三国志·武帝纪》）

（31）有一少年云："此远国异人而能作吾国言，受害无难色，<u>将</u>是神人乎？"（《古小说钩沉·幽明录》）

（32）五月丙子，诏曰："久旱伤麦，秋种未下，朕甚忧之。<u>将</u>残吏未胜，狱多冤结，元元愁恨，感动天气乎？"（南朝宋·范晔《后汉书·光武帝纪》）

"般若波罗蜜少有晓者，将未狎习故"，义为"般若波罗蜜很少有通晓者，大概是没有熟习的缘故吧"，"将"用在溯因推理中，表达说话人对"般若波罗蜜少有晓者"原因的推断。"将记述者欲以少见奇，非其实录也"这是裴松之的看法，认为大概是记述者想以少见奇，不是实录，"将"位于句首，管辖的范围是整个小句。"将是神人乎"，"将"位于高位谓词"是"之前，义为"（这人）大概是神人吧"。

"将"表"认识盖然"义，表示说话人对命题真实性比较确信，管辖的范围是整个小句，与"将"表将来时相比，管辖范围扩大。

龙国富（2010）认为"将"是从认识情态衍生出将来时，本书认为是从将来时衍生出认识盖然，主要基于出现时间的早晚。"将"表将来时在《今文尚书》出现3例，《诗经》《论语》中也有多例表将来时，即"将"表将来时在这些文献已经很常见。而"将"表"认识盖然"义，第一例始见于《论语·子张》，《论语》中仅1例，《左传》中比较常见，对已然事件的推断在东汉才出现。从时间上，"将"表将来时先出现，表"认识盖然"义后出现。

"将"从"将来时"演变为"认识盖然"，演变机制是转喻推理。

"将"表将来时，分为两类，一类是说话人已知将来要发生某个事件，这一类是纯客观的未来要发生的事件。另一类是说话人不确知事件会不会发生，只是根据事实或经验推断未来会发生这个事件，一般称为"预测"，

"将"表"预测"义，就隐含了说话人对命题的主观判断，即"将"在这种语境中产生隐含义"认识盖然"义。"将"的隐含义"认识盖然"义随着使用的增加并逐渐固化，"将"的"将来时"义逐渐脱落，"认识盖然"义凸显，语境从未然扩展为已然，"将"句法位置由主谓之间提到句首，管辖范围由谓语扩展为整个小句。

二、"欲"

"欲"的演变路径为："希望"→"意愿"→"将来时"→"认识盖然"。

"欲"，表"想要、希望"义，在西周金文中已出现，春秋战国语例使用频率增加。如：

（33）俗（欲）我弗作先王忧。（毛公鼎）

（34）欲王以小民，受天永命。（《尚书·召诰》）

（35）欲至于万年，惟王子子孙孙永保民。（《尚书·梓材》）

（36）子欲善，而民善矣！（《论语·颜渊》）

（37）孔子岂不欲中道哉。（《孟子·尽心下》）

"欲"在先秦时期，用作动词，后面常见的是接谓词性成分，较少接名词性成分。后演变为表"意愿"义的助动词。如：

（38）予欲观古人之象，日月星辰山龙华虫作会，宗彝藻火粉米黼黻絺绣，以五采彰施于五色，作服，汝明。予欲闻六律五声八音，在治忽，以出纳五言，汝听。（《尚书·益稷》）

（39）己欲立而立人，己欲达而达人。（《论语·雍也》）

（40）门人欲厚葬之，子曰："不可。"（《论语·先进》）

（41）阳货欲见孔子，孔子不见，归孔子豚。（《论语·阳货》）

"欲"从"希望、想要"义，演变为表"意愿"义的助动词，关键是"欲"后接VP，并且主语能控制VP。"欲"后接VP，句中有两个动词，后一动词是交际双方关注的焦点，使得"欲"述谓性减弱，由动词降级为助动词。

"欲"表将来时，东汉时已使用（王统尚2009），魏晋南北朝亦有语例。如：

（42）鲁城门久朽<u>欲</u>顿，孔子过之，趋而疾行。（东汉·王充《论衡·幸偶》）

（43）鸡鸣外<u>欲</u>曙，新妇起严妆。（《汉乐府·孔雀东南飞》）

（44）羽乘船临城，围数重，外内断绝，粮食<u>欲</u>尽，救兵不至。（西晋·陈寿《三国志·诸夏侯曹传》）

（45）吾尝患齿，摇动<u>欲</u>落，饮食热冷，皆苦疼痛。（南朝·颜之推《颜氏家训·养生》）

（46）佗脉之，曰："府君胃中有虫，<u>欲</u>成内疽，腥物所为也。"（南朝宋·范晔《后汉书·华佗传》）

"欲"从"意愿"义衍生出将来时，表打算实施某个动作行为，那么这个动作行为尚未实施，将来会实施，即"意愿"义隐含着将来时。句法上，一是"欲"前由有生主语扩展为无生主语，二是"欲"后动作行为由可控动作行为扩展为不可控动作行为。无生主语与不可控动作行为使得"欲"的"意愿"义脱落，将来时义凸显。

"欲"表"认识盖然"义，始见于六朝。如：

（47）想弟必有过理，得暂写怀；若此不果，后期<u>欲</u>难冀。（东晋·王羲之《王右军军帖》）

（48）帝常称隗嚣长者，务<u>欲</u>招之，闻而叹曰："吾与隗嚣事<u>欲</u>不谐，使来见杀，得赐道亡。"（南朝宋·范晔《后汉书·隗嚣传》）

"若此不果，后期欲难冀"，前一分句句首是认知动词"想"，后一分句也就是说话人主观认为"如果此次不能成功，后来想要的很可能难以希求"。"吾与隗嚣事欲不谐，使来见杀，得赐道亡"，义为"我与隗嚣大概不能和谐了，（他派来的）使者被杀，（应该）得到的赏赐又在半路上丢失了"。这两例"欲"表说话人对未然事件的比较肯定的推断。

（49）既成婚，女之顽嚣，<u>欲</u>过阿智。（南朝宋·刘义庆《世说新语·假谲》）

（50）谢太傅语真长："阿龄于此事，故<u>欲</u>太厉。"（《世说新语·赏誉》）

（51）周家本事俗神，姨舅及道义咸恐是俗神所假，或谓欲染邪气，巫相虑问。（南朝梁·陶弘景《周氏冥通记》卷一）

"女之顽嚚，欲过阿智"，义为"女的顽皮愚蠢，很可能超过阿智"，"欲"表示说话人对已然事件的比较肯定的推断。"阿龄于此事，故欲太厉"与"或谓欲染邪气"均是对已然事件的推断。

三、"行"

"行"的演变路径为："行走/离开" → "将来时" → "认识盖然"。

"行"，本义是"道路"，用作动词时引申为"行走"，后引申为"去/离开"的位移义。如：

（52）女执懿筐，遵彼微行。（《诗经·豳风·七月》）——道路

（53）独行踽踽，岂无他人？（《诗经·唐风·杕杜》）——行走

（54）宫之奇以其族行。（《左传·僖公五年》）——离开

"行"后接谓词性成分，构成连动结构。如：

（55）自靖，人自献于先王，我不顾行遁。（《尚书·微子》）

"我不顾行遁"，义为"我不想去/离开逃匿"。值得注意的是，去实施某个动作，这个动作行为尚未实施，隐含着将要实施这个动作行为。即"行VP"隐含着"将要VP"。当"行"用在非位移的语境中时，表将来时的语义凸显。"行"表将来时始见于春秋的《诗经》中。如：

（56）行归于周，万民所望。（《诗经·小雅·都人士》）

（57）十亩之间兮，桑者闲闲兮。行与子还兮。（《诗经·魏风·十亩之间》）

"行归于周，万民所望"，义为"将要回到西周，万民仰望"。"行与子还兮"，即"将要与你一起回家"。再如：

（58）于是楚军夜击阬秦卒二十余万人新安城南，行略定秦地。函谷关有兵守关，不得入。（《史记·项羽本纪》）

（59）乃行击陈留、外黄、睢阳，下之。（《史记·高祖本纪》）

（60）匈奴捕者骑数百追之，广行取胡儿弓，射杀追骑，以故得脱。（《史记·李将军列传》）

（61）善万物之得时，感吾生之行休。（陶渊明《归去来兮辞》）

（62）病者言已到，应便拔针，病亦行差。（西晋·陈寿《三国志·华佗传》）

"行"从位移动词"去/离开"到将来时，是从空间到时间的演变。Bybee et al.（1994）指出位移动词"去"是常见的将来时的词汇来源，样本中有 10 种语言的将来时词汇源自"去"。

汉语史常见的表"且"，同"徂"，本义是"去往"，后衍生出将来时义。如：

（63）女曰："观乎?"士曰："既且。"（《诗经·郑风·溱洧》）——去往

（64）譬之犹秋蓬也，孤其根而美枝叶，秋风一至，根且拔矣。（《晏子春秋·杂篇上》）——将来时

（65）今吾尚病，病愈，我且往见。（《孟子·滕文公章句上》）——将来时

"行"表"认识盖然"义，始见于战国时代，汉以后语例增多。如：

（66）威制共则众邪彰矣，法不信则君行危矣，刑不断则邪不胜矣。（《韩非子·有度》）

（67）其大臣谏胡曰："汉兴兵诛郢，亦行以惊动南越。且先王昔言，事天子期无失礼，要之不可以说好语入见。入见则不得复归，亡国之势也。"（《史记·南越列传》）

（68）夫一杨叶射而中之，中之一再，行败穿不可复射矣。（东汉·王充《论衡·儒增》）

（69）有病目痛者息阴下，言："李君令我目愈，谢以一豚。"目痛小疾，亦行自愈。（东汉·应劭《风俗通义·李君神》）

（70）辂曰："吉，迁官之征也，其应行至。"（西晋·陈寿《三国志·管辂传》）

"行"表"认识盖然"义，主要用在未然语境中，表说话人的预测。

本节小结

本节论述了"将、欲、行"的"将来时"到"认识盖然"义的演变路径与机制。"将"的演变路径为："捧持、扶持"→"希望"（动词）→

"意愿"（助动词）→ "将来时" → "认识盖然"。"欲"的演变路径为"希望" → "意愿" → "将来时" → "认识盖然"。"行"的演变路径为："行走、离开" → "将来时" → "认识盖然"。"将"与"欲"的将来时来源于"意愿"义。句法上，"将/欲"表"意愿"义，主语为有生的人，"将、欲"后接谓词性成分，其中谓词为可控行为动词，表示施事主语意图实施某个动作行为。从"意愿"到"将来时"，演变机制是转喻，施事主语意图实施某个动作行为，隐含着将要实施这个动作行为。句法上，"将、欲"的主语为无生名词，或"将/欲"后为不可控动作行为，"将、欲"的"意图"义脱落，演变为将来时。"行"从"行走、离开"演变为"将来时"，演变机制是转喻推理。句法上，"行"表"行走、离开"后接谓词成分构成连动结构，此时，去实施某个动作行为，隐含着将要实施这个动作行为。在某些语境中"行"的位移义脱落，演变为将来时。

从"将来时"到"认识盖然"，演变机制是语用推理。"将、欲、行"表将来时，分为两类，一类是说话人已知将来要发生某个事件，这一类是纯客观的未来要发生的事件。另一类是说话人不确知事件会不会发生，只是根据事实或经验推断未来会发生这个事件，一般称为"预测"，"将、欲、行"表"预测"义，就隐含了说话人对命题的主观判断，即产生了"认识盖然"义。"将、欲"表"认识盖然"义，既有对未然事件的比较肯定的推断，也有对已然事件的比较肯定的推断，即从未然扩展为已然。"行"主要表对未然事件比较肯定的推断。

本章小结

本章主要探讨三组汉语认识盖然义的来源及演变，归纳了三条演变路径：一是探讨了"该、当、应、合"等词，归纳出"符合" → "应当" → "认识盖然"的演变路径；二是探讨了"大约、大概、大抵"等词，归纳出"概量（大量）" → "认识盖然"的演变路径；三是探讨了"将、欲、行"等词，归纳出"将来时" → "认识盖然"的演变路径。

第四章　汉语认识必然义词的来源及演变路径

本章主要探讨三组汉语认识必然义词的来源及演变路径。第一节探讨"须、会₂、必"之"认识必然"义的来源及演变路径。第二节探讨"定、准"之"认识必然"义的来源及演变路径。第三节探讨"保、管、敢"之"认识必然"义的来源及演变路径。

第一节　"须、会₂、必"

汉语史上，一些表"条件必要"的词，衍生出"认识必然"义，如"须"、"会₂"、"必"等。

"须"：

（1）假使之然，高三尺之堂，蓂荚生于阶下，王者欲视其英，不能从户牖之间见也，须临堂察之，乃知荚数。（《论衡·是应》）——条件必要

（2）陵语"大夫今夜出，楚家军号总须翻，选拣诸臣去不得，将军掼甲速攀鞍"。（《敦煌变文集·汉将王陵变》）——认识必然

"会₂"：

（3）虽名秋种，会在六月。六月中无不霖，遇连雨生，则根强科大。（北魏·贾思勰《齐民要术·种胡荽》）——条件必要

（4）以公之明，将来会自闻达。（南朝梁·沈约《宋书·刘穆之传》）——认识必然

"必"：

（5）工欲善其事，必先利其器。（《论语·卫灵公》）——条件必要

（6）刘康公曰："不及十年，原叔必有大咎，天夺之魄矣。"（《左传·宣公十五年》）——认识必然

"条件必要""认识必然"由同一个语言形式承载，三个词存在平行演变关系。关于"必、会、须"情态功能的演变，成果较多，下面分别论述。

关于"须"的语义演变，主要成果有李明（2003、2016）、朱冠明（2003、2008）、吴春生、马贝加（2008）等。"须"之"认识必然"义的来源及演变，李明（2003、2016）认为其演变路径为："等待"→"有待于"→"条件必要"→"认识必然"。朱冠明（2003、2008）认为其演变路径为："等待"→"有待于"→"须要"（中性）→"道义必要"→"认识必然"。其分歧在于李明（2003、2016）认为"须"之"认识必然"义来源于"条件必要"义，而朱冠明（2003、2008）、吴春生、马贝加（2008）认为"须"的"认识必然"义来源于"道义必要"义。李明（2003：404）指出"索、得（děi）"具有"条件必要"义与"认识必然"义，不存在"道义必要"义，因此"索"等词的"认识必然"只能从"条件必要"发展而来。本书赞同李明（2003、2016）的看法。不过，关于演变过程与机制，上面学者均未具体详细论述。

关于"会"，主要研究成果有江蓝生（1998），杨秀芳（2001），傅书灵、祝建军（2004），蒋绍愚（2007），王鹏、马贝加（2011），吴春生（2011），张定（2013），范晓蕾（2016），李明（2016）等。其演变路径归纳起来主要有两种观点：一种是"会"的认识情态义源于"能力"语义源。如江蓝生（1998：105－106）、杨秀芳（2001）、蒋绍愚（2007）、范晓蕾（2016）、李明（2016）等。另一种观点认为"会"之认识情态义来源于"会合"语义源。如傅书灵、祝建军（2004），吴春生（2011），王鹏、马贝加（2011）等。

为何会存在分歧？从汉语史看，"会"表"内在能力"义，始见于唐代，而"认识必然"义，始见于东汉，时间上不吻合。另外，表"内在能力"义的"能、解"等词，其演变路径是"内在能力→条件可能→认识可能"，而现代汉语中"会"表认识情态义，其情态强度明显强于"能"的"认识可能"义。故本书认为汉语史上"会"有"认识可能"义与"认识必然"义，为了区分，把"认识可能"义来源的称为"会$_1$"，其演变路径

为"内在能力→条件可能→认识可能",具体演变过程见第二章第三节。把"认识必然"义来源的称为"会₂",其与"必、须"等词表"认识必然"义的来源一样,具体路径为"条件必要→认识必然",这是本节论述的内容。

关于"必",主要研究成果有谷峰(2010)、巫雪如(2018)。谷峰(2010)较详细地分析"必"在先秦汉语中四种情态义:表意志坚决、表义务、表必然、表必要。巫雪如(2018)认为"必"的本义为"决然、断然",其演变路径为:

$$
必(断然) \nearrow 必然(认识必然情态) \\
\longrightarrow 必要(条件必要情态) \longrightarrow 必须(道义必要) \\
\searrow 意志(动力情态)
$$

"必"在《尚书》中已存在"认识必然"义,在《左传》中是常见的表"认识必然"义的词语,从历时上看不出其演变轨迹。但是参照"须、会₂"的演变路径,本书认为其"认识必然"义来源于"条件必要"。

下面以"须、会₂、必"为例,具体论述"条件必要→认识必然"的演变过程及演变机制。

一、"须"

(一)"等待→须要→条件必要"

"须",义为"等待",是"**頿**"的假借字。在《尚书》和《诗经》中各有 1 例。如:

(7)天惟五年须暇之子孙,诞作民主;罔可念听。天惟求尔多方,大动以威,开厥顾天。(《尚书·多方》)

(8)招招舟子,人涉卬否。人涉卬否,卬须我友。(《诗经·匏有苦叶》)

这两例中,"须"后宾语是具体的表人名词,表示具体的等待对象。

到战国时代,出现了"须 NP/VP 关联词 VP"结构。如:

(9)是以吴起须故人而食,文侯会虞人而猎。(《韩非子·外储说左上》)

（10）桓公宿义，须遗冠而后行之，则是桓公行义，非为遗冠也。（《韩非子·难二》）

（11）守节出入，使主节必疏书，署其情，令若其事，而须其还报以剑验之。（《墨子·杂守》）

（12）民相恶，若议吏，吏所解，皆札书藏之，以须告之至以参验之。（《墨子·杂守》）

"须 NP/VP 关联词 VP"句法格式中，有两点值得注意：一是"须"凸显其时间义，义为"等到"；二是"须 NP/VP 关联词 VP"，句法意义为等到 NP/VP 出现，或等到实施"须"后的动作行为，再实施连词后另外的动作行为。如"吴起须故人而食"，即"吴起等到老朋友才吃饭"；"须其还报以剑验之"，即"等到他们回报时再加以检验它们"；"须告之至以参验之"，即"等到控告者到来再加以验证"。"须 VP"与"关联词 VP"，具有时间上的先后关系，前一动作是后一动作实现的条件，即隐含着条件关系。如"须告之至以参验之"，只有控告者到了才能验证之。

当前后动作或事件不凸显时间义时，"须"表条件的"须要、依靠"义就逐渐凸显出来，如：

（13）故无术者得于不用，不肖者得于不任，言不用而自文以为辩，身不任而自饰以为高，世主眩其辩、滥其高而尊贵之，是不须视而定明也，不待对而定辩也，喑盲者不得矣。（《韩非子·六反》）

"是不须视而定明也"，有两种理解，一种是"不等到看而确定眼明"，一种是"不须要看而确定眼明"，因为后句有"待"对举，故"须"还是理解为"等到"义。

（14）礼为情貌者也，文为质饰者也。夫君子取情而去貌，好质而恶饰。夫恃貌而论情者，其情恶也；须饰而论质者，其质衰也。何以论之？（《韩非子·解老》）

"须饰而论质者"既可以理解为"等到修饰后而论其质之人"，又可以理解为"依靠修饰而论其质之人"，例句中"须"与"恃"对举，故理解为"依靠、须要"更合适。

《史记》中"须"表示"须要、依靠"的语例有两例，即：

（15）陛下已壮矣，宁尚须汝乳而活邪？（《史记·滑稽列传》）

（16）鬼神不能自成，<u>须</u>人而生，奈何无父而生乎！（《史记·三代世表》）

这两例中"须"后接名词性词语，视为一般动词。

"须"表"条件必要"，始见于东汉。"条件必要"是指客观条件或情况决定动作实施的必要性，后接 VP 结构。主要有下列三种句法格式：

句式 A：须 VP（关联词）VP。如：

（17）天之生瑞，欲以娱王者，<u>须</u>起察乃知日数，是生烦物以累之也。（王充《论衡·是应》）

（18）所谓"圣"者，<u>须</u>学以圣。（《论衡·实知》）

句式 B：须（NP）VP，S。如：

（19）定其为鬼，<u>须</u>有所问，然后知之。（《论衡·死伪》）

（20）世之解说说人者，非必<u>须</u>圣人教告，乃敢言也。（《论衡·问孔》）。如：

句式 C：S，须 VP。如：

（21）使颜渊才在己上，己自服之，不<u>须</u>抑也。（《论衡·问孔》）

（22）勉力勤事以致富，砥才明操以取贵；废时失务，欲望富贵，不可得也。虽云有命，当<u>须</u>索之。（《论衡·命禄》）

句式 A 与句式 B 归为一类，句式 B 是句式 A 的扩展，后一 VP 扩展为小句。"须"位于前一 VP 之前，句式义为实施"须"后动作行为是实现后一 VP 或小句命题实现的条件，句式 B"须"位于条件从句中，称为"条件必要$_1$"。句式 C"须"位于后一分句中，句式义为某种情况的出现或达到某种结果，必须实施"须"后动作行为，"须"位于条件主句中，称为"条件必要$_2$"。

句法上，"须"表"条件必要"，否定词位于"须"之前，"须"的管辖范围是后面的谓语部分。

"须"由"等待→须要→条件必要"，其演变的句法环境是"须 NP/VP 关联词 VP"。有两点值得注意：一是"须"凸显其时间义，义为"等到"；二是"须 VP"与"关联词 VP"，前一 VP 与后一 VP 存在时间上的先后关系，这种时间先后关系使得先实施"须"后的动作，然后才能再实施关联词后的动作行为，即"须"后的前一 VP 是关联词后的后一 VP 实现的条件，换句话说，前后 VP 之间隐含着条件关系。"须"表"条件"的隐含义反复使用，由特殊隐含义变成一般隐含义，两者之间并不存在时间上先后关系，"须"表"条件"义逐渐固化、规约化。"须"从"等待→须要→条件必要"，也可以归纳为"时间→条件"的演变路径。其实"时间"到"条件"是一条跨时间反复出现的演变路径（王春辉 2013、徐朝红 2016）。汉语中"后"也经历了"时间→条件"的语义演变（江蓝生 2002、吴福祥 2007）。

（二）"条件必要"→"道义必要"

"须"表"道义必要"义始见于魏晋南北朝，唐以后语例增多。如：

（23）畅闻涵至，门前起火，手持刀，魏氏把桃枝，谓曰："汝不须来！吾非汝父，汝非吾子，急手速去，可得无殃！"（魏·杨衒之《洛阳伽蓝记》卷三）

（24）显达谓其子曰："麈尾扇是王谢家物，汝不须捉此自逐。"（南朝梁·萧子显《南齐书·陈显达传》）

（25）地神于空中告其僧曰："来日斋时，有群贼来劫此寺，请诸僧人切须回避。"（《敦煌变文集·庐山远公话》）

"道义必要"，说话人的权威、社会准则和道德标准决定事件实施的必要性。"条件必要"演变为"道义必要"，李明（2003：397 - 411）已经论述得很清楚。"条件必要"是"客观必要"，"道义必要"是"主观必要"，其演变机制是转喻推理，即某个动作行为在客观条件或情理下是必要的，那么听话人也必须要实施这个动作行为。

（三）"条件必要"→"认识必然"

"须"表"认识必然"义始见于唐代，宋代也有语例，有些例句李明（2016）引用过。如：

（26）任伊持世坚心，见了也须退败……任伊铁作心肝，见了也须粉碎。（《敦煌变文集·维摩诘经讲经文》）

（27）大（待）伊怨（冤）家上仓，不计是两个笠子，四十个笠子也须烧死。（《敦煌变文集·舜子变》）

（28）燕子单贫，造得一宅，乃被崔儿强夺，仍自更著恐吓，云明敕括客，标入正格……是你下牒言我，共你到头，并亦火急离我门前，少时终

须吃捆。(《敦煌变文集·燕子赋》)

（29）人若除得个倚靠人底心，学也**须**会进。(《朱子语类》卷一百一十三)

（30）有朝福至，**须**交名播满华夷。(宋·无名氏《刘知远诸宫调》)

（31）你我两人半世也够吃用了，只管做这没天理的勾当，终**须**不是个好结果。(宋·无名氏《错斩崔宁》)

"任伊持世坚心，见了也须退败……任伊铁作心肝，见了也须粉碎"，义为"无论他（怎样）持世坚心，见了也必然会退败……无论他（怎样）铁作心肝，见了也必然会粉碎"，"须"表示言者对（他）见了之后表现出来的动作行为的推断。"四十个笠子也须烧死"，言者舜的后母，认为（即使）四十个笠子，（舜）也肯定会烧死。"是你下牒言我，共你到头，并亦火急离我门前，少时终须吃捆"，根据文中前后语境，"你"是指"燕子"，"我"是"雀儿"，言者雀儿命令燕子火急离开他门前，（不然的话），少时（燕子）一定会吃捆。"须"表示言者"雀儿"对"（燕子）遭受吃捆"这一事件的推断。上面这些例句"须"表达说话人对未然事件的推断。

宋代"须"还表达说话人对已然事件的推断。如：

（32）这桩事**须**不是你一个妇人家做的，一定有奸夫帮你谋财害命，你却从实说来！(无名氏《错斩崔宁》)

"须"表"认识必然"义，句法上，否定词位于"须"之后；"须"可以放在高位谓词"是"之前，后面接小句，如"这桩事须不是你一个妇人家做的"；"须"指向的说话人，隐含着言者主语。

那么"须"是如何从"条件必要"义衍生出"认识必然"义的呢？上面论述了"须"表"条件必要"，根据"须"所在的句法位置，分为两类，一类是"须"位于前一"VP"之前，句法格式为"须 VP（关联词）VP/须（NP）VP，S"，即"条件必要$_1$"句式义为实施"须"后动作行为是实现后一 VP 或小句命题实现的条件。另一类是"须"位于后一分句中，句法格式为"S，须 VP"，即"条件必要$_2$"，句式义为某种情况的出现或达到某种结果，必须实施"须"后动作行为。

"须"表"条件必要$_2$"的语例。再如：

（33）齐沈僧照别名法朗，攸之之孙也，记人吉凶，颇有应验。尝校猎

中道而还，左右问何故？答曰："国家有边事，须还处分。"问："何以知之？"曰："向闻南山虎啸知耳。"（《古小说钩沉》）

"国家有边事，须还处分"，出现了"国家有边事"的情况，言者即施事有必要回来处理。有两点值得注意，一是"须"表"条件必要₂"，与其表"认识必然"的句法位置相同，二是这是一个已然事件，只能理解为"条件必要"。

当"须"后的事件是未然事件，就隐含着推断，即"认识必然"义。如：

（34）陵曰："吾三军节度，六卿旗鼓，天子受（授）吾命，将破虏归朝。奈何汉弱胡强，旗鼓零洛（落），节度恓惶，人虽命在，军见无粮，眼看食尽，道理须降。"（《敦煌变文集·李陵变文》）

"人虽命在，军见无粮，眼看食尽，道理须降"，言者即施事李陵认为，在"军见无粮，眼看食尽"的情况下，必须投降，"须"表"条件必要"。这是一个未然事件，也隐含着说话人的推断，表示说话人认为在这种情况下，一定会投降，即隐含着"认识必然"义。这个例句中"须"的施事就是说话人。

当"须"的施事不再是说话人，在未然语境中，"须"表"认识必然"义就凸显。如：

（35）丈夫今无天日分，雄心结怨苦苍苍；傥逢天道开通日，誓愿活捉楚平王。掘心并脔割，九族总须亡，若其不如此，誓愿不还乡！（《敦煌变文集·伍子胥变文》）

"九族总须亡"，义为说话人伍子胥推断（楚平王）九族最终必然灭亡。

"须"从"条件必要"义衍生出"认识必然"义，受两个因素的制约：一是语境是已然还是未然；二是主语是第一人称还是其他。

A. "国家有边事，须还处分"——已然语境，"须"表"条件必要"。

B. "眼看食尽，道理须降"——未然语境，第一人称，"须"表"条件必要"，隐含"认识必然"。

C. "九族总须亡"——未然语境，其他人称，"须"表"认识必然"。

再如：

（36）持世若教成道后，魔家眷属定须摧。（《敦煌变文集·维摩诘经讲

经文》)

"魔家眷属定须摧"，这是未然虚拟语境，主语"魔家眷属"是"摧"的受事，不是第一人称。

综上，"须"从"条件必要"义衍生出"认识必然"义，其演变的句法格式是"条件必要$_2$"，"须"位于后一分句中，句法格式为"S，须VP"。句式义为某种情况的出现或达到某种结果，必须实施"须"后动作行为。其演变的关键有两点，一是在未然语境，在某种情况下，必须去实施某个未然的行为，隐含着说话人推断。二是主语的人称，当主语不是第一人称时，很多语例是受事主语，"须"就凸显了说话人对受事主语遭受某个动作行为的推断，从而演变为"认识必然"义。"须"表"认识必然"主要用于未然和虚拟语境，在宋代扩展为已然语境，如上面《错斩崔宁》中"这桩事须不是你一个妇人家做的"。

二、"会$_2$"③

（一）"会合"→"适逢"

"会"，《说文》云："合也。"本义是"聚合、会合"，在春秋时代已常见。如：

（37）公会齐侯、宋公、郑伯、曹伯、邾人于柽。（《左传·僖公元年》）

（38）夏，公会齐侯伐莱。（《左传·宣公七年》）

"公会齐侯、宋公、郑伯、曹伯、邾人于柽"，"公会齐侯伐莱"，"会"后接名词性宾语，表人的会聚。

"会"表"适逢"义，后接VP，始见于春秋时期，战国亦有语例。如：

（39）诞寘之平林，会伐平林。（《诗经·大雅·生民》）

（40）魏文侯与虞人期猎，明日，会天疾风，左右止，文侯不听。（《韩非子·外储说左上》）

"会"表"会合"义，是人与人、物与物等会聚，"会"表"适逢"义，表人与某个事件的会聚。其演变是会聚的对象，从人物扩展到事件，

---

③ 下面"会$_2$"直接写成"会"。

并在偶然碰巧语境中衍生出"适逢"义。"会"表"适逢"义，具有［＋偶然/碰巧］的语义特征。从句法上，"会"表"会合"在句中充当谓语中心，是主要动词。

在《史记》中，"会"表"适逢"义，使用频率较高，大部分语例句法格式为"会 VP，S"。如：

（41）<u>会</u>天大雨，道不通，度已失期。失期，法皆斩。（《史记·陈涉世家》）

（42）<u>会</u>暑湿，士卒大疫，兵不能逾岭。（《史记·南越列传》）

（43）我持白璧一双，欲献项王，玉斗一双，欲与亚父，<u>会</u>其怒，不敢献。（《史记·项羽本纪》）

值得注意的是，"会 VP"与"S"之间存在时间先后关系，也存在因果条件关系。如："会天大雨，道不通，度已失期"，即"适逢天大雨"，（导致）"道不通""失期"。"会暑湿，士卒大疫，兵不能逾岭"，即"适逢暑湿"，导致"士卒大疫，兵不能逾岭"。"会其怒，不敢献"，适逢"其发怒"，所以"不敢献"。"会 VP"表达的事件，是后一分句事件发生的条件。再如：

（44）后数月，黯坐小法，<u>会</u>赦免官，于是黯隐于田园。（《史记·汲郑列传》）

（45）欲归报，<u>会</u>秦击夺楚巴、黔中郡，道塞不通，因还。（《史记·西南夷列传》）

"会赦免官，于是黯隐于田园"，适逢"赦免官"，于是黯隐于田园。"会秦击夺楚巴、黔中郡，道塞不通，因还"，适逢"秦击夺楚巴、黔中郡，道塞不通"，因此返回。这些例句中还出现了表承接的连词"于是、因"等，前一分句的事件是后一分句事件发生的条件，这与条件句的句式义吻合。

（二）"适逢"→"条件必要"

"会"表典型的"条件必要"始见于东汉佛经中，魏晋南北朝时期亦有语例。如：

（46）今人或大远流水，<u>会</u>当得井水饮之乃活，当云何乎？（东汉·于吉《太平经》卷六十一）

（47）"唯唯。今人生天地之间，<u>会</u>当得室庐以自盖，得井饮之，云何乎？"（《太平经》卷六十一）

（48）初酘之时，十日一酘，不得使狗鼠近之。于后无若，或八日、六日一酘，<u>会</u>以偶日酘之，不得只日。……九日一酘，后五日一酘，后三日一酘。勿令狗鼠近之。<u>会</u>以只日酘，不得以偶日也。（北魏·贾思勰《齐民要术·法酒》）

（49）虽名秋种，<u>会</u>在六月。六月中无不霖，遇连雨生，则根强科大。（北魏·贾思勰《齐民要术·种胡荽》）

（50）其菩萨复问："说何所法而可怛萨阿竭者？"文殊师利答言："佛自知之。"复言："虽尔，<u>会</u>说其意。"文殊师利则言……（《阿阇世王经》）

如"今人或大远流水，会当得井水饮之乃活"，义为"现在有的人远离流水，必须得到井水饮用才能活下去"，即"得井水饮之"，是"活"的必要条件。"今人生天地之间，会当得室庐以自盖，得井饮之"，义为"人活在天地之间，必须盖房屋来遮蔽自己，掘井水来饮用"。即必须具备"得室庐以自盖，得井饮之"这个条件，人才能生于天地之间。"会"义为"必须"，表"条件必要"。

"会"由"适逢"义衍生出"条件必要"义的动因与机制是什么？演变机制是语境吸收。"会"表"适逢"义，句法格式为"会VP，S"，"会VP"与"S"之间存在时间先后关系，也存在因果条件关系。"会"所在的前一分句表达的事件是后一分句表达的事件实现的条件。"会"在这样的语境中，产生了隐含义"须要"的条件义。演变的关键是"会VP"位于表普遍条件的语境中，如"会当得井水饮之乃活"，"得井水饮之"这个条件，不是一个"偶然碰巧"的条件，而是一个人类存活的普遍条件，那么"会"的"适逢"义弱化，"条件必要"义凸显。"会"表"条件必要"义，是客观必要，即从客观事理须要实施某个动作行为。句法上，"会"后接VP，使得句中有两个VP，后一VP是交际双方关注的焦点，"会"的述谓性减弱，由动词降级为助动词。

（三）"条件必要"→"情理必要"

"会"表"情理必要"义始见于魏晋南北朝，唐代亦有语例。如：

（51）男儿居世，<u>会</u>当得数万兵千匹骑著后耳。（西晋·陈寿《三国

志·崔琰传》)

（52）人生在世，<u>会</u>当有业。（南朝·颜之推《颜氏家训·勉学》）

（53）烹羊宰牛且为乐，<u>会</u>须一饮三百杯。（唐·李白《将进酒》）

（54）大丈夫<u>会</u>当灭虏属。（唐·姚思廉《梁书·王大挚传》）

"会"之"情理必要"义，表示从情理上必须实施某个动作行为，大部分语例与"当、须"等连用。"会"较少用在典型的道义必要的语境。典型的道义必要要求：一是"须"的力量源是权威说话人或法律等，具有强制性；二是表达一种指令，即指令施事主语去实施某个动作，一般施事主语典型的是具有施事行为的人，一般为第二人称，是有定的，"须"后动词是自主可控动词。"会"的力量源更多是强制性较弱的习惯、社会规范或情理，施事主语可以是无定类指名词，如"男儿、人、大丈夫"等。

"会"表"情理必要"义是如何衍生而来？傅书灵、祝建军（2004），吴春生（2011）认为从"会合"义衍生而来。傅书灵、祝建军（2004）认为"当、应、合"等词表道义"应当"义均是从其"会合"义衍生而来，道义"应当"与"情理必要"都是情理上应当或必须实施某个动作行为。确实，笔者在研究"当、应、合"的演变路径时，发现"当、应、合"表道义"应当"义是由"符合"义衍生而来，具体演变过程见第三章第一节。即与"符合"义类似的"会合"义与道义"应当"义存在语义衍生的可能性。但是对"会"而言，"会"表"相合、符合"义的语例非常少，笔者也未发现"会"表"相合"用作助动词的语例，更没有发现其中间状态的语例。而王鹏、马贝加（2011）认为"会"是"认识→道义"，这显然不符合语义演变的基本规律。跨语言研究的成果证实其演变方向是"道义→认识"，而不是相反（Sweeter 1990，Bybee et al. 1994，Van der Auwera et al. 1998，Heine & Kuteva 2002/2007：154 – 155，Traugott & Dasher 2002，朱冠明 2008，李明 2016）。

那"会"表"情理必要"到底是如何衍生而来？本书认为是由"条件必要"语义扩展而来。李明（2003：397 – 411）认为，"客观必要"有两条主观化路径，一条是衍生为"主观必要"，一条是衍生出"必然"。"会"表"条件必要"是"客观必要"，表"情态必要"是"主观必要"。李明（2003）指出表"必要"的情态词，是否带有主观性，是一个强弱问题，而不是一个有无问题。

在《太平经》卷六十一"会当得井水饮之乃活"，"会"表达的是一种物质世界的客观必要。而在《颜氏家训·勉学》"人生在世，会当有业"中，客观中带主观，既可以理解为一种道德上的规约，也可以理解为言者基于这一规约，对子女作的训诫。"会"没有典型的权威说话人指令听话人或施事主语，去实施某个动作行为的语例。因此，其演变是从客观情况"须要"扩展到主观情理"须要"。

（四）"条件必要"→"认识必然"

"会"表"认识必然"义，始见于东汉。如：

（55）人失诸暗昧，诚久信其愚蔽之心，人会为恶，不可禁止，犹复不能解其承负天地之谪过。（于吉《太平经》卷六十六）

（56）今反聚而断绝之，使不得遍也，与天地和气为仇，或身即坐，或流后生，会不得久聚也，当相推移。（《太平经》卷一百三）

（57）命如果待熟，常恐会零落。（《中本起经》卷下）

（58）"唯唯。今或有起土反吉无害者，何也？""善哉，子之问也，皆有害，但得良善土者，不即病害人耳；反多四方得其凶，久久会且害人耳；得恶地者不忍人可为，即害之也。复并害远方，何也？是比若良善肠之人也，虽见冤，能强忍须臾，心不忘也，后会害之；恶人不能忍，须臾交行。"（《太平经》卷六十一）

（59）君已失恩义，会不相从许。（无名氏《古诗为焦仲卿妻作》）

如"人失诸暗昧，诚久信其愚蔽之心，人会为恶"，言者根据"人失诸暗昧，诚久信其愚蔽之心"情况，推断其一定会为恶。"今反聚而断绝之，使不得遍也，与天地和气为仇，或身即坐，或流后生，会不得久聚也，当相推移"，目前的情况是"反聚而断绝之"，言者认为这种情况是"与天地和气为仇"，从而推断"一定不会久聚"，"会"用于否定"不"之前，是对这个命题的推断。"常恐会零落"，"会"位于心理动词"恐"之后，表主观判断。

"会"表"认识必然"，主要表对未然事件的推断，未发现表对已然事件的推断。

"会"表"条件必要"的语例较少，可能的原因是受表必要的助动词

"要"的排挤。但是"条件必要"到"认识必然"是常见的演变路径（Van der Auwera et al. 1998，李明 2003、2016）。

"会"表"条件必要"分为两类，一类句法格式为"会 VP（关联词）VP/小句"，"会"位于前一分句 VP 之前，义为一定须要某个条件才能实现某个结果，称为"条件必要₁"。如：

（60）今人或大远流水，会当得井水饮之乃活，当云何乎？（《太平经》卷六十一）

另一类是出现某种情况，一定须要实施某个动作行为，句法格式为"S，会 VP"，"会"位于后一分句中，称为"条件必要₂"。如：

（61）见之，会当有可以赐之者，不赐则恩爱不下加民臣，令赤子无所诵道，当奈何哉？（《太平经》卷一百）

"会"表"认识必然"义，与"条件必要₂"的句法位置相同，应该从"条件必要₂"衍生而来。其演变的关键是未然语境。如：

（62）尝梦井中生桑，以问占梦赵直，直曰："桑非井中之物，会当移植；然桑字四十下八，君寿恐不过此。"（西晋·陈寿《三国志·杨洪传》）

"桑非井中之物，会当移植"，有两种理解，一种理解是客观情况"桑非井中之物"，一定须要移植，"会"表"条件必要"义。另一种理解是，由于"移植"是一个未然事件，说话人赵直，根据"桑非井中之物"的情况，推断肯定会移植，"会"表说话人的主观推断，即隐含着"认识必然"义。

"会"演变为"认识必然"义，表说话人的推断，"会"后动词可以具有非自主非可控的语义特征。如：

（63）虽有人于佛所作功德持用求罗汉辟支佛，会当得佛无异。（《道行般若经》卷九）

同时，辖域扩大，"会"可以位于否定副词"不"之前。如：

（64）不肯力为道者，死当下入地，会不得久居是中部也。（东汉·于吉《太平经》卷一百五十九）

"会"与"须"一样，从"条件必要"义演变为"认识必然"义，演变的关键是未然语境。"会"表"条件必要"时，主要是出现某种情况或因为某个原因，有必要去实施某个动作行为。在未然语境中，这个动作尚未实施，隐含着说话人的一种推断，推断这个动作一定会实施。

三、"必"

"必"在先秦文献中表"认识必然"义已经很常见。关于其演变过程，无法找到历史文献去论证其具体的演变过程。但是，根据"须、会₂"之"认识必然"的来源及演变过程，我们大致可以勾勒出"必"之"认识必然"义来源及演变过程。

（一）"到、临近"→"条件必要"

裴锡圭（1980：17－29）、张玉金（1994：32）指出"必（邲）"在甲骨文中有"到、临近"的时间义，下面例句也转引自裴锡圭（1980：17－29）、张玉金（1994：32）。

（65）执惠邲各（格）于裸用，王受佑。（合27281）

（66）辛卯卜：邲乡酒，其侑于四方。（合30394）

（67）丙辰卜，即贞：惠必出于夕御马？（合23602）

（68）翌日庚其秉*乃霁，邲至来庚有大雨，翌日庚其秉*乃霁，邲至来庚无大雨。（合31199）

如"执惠邲各（格）于裸用，王受佑"，义为"俘虏要是临到前往裸祭的场所时使用，大王就会受到保佑吗"（张玉金1994：32）。"邲乡酒，其侑于四方"，义为"临到为乡祭举行酒祭时，应该对四面的方神举行侑祭吗"（张玉金1994：32）；"惠必出于夕御马"，义为"临到前往夕祭场所时，为马举行御祀好不好"（张玉金1994：33）。

"必"表"条件必要"义，在先秦也很常见。根据句法位置，分为两类：一类为"条件必要₁"，句法格式为"必VP，（关联词）VP/S"中，"必"位于前一VP之前，语例较少。如：

（69）凡兴士被甲，用兵五十人以上，必会王符，乃敢行之。（《新郪虎符》）

（70）故明君者，必将先治其国，然后百乐得其中。（《荀子·王霸》）

（71）夫人必知礼然后恭敬，恭敬然后尊让。（《管子·五辅》）

另外，《论语》中存在"必也，X"的句式。如：

（72）听讼，吾犹人也。必也，使无讼乎！（《论语·颜渊》）

（73）吾闻诸夫子：人未有自致者也，<u>必</u>也，亲丧乎！（《论语·子张》）

李运富（1987）认为上述"必也"，是假设小句，义为"如果一定要……的话"，谷峰（2010：77）认为这里的"必"表"必要"。其实这里的"必"还是位于条件句中表"必要"，从整个语境来看，"必也"是"假设如果一定必要做某事"之义。

另一类为"条件必要₂"，句法格式为"S，必 VP"，"必"位于后一分句中。如：

（74）夏德若兹，今朕<u>必</u>往。（《尚书·汤誓》）

（75）取妻如之何？<u>必</u>告父母。（《诗经·齐风·南山》）

（76）缓曰："自始合，苟有险，余<u>必</u>下推车，子岂识之？然子病矣！"（《左传·成公二年》）

（77）君梦齐姜，<u>必</u>速祭之。（《左传·僖公四年》）

"必"表"条件必要"义，是从其"到、临到"的时间义衍生而来。主要基于以下两点：一是句法格式，"必"表"到、临到"义，句法格式为"必 VP，（关联词）VP/小句"，"须"由"等待/到"演变为"条件必要"的句法格式为"须 VP，（关联词）VP/小句"，两者演变的句法格式一致。二是语义，"须"在"须 VP，（关联词）VP/"格式中具体义为"等到"，表时间；例句中"必"义为"到、临到"，表时间，特别是"郊至来庚大雨"，张玉金（1994：34）认为"郊至"可译为"等到到了"。

由此我们推断，"必"表"到、临到"的时间义，在"必 VP，（关联词）VP/小句"句法格式中，必 VP 与后一 VP 存在时间的先后关系，隐含着条件关系。"必"在这样的语境中产生特殊的语境隐含义"条件必要"义。如"执惠郊各（格）于裸用，王受佑"，隐含着"俘虏临到前往裸祭的场所时使用"，是大王受到保佑的条件。"必"表"条件必要"义，也是在这样的句法格式中吸收其语境义而衍生。这与"须"从"等到"义衍生出"条件必要"义演变过程与机制一样。

"必"表"条件必要"义，否定词位于"必"之前，"必"的管辖范围是后面的谓语部分。如：

（78）若我可，不<u>必</u>亡一大夫。（《左传·哀公六年》）

（79）学者非**必**为仕，而仕者**必**如学。（《荀子·大略》）

（二）"条件必要"→"认识必然"

"必"在先秦表"认识必然"义使用频率非常高。如：

（80）芈姓有乱，**必**季实立，楚之常也。（《左传·昭公十三年》）

（81）有吴国者，**必**此君之子孙实终之。（《左传·襄公三十一年》）

（82）夫州吁弑其君，而虐用其民，于是乎不务令德，而欲以乱成，**必**不免矣。（《左传·隐公四年》）

（83）莫敖**必**败，举趾高，心不固矣。（《左传·桓公十三年》）

（84）大决所犯，伤人**必**多，吾不克救也。（《左传·襄公三十一年》）

（85）不杀二子，忧**必**及君。（《左传·成公十七年》）

（86）先者见获，**必**务进；进而遇覆，**必**速奔。（《左传·隐公九年》）

（87）史骈曰："秦不能久，请深垒固军以待之。"从之。秦人欲战。秦伯谓士会曰："若何而战？"对曰："赵氏新出其属曰史骈，**必**实为此谋，将以老我师也。"（《左传·文公十二年》）

"必"表"认识必然"义，表示说话人对"必"所在小句命题的推断。

从管辖范围来看，"必"管辖范围是整个小句，如"必季实立""必此君之子孙实终之"，"必"位于主语之前，表示言者对"季实立""君之子孙实终之"等命题的推断；"必不免矣"，"必"位于否定副词"不"之前。

从主语语义特征来看，可以说是［＋有生］的，如"必季实立"，也可以是［＋无生］的，如"忧必及君"。

从"必"后的动词来看，动词可以是自主可控的，如"必务进"、"必速奔"中的"进、奔"，也可以是非自主可控的，如"莫敖必败"中的"败"，还可以是形容词，如"伤人必多"中的"多"。

从已然未然来看，"必"大部分表示对未然事件的推断，少数语例表对已然事件的推断，如"必实为此谋"，言者士会推断，一定是（他史骈）出了这个谋略，即已发生的"深垒固军以待之"的谋略。

"必"从"条件必要"演变为"认识必然"，其演变的语境是未然语境。如：

（88）赵成子言于诸大夫曰："秦师又至，将**必**辟之。"（《左传·文公二年》）

（89）殽之役，晋人既归秦师，秦大夫及左右皆言于秦伯曰："是败也，孟明之罪也，<u>必</u>杀之。"（《左传·文公元年》）

（90）庆封曰："苟利夫子，<u>必</u>去之。难，吾助女。"（《左传·襄公二十七年》）

"秦师又至，将必辟之"，义为"秦国军队再来，（我们）一定要避开它"。"是败也，孟明之罪也，必杀之"，即这次失败，是孟明的罪过，（我们）一定要杀了他。"苟利夫子，必去之"，义为只要有利于（你的）父亲，一定要去除他们。这些例句中，"必"表"条件必要"，即出现某种情况或为达到某个目的，有必要去实施某个动作行为。值得注意的是，这是未然语境，"必"的小句主语是第一人称或第二人称。有必要去实施某个未然的动作行为，隐含着一定会去实施这个动作行为。

特别是当"必"的主语是第三人称时，如：

（91）宣伯曰："鲁以先子之故，将存吾宗，<u>必</u>召女。召女，何如？"（《左传·昭公四年》）

"鲁以先子之故，将存吾宗，必召女"，义为鲁国因为先人的缘故，将要保存我们的宗族，（鲁国）一定要召唤你（回国）。例句中，"必"的主语是省略的鲁国，属于第三人称，在这种情况下，第三人称的施事必须去实施某个动作行为，凸显的是说话人根据这种情况对鲁国一定实施"必"后动作行为的推断，"必"表说话人推断，表"认识必然"义。

进一步衍生出纯主观的推断。如：

（92）十二月，陈五父如郑莅盟。壬申，及郑伯盟，歃如忘。泄伯曰："五父<u>必</u>不免，不赖盟矣。"（《左传·隐公七年》）

"必"从"条件必要"演变为"认识必然"，制约因素有两个：一个是未然语境；另一个是主语的人称。

本节小结

本节以"须""会""必"为例，论述了"条件必要"到"认识必然"的演变路径及机制。其中"须"的具体演变路径为："等待→须要→条件必要→认识必然"。"会"的具体演变路径是"会合→适逢→条件必要→认识必然"。"必"的具体演变路径为："到、临到→条件必要→认识必然"。其演变的动因机制有：

1. 句法语义因素

"须"由"等待"义衍生出"条件必要"义，"会"由"适逢"义衍生出"条件必要"义，"必"由"到、临近"义衍生出"条件必要"义，其演变的关键是"须/会/必 VP，（关联词）VP/小句"句法格式。句中有两个 VP，两个 VP 之间存在时间上的先后关系，即先实施或实现前一 VP 的行为事件，然后再实施或实现后一 VP 的行为事件。两者之间隐含着条件关系，由此"须、会、必"产生"条件必要"义。"条件必要"分为两类，一类"须、会、必"位于前一 VP 之前，句法格式为"须/会/必 VP，（关联词）VP/S"，称为"条件必要$_1$"，这个格式与"须"表"等待"义、"会"表"适逢"义、"必"表"到、临近"义重新分析为"条件必要"义的句法格式一致。另一类是位于后一分句中，句法格式为"S，（主语）须/会/必 VP"，称为"条件必要$_2$"，这个句法格式与"须、会、必"表"认识必然"的句法格式一致。

2. 转喻推理

"须、会、必"表"认识必然"义，是从"条件必要$_2$"衍生而来，"条件必要$_2$"的句法格式"S，（主语）须/会/必 VP"，句式义为出现某种情况或为达到某个目的，主语一定要去实施某个动作行为。在未然语境中，一定要去实施某个动作行为隐含着一定会去实施某个动作行为，当主语为第一人称或第二人称时，凸显一定要去实施，凸显"条件必要"义，当主语为第三人称时，一定会去实施，凸显说话人的主观推断，即表"认识必然"义。

3. 主观化

"须、会、必"表"条件必要"义，是客观必要，属于行域；表"认识必然"义，是主观推断，属于知域。从"条件必要"义到"认识必然"义，其演变是从客观到主观，从行域到知域的演变。从"条件必要→认识必然"，其语义逐渐泛化：具体义→较少抽象义→更多抽象义；其主观性不断增加：客观性→较少主观性→更多主观性（吴福祥 2003）。具体义的逐渐消失，伴随的是言者主观观点和态度的强化，即语用的强化（李明 2014）。

第二节 "定、准"

"定"是汉语史中常见的表"认识必然"义的词，如：

（1）庾太尉在武昌，秋夜气佳景清，使吏殷浩、王胡之之徒登南楼理咏，音调始道，闻函道中有屐声甚厉，定是庾公。（南朝宋·刘义庆《世说新语·容止》）

"准"在现代汉语中是常见的表"认识必然"义的词。如：

（2）你的作业没有完成，今天准要挨批评。（张斌《现代汉语虚词词典》）

关于"定"的语义演变研究，高育花（2002）在探讨中古副词"定"之用法时，认为"定"的演变路径为"安定"→"固定、不变"→"确实、的确"与"必定、一定"，对其演变过程与机制并未论述。"确实、的确"表确认、强调，徐晶凝（2005）把其语义功能归入"评价情态"，即表达言者对命题内容的评价态度（范晓蕾2012）。"必定、一定"是言者对命题的主观肯定性推断，属于认识情态，在情态强度属于必然。"确认、的确"义何如演变而来？"固定、不变"是客观的静止义，表"认识必然"的"必然、一定"表主观的推断，两者之间语义联系是否需要中间桥梁节点，其演变的机制是什么？

"准"，常用义是"标准、准则"，关于其"认识必然"义的来源，主要有两种观点：一种观点认为来源于"许可"义，如章敏（2016）曾构拟了"准"演变路径"平→取平之器→准则→允许、批准→许可、必要→一定、必然"，没有具体论证其演变过程和机制。不过"许可"→"必然"是否存在语义演变关系？"许可"与"可能"在某些语言例如英语中存在语义关联，与"必然"之间情态强度等级显然不对。另一种观点认为来源于"准确"义，如范晓蕾（2015）基于汉语方言的共时语例，构建了"准确"与"认识必然"演变路径。那么，"准"之"认识必然"义到底是如何演变而来，其具体的演变路径怎样，背后的动因与机制是什么？

本节主要探讨"定""准"的"认识必然"义的来源、演变路径、演变动因与机制，简要探讨"定""准"其他语义功能的来源以及与"认识必然"的关系。

一、"定"

（一）"安定、固定"→"情况确定"

"定"，本义是"安定"。《说文》云："定，安也。从宀从正。"形容词，用作动词时义为"使安定"，在《周易》《尚书》中就出现此用法。如：

（3）正家而天下定矣！（《周易·家人》）

（4）今予将试以汝迁，安定厥邦。（《尚书·盘庚中》）

"正家而天下定矣"，义为"端正了家道，天下就安定了"。"安定厥邦"，"定"与"安"同义连用，义为"使其国家安定"，"定"后加宾语，是"使……安定"之义。"定"之对象"厥邦"与"天下"是处所名词，表示在这个处所空间范围内安定、不动乱。

"定"之对象也可以是较具体事物，表"固定、稳定"。如：

（5）孔子曰："君子有三戒：少之时，血气未定，戒之在色；及其壮也，血气方刚，戒之在斗；及其老也，血气既衰，戒之在得。"（《论语·季氏》）

（6）颜渊还车，子路援绥，孔子不顾，待水波定，不闻挐音而后敢乘。（《庄子·渔父》）

"血气未定"，义为"血气未稳定、未固定"；"待水波定"义为"等到水波稳定"。"血气""水波"属于较具体的事物，特别是"水波"，其稳定不稳定，可以通过视觉观察到。这些例子中"定"之对象为"血气、水波"，属于具体事物，这些事物占据一定的现实空间。因此，"定"之"安定、固定"义，表示占据现实空间的具体事物的"安定、固定"状态，用作动词时使达到这种"安定、固定"状态。

"定"在春秋时代出现"情况确定"义，战国亦有语例。如：

（7）朕志先定，询谋佥同，鬼神其依，龟筮协从。（《尚书·大禹谟》）

（8）饬令则法不迁，法平则吏无奸。法已定矣，不以善言售法。任功则民少言，任善则民多言。（《韩非子·饬令》）

（9）令已陈，虽睹利败，不欺其民；约结已定，虽睹利败，不欺其与。（《荀子·王霸》）

（10）攻齐、荆事已定，惠子入见，王言曰："先生毋言矣。攻齐、荆之事果利矣，一国尽以为然。"（《韩非子·内诸说上》）

"法已定矣"指的是法律的内容等已经确定；"约结已定"，义为结盟订约已经确定；"攻齐、荆事已定"，即攻打齐、荆之事已经确定。"定"之对象为"法、约结、攻齐、荆事"，属于抽象事物或事件，不具有空间性，因而也不存在空间状态的稳定、固定，而且指确定的内容事实或事件。

"定"从"安定、固定"到"情况确定"，是具体到抽象的语义演变。"安定、固定"之对象是具体事物，表示具体事物在现实空间中"安定、固定"的状态，或使之达到这种状态。而"情况确定"是确定客观事实或情况，"法已定矣"之"法"，是确定"法的内容"。"约结已定"之"约结"，"攻齐、荆事已定"之"攻齐、荆事"，确定的是客观情况，也不具备空间性。从"安定、固定"之事物的空间性，到"情况确定"之事件的空间性的消失，其演变是从"事物"的认识域引申到抽象的"事情、情况"的认知域，符合 Heine 等人归纳的认知域的具体抽象等级：人 > 物 > 事 > 空间 > 时间 > 性质（转引自沈家煊，1994）。

（二）"情况确定" → "主观认定"

"定"表"主观认定"始见于战国时代，汉代亦有语例。如：

（11）故无术者得于不用，不肖者得于不任，言不用而自文以为辩，身不任而自饰以为高，世主眩其辩、滥其高而尊贵之，是不须视而定明也，不待对而定辩也，喑盲者不得矣。（《韩非子·六反》）

（12）庆年七十余，无子，使意尽去其故方，更悉以禁方予之，传黄帝、扁鹊之脉书，五色诊病，知人死生，决嫌疑，定可治，及药论，甚精。（西汉·司马迁《史记·扁鹊仓公列传》）

（13）委不能知有圣与无，又不能别凤皇是凤与非，则必不能定今太平与未平也。（东汉·王充《论衡·宣汉》）

"定"表"主观认定"，义为"判定、判别、认为"，属于认知动词。"是不须视而定明也，不待对而定辩也"，义为"这是不等到看见（东西）而判定（目）明，不等到辩论而判定（口才）好"。表"主观认定"的

"定"也经常与其他认知动词对举，如上面例句中"知人死生，决嫌疑，定可治""委不能知有圣与无，又不能别凤皇是凤与非，则必不能定今太平与未平也"，"定"与"决""知""别"等认知动词对举使用。

（14）非子产持耳目以知奸，独欲缪公须问以<u>定</u>邪。（东汉·王充《论衡·非韩》）

（15）俗人即不能<u>定</u>遇不遇之论。（《论衡·逢遇》）

（16）世以此<u>定</u>华、王之优劣。（南朝宋·刘义庆《世说新语·德行》）

（17）抚军问殷浩："卿<u>定</u>何如裴逸民？"良久答曰："故当胜耳。"（《世说新语·品藻》）

"定"表"主观认定"，从句法上看，具有如下特征：①主语具有［＋有生］的语义特征，一般情况下是人，可以是第一人称，常见的是第二、三人称。如"非子产持耳目以知奸，独欲缪公须问以定邪"，主语是"缪公"，"世以此定华、王之优劣"主语是"世（人）"，均是第三人称，而"卿定何如裴逸民"，主语"卿"是第二人称。②"定"在句中充当谓语中心语，是主要动词，即使"定"后接谓词性宾语或小句。

"定"从"情况确定"到"主观认定"，其演变的动因与机制是什么？主要是"定"后宾语的变化，"定"表"主观认定"，从语义来看，后面的宾语是某些复杂的情况或认知领域的情况，需要有意识主体的人的参与，来进行主观的判断。从句法来看，"定"后的宾语可以是名词成分，也可以是谓词性成分。如：

（18）故导之以理，养之以清，物莫之倾，则足以<u>定</u>是非、决嫌疑矣。（《荀子·解蔽》）

（19）由此观之，又何以知豪末之足以<u>定</u>至细之倪！（《庄子·秋水》）

（20）能知三王有知为鬼，不能知三王许己与不，须卜三龟，乃知其实。<u>定</u>其为鬼，须有所问，然后知之。（东汉·王充《论衡·死伪》）

"定是非、决嫌疑"中，"定"后宾语"是非"，与"决"后宾语"嫌疑"对举使用，"是非"，即对的与错的，正确与错误，"嫌疑"，即难辨的疑惑，属于复杂的情况，需要人的主观意识去判别确定。"又何以知豪末之足以定至细之倪"，"定"之对象是"至细之倪"，义为最小的分际，这也是认识领域的复杂情况，前有认知动词"知"，同样需要人的主观意识去判别确定。"定其为鬼"中，"定"后面接的是小句，主观判定一个事件。

（三）"主观认定"→"认识必然"

"定"表"认识必然"始见于东汉，六朝亦有语例。如：

（21）人见鬼象生存之人，定问生存之人，不与己相见，妖气象类人也。（东汉·王充《论衡·纪妖篇》）

（22）过去之世，有一山羌，偷王库物而远逃走。尔时国王遣人四出推寻，捕得将至王边，王即责其所得衣处。山羌答言："我衣乃是祖父之物。"王遣著衣，实非山羌本所有故，不知著之，应在手者著于脚上，应在腰者返著头上。王见贼已，集诸臣等共详此事，而语之言："若是汝之祖父已来所有衣者，应当解著，云何颠倒用上为下？以不解故，定知汝衣必是偷得，非汝旧物。"（《百喻经·山羌偷官库喻》）

"定问生存之人"，前面已陈述人见到鬼象生存之人，言者推断（此人）肯定会问生存之人。"定"是典型的认识必然义。所谓认识必然，是言者对命题的肯定性的推断。此例中，言者不在现场，是一个虚拟假设句，言者根据经验或常识主观肯定性地推断（此人）问生存之人这一事件或命题。"以不解故，定知汝衣必是偷得，非汝旧物"，这是一个回溯推理，说话人根据山羌穿的衣颠倒上下，应在手者着于脚上，应在腰者反着头，不知衣服如何穿着，推断出山羌的衣服肯定是偷的，而不是旧物。

"定"表"认识必然"义，从句法上看，第一，主语可以是［＋有生］的，也可以是［＋无生］的，但是主语不是"定"的施事主语，"定"指向的是说话人，隐含着言者主语。

（23）论人之性，定有善有恶。其善者，固自善矣；其恶者，故可教告率勉，使之为善。（东汉·王充《论衡·率性篇》）

（24）今日天下大同，须为百代典式，岂得尚作关中旧意？明公定是陶朱公大儿耳！（南朝·颜之推《颜氏家训·风操》）

（25）家兄在郡定佳，庐江人士咸称之！（南朝宋·刘义庆《世说新语·方正》）

（26）一念忆本为是何身，二念本缘修何功德，三念现今定是天身。（《杂宝藏经·优陀羡王缘》）

"人之性，定有善有恶"，主语是"人之性"，是无生主语，显然不是

"定"的施事。"明公定是陶朱公大儿耳""家兄在郡定佳",主语"公、家兄"虽然是有生的人,但也不是"定"的施事,"三念现今定是天身"主语"三念"是表动作,显然不是"定"的施事,"定"真正的施事是说话人,即言者主语。与表"主观认定"的"定"不同,表"主观认定"的"定"前的主语是"定"的施事。

第二,"认识必然"的"定"在句中作状语,词性是副词,管辖的范围是整个小句。这与表"主观认定"的"定"不同,表"主观认定"的"定"在句中充当谓语中心,是动词,管辖范围是后面的宾语。

"定"从"主观认定"到"认识必然",其演变的关键有两点:一是"定"后接小句,是"定"由"主观认定"演变为"认识必然"的重要句法条件。"定"后接小句,小句表达的是一个命题,而"定"表"认识必然",属于认识情态,认识情态是对命题真实性的主观判断(Palmer2001:8,24)。"定"表"认识必然",词性是副词,而"定"后接小句成分,使得句子中有两个谓词性成分,为"定"演变为表"认识必然"的副词创造了句法上的条件。二是主语是第一人称说话人。说话人对某个事件的主观认定,而认识情态也是表达说话人对某个命题的确信程度,主语为第一人称说话人才能发生演变。

值得注意的是,"主观认定"的"定",当主语是第一人称时,后接小句时,其句法格式为"(NP$_1$)+定+NP$_2$+VP","定"表"主观认定"。但是在汉语特别是古代汉语中,主语是第一人称施事主语经常是省略的,为子句主语NP$_2$提升到母句主语的位置上创造了条件,句法结构为"NP$_2$定+VP","定"表"认识必然"。而在"定"后接小句的常见句式是"定+VP",母句主语和子句主语均省略。如:

(27)文度曰:"何为不堪,但克让自是美事,恐不可阙。"蓝田慨然曰:"既云堪,何为复让?人言汝胜我,定不如我。"(南朝宋·刘义庆《世说新语·方正》)

这类句子就是重新分析的语例,"定不如我"理解为"我定你不如我","定"表"主观认定",义为"我认为你不如我","定"是动词,在句中作谓语中心语;也可以理解为"你定不如我","定"降级为副词,指向的说话人,说话人推断你不如我,"定"表"认识必然"。

（四）"决"

先秦时，"决"与"定"经常在一起同义对举，表"情况确定"义。如：

（28）立势而制事，必先察同异，别是非之语，见内外之辞，知有无之数，决安危之计，定亲疏之事，然后乃权量之，其有隐括，乃可征，乃可求，乃可用。（《鬼谷子·飞箝》）

"决"后宾语属于复杂的情况，需要人的认知参与，"决"义为"判别、决断"，表"主观认定"义。

（29）夫礼者所以定亲疏，决嫌疑，别同异，明是非也。（《礼记·曲礼上》）

（30）彼愚者之定物，以疑决疑，决必不当。夫苟不当，安能无过乎？（《荀子·解蔽》）

（31）屈原既放，三年不得复见。竭智尽忠，而蔽障于谗。心烦意乱，不知所从。乃往见太卜郑詹尹曰："余有所疑，愿因先生决之。"（《楚辞·卜居》）

"决"在西汉表"主观认定"义，后接谓词性成分。如：

（32）钧吾悔也，宁亡三城而悔，无危咸阳而悔也。寡人决讲矣。（《战国策·秦策四》）

（33）王大怒，欲废太子，立其弟孝。王后知王决废太子，又欲并废孝。（《史记·淮南衡山列传》）

"决"在西汉也出现"认识必然"义。如：

（34）虎将即禽，禽不知虎之即己也，而相斗两罢，而归其死于虎。故使禽知虎之即己，决不相斗矣。（《战国策·赵策一》）

（35）相如度秦王虽斋，决负约不偿城，乃使其从者衣褐，怀其璧，从径道亡，归璧于赵。（《史记·廉颇蔺相如列传》）

唐代表认识必然的"决"和"定"同义连用，表"认识必然"。如：

（36）在世之中销苦离，临终决定住西方。（《敦煌变文集·金刚般若波罗蜜经讲经文》）

（37）今为汝等说法，不付其衣，盖为汝等信根淳熟，决定无疑堪任大事。（《坛经·付嘱品》）

"在世之中销苦离，临终决定住西方"，是说话人推断在世之中销苦离的人临终一定会住西方。"决定无疑堪任大事"，是说话人推断汝（你）肯定堪任大事。

明代逐渐减少，仍有少数语例。如：

（38）兄弟，你如此英雄，<u>决定</u>得做大官。（明·施耐庵《水浒传》第三十二回）

二、"准"

（一）"平，取平之器"→"标准"→"确定"（情况确定、主观认定）

"准"是"準"的俗字，本义是"平"。《说文》云："準，平也。"段玉裁《说文解字注》云："天下莫平于水，水平谓之準，因制平物之器亦谓之準。""水平"是"平"中的典型范畴，从而用"准"来特指"取平之器"。如：

（39）是故辀欲颀典，辀深则折，浅则负。辀注则利<u>准</u>，利准则久，和则安。（《周礼·辀人为辀》）——水平，平

（40）水静则明烛须眉，平中<u>准</u>，大匠取法焉。（《庄子·天道》）——取平之器

（41）欲知平直，则必<u>准</u>绳，欲知方圆，则必规矩；人主欲自知则必直士。（《吕氏春秋·自知》）——取平之器

"准"之"取平之器"义，即取平的标准，使用范围扩大，引申为一切事物的标准。"准"之"标准"在先秦也出现了。

（42）程者，物之<u>准</u>也；礼者，节之<u>准</u>也。程以立数，礼以定伦，德以叙位，能以授官。（《荀子·致士》）

（43）田事既饬，先定<u>准</u>直，农乃不惑。（《礼记·月令·第六》）

"程者，物之准也"，义为"度量衡，（衡量）物品的标准"，表示具体事物的标准；"礼者，节之准也"，"礼制，（衡量）礼节的标准"，表示抽象事物的标准；"先定准直"，"先定下（农事的）标准"，表示事件的标准。"准"由"取平之器"，即取平的标准扩展到其他事物事件的"标准"，是使用范围扩大，语义扩展，抽象化的结果。

从"标准"到"确定"，是"准"从名词到动词用法变化导致的词义

演变。"确定"分为两类，一类是"情况确定"，另一类是"主观认定"。

1. "情况确定"

"情况确定"是指制定某种较客观规则或确定某种客观情况，最早出现在汉代，唐亦有语例。如：

（44）于是般匠施巧，夔襄准法。（汉·王褒《洞箫赋》）

（45）二月，又诏社仓，准上中下三等税，上户不过一石，中户不过七斗，下户不过四斗。（唐·魏征《隋书·食货志》）

"夔襄准法"，即夔襄制定确定（洞箫的）法则。"准上中下三等税"，即"制定确定上中下三等税"。这两例"准"义为"确定（客观的标准、规则）"，是名词"准"之"标准"义用作动词导致的语义变化。

"准"表"情况确定"义的语例再如：

（46）公取州县田，核其实者，准其方之物贾，差为多少，揭之省中，他有名而无实者皆不用，人以为便。（北宋·欧阳修《尚书兵部员外郎知制诰谢公墓志铭》）

（47）常平钱米，丰凶之际，平准物价以救民命，所系利害至重。（北宋·苏轼《相度准备赈济第四状》）

（48）况五朝旧史，皆累世公相卿士、道德文学、朝廷宗工所共准裁，既已勒成，为国大典。（北宋·曾巩《辞免修五朝国史状》）

"准其方之物贾"、"平准物价以救民命"，确定的对象是"其方之物贾"、"物价"；"况五朝旧史，皆累世公相卿士、道德文学、朝廷宗工所共准裁"，确定的对象是"五朝旧史"，确定的宾语是客观情况或事实。

在元代，"定"与表完成的副词"已""才"连用。如：

（49）因赏春遇着娇姝，他生的美貌谁如。彩楼上绣球打中，稳情取画阁深居。（同郑恩下）（媒婆云）老相公，看起来这庄事已准，你则嫁与赵二舍了。（元·无名氏《赵匡义智娶符金锭》第三折）

（50）今日个婚姻才定准，亏了英雄十数人。（元·无名氏《赵匡义智娶符金锭》楔子）

"这庄事已准"，即这桩事已经确定；"今日个婚姻才定准"，即"今日婚姻才确定下来"；这均属于确定某种情况，属于客观确定。

"准"表"情况确定"，表示某种客观确定。主语可以是表施事的人，但是不强调人的心智参与。"准"的受事是一种较客观的情况或事件，确定这种情况或事件不以个人的意志而随意改变，比如上面例句中"法（规则）、税、物价"等等。受事既可以在"定"后做宾语，也可以位于句首做主语，如"这庄事已准、今日个婚姻才定准"。

2."主观认定"

"准"表"主观认定"始见于东汉，唐代亦有语例。如：

（51）夫古之天下亦今之天下，今之天下亦古之天下，共是天下，古（亦）〔以〕大治，上下和睦，习俗美盛，不令而行，不禁而止，吏亡奸邪，民亡盗贼，囹圄空虚，德润草木，泽被四海，凤皇来集，麒麟来游，以古准今，壹何不相逮之远也！（《汉书·董仲舒传》）

（52）仁惠盛者，莫过尧、汤，尧遭洪水，汤遭大旱。水旱，灾害之甚者也，而二圣逢之，岂二圣政之所致哉？天地历数当然也。以尧、汤之水旱，准百王之灾害，非德所致，非德所致，则其福佑非德所为也。（东汉·王充《论衡·治期》）

（53）如不干暴，闸喋之虫，生如云烟。以蛊闸喋，准况众虫，温湿所生，明矣。（《论衡·商虫》）

（54）夫三王之时，骍毛色、角趾、身体高大，不相似类。推此准后世，骍出必不与前同，明矣。（《论衡·讲瑞》）

（55）陛下但举建中已来近事准之，则戎心难知，固可明矣。（《全唐文·兴元贺吐蕃尚结赞抽军回归状》卷四百七十）

"准"表"主观认定"义，句法格式为"（NP$_{施事}$）＋动/介＋NP$_{标准}$＋准＋NP$_{受事}$，S"，句式义为施事通过某个标准来判断受事，后面的小句代表施事的观点或看法。"准"表"主观认定"义，强调人的心智参与，表现为后面的小句即施事的观点和看法。如上面例句中"以古准今，壹何不相逮之远也"，以"古之天下"的情况，来判断"今之天下"，其观点是"壹何不相逮之远也"。"以尧、汤之水旱，准百王之灾害，非德所致"，施事通过"尧、汤之水旱"来判断"百王之灾害"，观点是"非德所致"，即（灾难）不是德行导致的。"以蛊闸喋，准况众虫，温湿所生，明矣"，施事根据蛊虫和闸喋虫（产生的情况），来判断其他虫子（产生的情况），认为（众虫）是温湿所生是明显的。"陛下但举建中已来近事准之，则戎心难知，固可明矣"，即陛下根据建中以来的事件，来判断戎（的情况），其观点是"戎心难知"固然可明。

句法上，"准"的施事是［＋有生］的人，以第一人称居多，在句中经常省略。"准"表"主观认定"，在句中充当谓语中心语，是动词。

"准"从"标准"义到"主观认定"义，是"准"从名词用作动词导致的语义变化，用某个标准去判断衡量，下面战国时代的这个语例可以看出"标准"与"主观认定"之间的语义关联。如：

（56）使人又非所佚也，人主虽使人必以度量准之，以刑名参之。（《韩非子·难二》）

"人主虽使人必以度量准之"，人主使用人，必须用度量（标准）判断（他）。这个例句中"准"是（用标准）判断，句法格式为"NP施事 ＋介词 ＋NP（标准）＋准＋NP受事"，句法格式与表"主观认定"义的"准"接近，一旦后面接表施事观点的小句，需要"准"的施事的主观心智参与，其主观性增强。

（二）"主观认定"→"认识必然"

"主观认定"与"认识必然"关系密切，"准"表"认识必然"始见于元代，明代亦有语例。如：

（57）喏！报的元帅得知，有桃园三士在于门首。（孙坚云）今年果子准贵，大个桃园，则结了三个柿子。（辛子云）不是了，他是三个人。（元·郑光祖《虎牢关三战吕布》第二折）

（58）我说姑夫我这亲事，这遭可准成着。（元·无名氏《施仁义刘弘嫁婢》第四折）

（59）他往西兴去，准在朋友家停住，可也容易，我修一简帖，遣一仆到西兴去请他。（元·贾仲明《萧淑兰情寄菩萨蛮》第二折）

（60）天可怜见林冲！若不是倒了草厅，我准定被这厮们烧死了！（明·施耐庵《水浒传》第九回）

"准"表"认识必然"，具有以下句法特征：①"准"前的主语可以是［＋无生］的，也可以是［＋有生］的，如"今年果子准贵"中主语是"果子"，"我说姑夫我这亲事，这遭可准成着"，主语是"我这亲事"，"果子"与"我这亲事"显然不是"准"的施事，"他往西兴去，准在朋友家停住"中，主语是承前省略的"他"，"准"的施事是句外的说话人，即言者主语。②"准"在句中是充当修饰语，词性是副词，与表"主观认定"的"准"不同，"准"表"主观认定"在句中充当谓语中心，词性是动词。③"准"的管辖范围是整个小句，虽然上面的例句中"准"位于主语和谓语之间。

表"认识必然"的"准"有时也位于句首，与高层谓词"是"连用。如：

（61）秦兵秦兵，个个英雄，<u>准</u>是我输，必定他赢。（元·郑光祖《钟离春智勇定齐》楔子）

（62）听说林浪中一个尸骸，<u>准</u>是我那女孩儿的。（元·王仲文《救孝子贤母不认尸》第二折）

表"认识必然"的"准"既可以是对未然事件的推断，也可以是对已然事件的推断。如：

（63）若到帝都阙下，但得一官半职，不敢忘了小姐的恩念，夫人县君<u>准</u>是你的。（元·无名氏《玉清庵错送鸳鸯被》第二折）——未然

（64）（夫人云）皆是先生阴德太重，救我一家之命，因此遇大难不死；必有后程，<u>准</u>定发迹也！（元·关汉卿《山神庙裴度还带》第三折）——未然

（65）此一事<u>准</u>是石秀做出来的。我前日一时间错怪了他。（明·施耐庵《水浒传》第四十五回）——已然

那么"准"是如何从"主观认定"义衍生出"认识必然"义？"准"表"主观认定"义，句法格式为"（NP$_{施事}$）+动/介+NP$_{标准}$+准+NP$_{受事}$，S"，有两者值得注意：第一，"准"的施事主语一般是第一人称，这与"准"表"认识必然"表达说话人观点视角是一致的；第二，后面有表达观点的小句。"准"从"主观认定"演变为"认识必然"，关键是"准"后直接接小句。如：

（66）（彭大云）这一会儿可不听的他言语了，待我看咱。（做看正旦科）（正旦云）伯伯，你看我怎的？（彭大云）没。（周公上，问彭大科，云）如何？（彭大云）不济事。（周公云）这一番<u>准</u>着他板僵身死。（元·王晔《桃花女破法嫁周公》第三折）

"这一番准着他板僵身死",周公是算命先生,根据自己的算命经验或知识,主观判定认定桃花女会板僵身死。句中"准"是谓语中心语,"准"后有时态标记"着"。"他板僵身死"在句中做宾语,"准"表"主观认定"。而"准"后接 VP 结构,后面的 VP 是信息表达的焦点,导致"准"的述谓性减弱,一旦"准"后时态标记不出现,"准"的情态性增强,伴随的是句法地位的下降,由动词降为副词。

(三)"准"之"许可"义与认识情态的关联

"准"表"许可"义始见于唐代,基本句法格式为"NP1$_{施事}$ + 准 + NP2$_{受/施}$ + VP + NP3$_{受事}$",称为句式一,如:

(67)乃于战所,准当时兵士人种树一株,以旌武功。(《周书·文帝纪》)

(68)垂拱二年正月二十日赦文:"诸州都督刺史,并准京官带鱼袋。"(《唐会要·鱼袋》卷三十一)

但是 NP1 经常省略,使得大主语位置上留下空位,子句主语 NP2 或宾语 NP3 经常提升待到母句主语位置上,形成句式二"NP2$_{受/施}$ + 准 + VP + (NP3$_{受事}$)",如:

(69)刺史不准当年入考诏。(《全唐文·刺史不准当年入考诏》卷三十)

句式三"NP3$_{受事}$ + 准 + VP",如:

(70)其中才艺灼然可取者,便与除官,如或事业不甚精者,自许准添选。(《全唐文·慎选举诏》卷一百三)

(71)其左降官不在此限者,五品左降官既不许停禄料。六品以下未复资,已经四考,未量移间,其禄料伏望亦许准给。(《全唐文·请给六品已下左降官禄料奏》卷九百六十四)

那么"准"表"许可"义是如何衍生而来?"准"上古常用义"标准",用作动词义为"确定、规定"。如:

(72)太和十九年,卒于官。高祖在邺宫,为之举哀。时百度唯新,青州佐吏疑为所服。诏曰:"今古时殊,礼或隆杀。专古也,理与今违;专今也,大乖囊义。当斟酌两途,商量得失,吏民之情亦不可苟顺也。主簿,近代相承服斩，过葬便除，可如故事。自余无服，大成寥落，可<u>准</u>诸境内之民为齐衰三月。"（北齐·魏收《魏书·公孙邃》）

"可准诸境内之民为齐衰三月"，从语境可知，当时公孙邃在任期去世，高祖在邺城宫中为他哀悼。当时各种制度才开始更新，青州的下属官吏不知道用什么样的标准为他服丧，专古专今均不合适，最后确定让境内的百姓为其服齐衰三个月。因此，"准"表"确定、规定"义，规定"境内的百姓为（公孙邃）服齐衰三个月"。

其演变的关键是"准"后接 NPVP 类谓词性成分，"准诸境内之民为齐衰三月"，句法结构为"准 + NP + VP"，这与"许可"义的句法格式一致。另外，对于标准的制定者，即"准"的施事与"准"后"NPVP"之间存在权力上的不对等关系，即 NPVP 受"准"的施事的控制制约，这与"许可"义的语义内涵一致。因此，当"准"后接小句时，"准 + NP + VP"重新分析为许可 NP 实施某个动作行为，"准"表"许可"义的基本句式为上面的句式一"NP1$_{施事}$ + 准 + NP2$_{受/施}$ + VP + NP3$_{受事}$"。又由于"准"的施事主语经常省略，造成母句主语的空位，为子句主语 NP2（"准"的受事/VP 的施事）以及 NP3（VP 的受事）提升到母句主语上创造了句法条件，当"NP2 或 NP3"位于母句主语上时，即句式二"NP2$_{受/施}$ + 准 + VP +（NP3$_{受事}$）"与句式三"NP3$_{受事}$ + 准 + VP"，"准"是典型的表"许可"的情态助动词。

章敏（2016）认为"准"表"认识必然"义由"许可"衍生而来。本书认为表"许可"义之"准"与"认识必然"之"准"演变关联不大。主要基于两个证据：一是"准"之情态义是"许可"，与认识情态的情态强度等级关联的是"认识可能"，如英语中的"may"，而"准"的认识情态强度是"必然"，情态强度等级不符合。二是，汉语史上表许可的"容、许"等词，不是从"人为许可"演变为"认识可能"，而是从"条件可能"演变为"认识可能"（演变过程可参考第二章第二小节，李明 2008）。

"容"与"许"表"条件可能"，一般用在否定句中，其演变是基于条件的推测，演变的语境是未然语境。如：

（73）调去后，弟亦策马继往，言及调旦来。兄惊曰："和尚旦初不出寺，汝何<u>容</u>相见？"兄弟争问调，调笑而不答，咸共异焉。（《古小说钩沉·冥祥记》）

（74）一霎儿把这世间愁都撮在我眉尖上，这场愁不许堤防。（元·关汉卿《拜月亭》第二折）

"汝何容相见"，因为和尚旦初不出寺庙，弟弟没有条件（与和尚）相见，"容"表"条件可能"义；这是在未然语境中，弟弟与和尚能不能相见，说话人是未确知的，说话人根据和尚旦初不出寺庙，推测弟弟不可能（与和尚）相见，"容"就隐含着"认识可能"义。"一霎儿把这世间愁都撮在我眉尖上，这场愁不许堤防"，既可以理解为外在条件"一霎儿把这世间愁都撮在我眉尖上"，使得说话人没有条件提防这场愁，"许"表"条件可能"义；在未然语境中，也可以理解为说话人基于"一霎儿把这世间愁都撮在我眉尖上"，推测自己不能提防这场愁，"许"表"认识可能"。"容、许"从"条件可能"衍生出"认识可能"，首先在否定句中演变，然后类推到肯定句中（李明2008）。

反观"准"，从唐、宋、元表"许可"义，只表"人为许可"，没有出现"条件可能"的语例。故"准"之"认识必然"义不是从"允许、许可"义演变而来。范晓蕾（2014）进一步指出汉语中"许可"与"认识可能"之间不存在语义关联。经过研究发现，肯定形式的"条件可能"与"认识可能"没有语义蕴涵关系。

（四）"准"之"准确"义与认识情态的关联

"准"表"准确"义始见于宋代，元代亦有语例。如：

（75）自敦煌向其国，多沙碛，道里不可准记，唯以人畜骸骨及驼马粪为验，又有魍魉怪异。（《周书·异域》下）——状语

（76）两项归过，特有不同，难为准信。（金·佚名《大金吊伐录》卷一）——状语

（77）可耐姑娘没道理，说的话儿全不准。（宋元·佚名《快嘴李翠莲记》）——谓语

（78）你那眼又亲，手又准，似饿鹞扑鹌鹑。（元·贾仲明《荆楚臣重对玉梳记》第一折）——谓语

（79）赛苏秦，到底个功名由命不由人，也未必能拿准。（元·马致远《邯郸道省悟黄粱梦》第一折）——补语

"准"表"标准"义，主要在句中充当修饰语、谓语中心、补充语，是

形容词。"准确"与"标准"语义密切相关，"标准"义为"衡量事物的准则"，而这个标准准则是从实际中总结出来的规则，其样本是范畴中原型。"准"从"标准"演变为"准确"的关键，是"准"充当谓语。"准"充当谓语时，肯定形式义为符合标准，即"准确"。否定形式是不合标准的，即"不准确"。如：

（80）又对策者，应诏而陈政也；射策者，探事而献说也。言中理准，譬射侯中的，二名虽殊，即议之别体也。（南朝·刘勰《文心雕龙·议对》）

（81）仲儒以调和乐器，文饰五声，非准不妙。（北齐·魏收《魏书·乐志》）

"言中理准"，即（对答之）言切合，（所言之）理（符合）标准，即所言之理准确。同样，"非准不妙"即可理解为"不（符合）标准不美妙"，亦可理解为"不准确不美妙"。再如：

（82）袁、张所制，莹偏驳不伦。薛、谢之作，疏谬少信。若司马彪之详实，华峤之准当，则其冠也。（南朝·刘勰《文心雕龙·史传》）

"华峤之准当"，"准当"与"详实"对举，可理解为"准确恰当"，针对前面的"偏驳不伦"与"疏谬少信"而言。

从上面可以看出，"标准"蕴含着"准确"。但"标准"是抽象名词，主要在句中做主语和宾语。"准"之"准确"义为形容词，在句中充当谓语。其演变的关键是充当句法成分变化导致其语义的变化。"准"之"标准、准则"义是抽象名词，属于抽象事物，而"准确"是形容词，属于事物的形状，其演变符合语义演变的抽象化等级序列"人＞物＞活动＞空间＞时间＞性质"，即："事物＞性状"。

范晓蕾（2015）基于汉语方言提出"准确"演变为"认识必然"的演变路径。其理由是认识必然表达的是"有完全把握的推断"，而其推断的内容必然是绝对"准确可靠"的信息，并认为"稳固、可靠、准确"等词符合这一特点。从句法上看，"准"表"准确"义主要是充当谓语中心和补语，后面均不接其他成分。而认识必然是言者对某个命题的肯定性推断，从句法上看后面是主观推断的内容。只有"准"充当状语才能有句法上演变的可能性。实际上"准"做状语修饰谓词性成分的语例较少。即使如"道里不可准记"，即"道里不可准确标记"；"难为准信"，即"难以确信"。两例均不存在推断，只是客观陈述。从语义来看，内容"准确"并不意味着能表达肯定性的推断，比如"真"，表"准确"之义，但是并不表示"认识必然"。由此推断，"准"之"认识必然"义不是从"准确"义衍生而来。

本节小结

本节探讨了"定、准"之"认识必然"义的来源及演变路径。"定"的演变路径为："安定/固定"→"情况确定"（动词）→"主观认定"（动词）→"认识必然"（副词）。从"安定/固定"到"情况确定"，是从具体事物的认知域演变为抽象事件的认识域。从"情况确定"到"主观认定"，是从客观认知域到主观认知域的演变。"决"与"定"一样，演变路径为"情况确定"（动词）→"主观认定"（动词）→"认识必然"（副词）。

"准"之"认识必然"的演变路径为："平/取平之器"→"标准"→"确定"（"情况确定""主观认定"）→"认识必然"。从"平/取平之器"到"标准"，是"准"使用范围扩大，语义扩展，抽象化的结果。从"标准"到"确定"，是"准"从名词用作动词时产生的语义变化。根据"准"的受事是否须要施事的心智参与，是否表达主观观点，分为两类："情况确定"，是一种客观确定，"主观认定"，是一种主观判断，并从"主观认定"衍生出"认识必然"义。论文还探讨了"准"之"许可"义与"准确"义的来源，并论述了这两个义项与"认识必然"之间没有语义衍生关联的原因。

"主观认定"与"认识必然"语义关系密切，演变的关键有两点：一、"定/准"后接小句，使得句子中有两个谓词性成分，后一谓词是交际双方关注的焦点，导致"定/准"述谓性减弱，由充当谓语中心的动词，降级为充当修饰语的副词。二、主语是第一人称说话人，"定、准"后接小句时，其句法格式为"NP$_1$＋定/准＋NP$_{2小主语}$＋VP"，母句主语经常省略，为其重新分析以及子句主语提升到母句主语位置上创造了句法条件，一旦"NP$_2$"提升到母句主语位置，"定/准"从"主观认定"义演变为"认识必然"义。

第三节　"保、管、敢"

汉语史上，一些表"保证"义的词，衍生出"认识必然"义。如："保"、"管"、"敢"等。

"保"：

（1）吾今知仙之可得也，吾能休粮不食也。吾保流珠之可飞也，黄白之可求也。（晋·葛洪《抱朴子·对俗》）——保证

（2）这东西要搁在市上，碰见爱主儿，二百吊钱管保买不下来！（清·文康《儿女英雄传》第四回）——认识必然

"管"：

（3）诸军但务立功，无患赏给之不行也，但管取足，无问总所之科敷也。（宋·岳珂《桯史》卷十）——保证

（4）果然道易求无价宝，难得有情郎。他多管是铁石心肠，直恁的难亲傍。（元·戴善甫《陶学士醉写风光好》第二折）——认识必然

"敢"：

（5）王闻喜悦命驾送归，既至仙庐，谢仙人曰："大仙俯方外之情。垂世间之顾。敢奉稚女以供洒扫。"（唐·玄奘《大唐西域记》卷五）——保证

（6）恁时节您看我敢青史内标名载！（元·关汉卿《裴度还带》第一折）——认识必然

关于"保""管""敢"的语义演变，主要成果有贝罗贝、李明（2008），李明（2008），程丽霞（2016），李小军（2017、2018）。上述诸位学者证实汉语史存在"保证"到"认识必然"的演变研究，但是均是从单字出发，如李明（2008）、程丽霞（2016）只涉及"保"，李小军（2017）只涉及"管"，李小军（2018）只涉及"敢"，论述都比较简略。本书详细论述"保、管、敢"从"保证"演变为"认识必然"，重点论述其演变的动因与机制。

一、"保"

"保"之"认识必然"的演变路径概括为："保护/保卫"→"保证"→"认识必然"。

（一）"保护/保卫"→"保证"

"保"，《说文》云："养也。"本义是养育、抚养。如：

（7）若保赤子，惟民其康乂。（《尚书·康诰》）

"保"表"养育、抚养"义时，宾语具有［＋有生］［＋弱小］的语义特征，一般是"孩子"之类的指人宾语。

随着使用范围的扩大，语义抽象化为"保护/保卫"。如：

（8）怀保小民。（《尚书·无逸》）

（9）既明且哲，以保其身。（《诗经·大雅·烝民》）

（10）乃先保南里以待之。（《左传·哀公二十七年》）

"保"表"保护、保卫"义，例句中"保"的宾语"小民"是指人宾语，"其身"是指物宾语，"南里"是处所宾语。宾语范围扩大，由指人宾语扩展为指物宾语。

上面例句中"保"接名词性词语作为宾语，东汉时"保"的宾语扩展到小句。如：

（11）是故才高行厚，未必保其必富贵；智寡德薄，未可信其必贫贱。（东汉·王充《论衡·命禄》）

（12）故天使其弃浮华文，各守真实，保其一旦夕力行之，令人人各有益其身，无肯复自欺绐者也。（东汉·于吉《太平经》卷三十九）

"保"后接谓词性成分，是"保护、保卫"衍生出"保证"义的关键。"未必保其必富贵"，"保护NPVP"，保护某人实现某个动作行为，也就意味着"保证某人实现某个动作"，句中"未必保其必富贵"的主语，是"才高行厚"，故不是典型的"保证"义。

"保"表"保证"义，典型的语例出现在六朝及以后。主语是［＋有生］的人，后接谓词性成分或小句。如：

（13）吾亦不必谓之有，又亦不敢保其无也。（晋·葛洪《抱朴子·登涉》）

（14）既克京邑，将旋武昌，鲲曰："不就朝觐，鲲惧天下私议也。"敦曰："君能保无变乎？"（南朝宋·刘义庆《世说新语·规箴》）

（15）几回献捷入皇州，天子临轩许上筹，"卿能保我山河静"，即见推轮拜列侯。（《敦煌变文集·张淮深变文》）

这三个例句中的"保"，主语"人"，可以是第一人称，如"又亦不敢保其无也"，主语是省略的"吾"；也可以是其他人称，如"君能保无变乎""卿能保我山河静"。这三例中"保"是动词，属于行域，"保"前有情态助动词"敢、能"等。

下列例句中的"保"是言域，表言语行为。如：

（16）女曰："何以过嫌，保无虑，不相误也。"（晋·戴祚《甄异传》）

（17）僧令蔼他日于兴州见之，因问其术，曰："此闭气耳，习之一月就。本法于湫潭中作观，与龙相系。龙为定力所制，必致惊动，因而致雨。然不如瓮中为之，保无他害。"（宋·孙光宪《北梦琐言》卷四）

（18）赐诏告之曰："若束手自诣，保无他也。"（宋·洪迈《容斋随笔》卷十四）

言域中"保"，是指说话人已经说出口，同时做出了"担保"这一言域行为（沈家煊2003）。表言域的"保"，指的是说话人的言域行为，主语为第一人称，并且"保"之前不能受情态助动词或其他副词修饰。

"保"从"保护、保卫"到"保证"，是"保"后由名词性成分扩展为谓词性成分导致的语义变化。表"保证"义的"保"分为行域和言域，行域的"保"是"担保做到"，是一个具体的行为。言域的"保"是一种言域行为。从句法上，行域的"保"主语人称可以是第一人称，也可以是其他人称，"保"前可能受情态助动词或其他副词修饰，而言域的"保"主语只能是第一人称，即说话人，"保"前不能受情态助动词或其他副词修饰。

"保"表"保证"义，从句法上看，主语一般是［+有生］，一般是人，"保"在句中充当谓语中心，管辖范围是"保"后面的宾语。

（二）"保证"→"认识必然"

"保"表"认识必然"义始见于唐代，宋代亦有语例。如：

（19）僧便礼拜，师却云："忽有人不肯与摩道，你还肯也无？你若肯，过在什么处？你若不肯，道理在什摩处？你若择得，许你有这个眼；你若

择不出，敢保你未具眼在。"(《祖堂集》卷十)

（20）师云："专使保无忧虑，去时贫道附了首古人偈上天大王必保无事。"(《祖堂集》卷八)

（21）虎穴魔宫，皆是住处。若也未见，敢保诸人未有安身立命处。(宋·惠泉《黄龙慧南禅师录》)

"你若择不出，敢保你未具眼在"，义为"你如果择不出，肯定你没有眼力识别"，语境是虚拟语境，说话人针对虚拟条件"你若择不出"，"敢"表示对"你未具眼在"这一命题推断。"专使保无忧虑"，是对未然事件的推测，值得注意的是，这里句子主语是"专使"，"保"指向的言者主语，即说话人保证/肯定专使无忧虑，子句主语"专保"通过提升结构，提升到母句主语位置。"若也未见，敢保诸人未有安身立命处"，在虚拟条件如果没有见到的情况下，说话人推断诸人没有安身立命的地方。

那么，从"保证"到"认识必然"的演变机制是什么？我们来看语例：

（22）尊者道："只多了那个僧家，有些费嘴。"禅师道："不怕他费嘴，管保明日成功。"(明·罗懋登《三宝太监西洋记》第七十六回)

（23）张老听了，说道："亲家太太放心，我跟了亲家去，保妥当。"(清·文康《儿女英雄传》第十四回)

"管保明日成功"中"保"有两种解读，一种理解为言域"保证"义，义为"担保/保证明日成功"；一种理解为知域"认识必然"义，义为"肯定明日成功"。"保妥当"也是如此。其演变的关键条件有两个：一是未然语境。"保 VP"是一个未然事件，即这个事件还未发生，那么保证某个未然事件实现，隐含着说话人判断这个未然事件会发生。换句话说，未然语境是"保证"义"保"衍生出"认识必然"义的关键语境。二是主语是说话人，即第一人称主语。"认识必然"表说话人十分肯定的推断，"保证"义"保"主语是说话人或第一人称，与"保"表"认识必然"义的人称是吻合的。

值得注意的是，上面例句中"管保明日成功""保妥当"说话人充当主语时，汉语特别是古代汉语中一般是省略的，所以母语主语上留下空位，子句主语提升到母语主语位置，如"专使保无忧虑"。再如下面的无生名词主语，也是通过提升结构形成。如：

（24）安老爷也一样的把身子一闪，姑娘接过那个匣子来，心里一积伶，说："这匣**管保**该放在西边小案上。"（清·文康《儿女英雄传》第二十四回）

（25）他才连忙把鼻烟壶儿还了那个，还道："嘿！好霸道家伙，这**管保**是一百一包的。"（清·文康《儿女英雄传》第三十四回）

如"这匣管保该放在西边小案上"，句子主语是"这匣"。值得注意的是，"管"与"保"同义连用，指向的是言者，即说话人认定"这匣该放在西边小案上"，"保"的管辖范围是包括主语在内的整个小句。

"保"表"认识必然"唐宋元明语例均不多，清代"保"表"认识必然"义使用频率较高。除了上面的未然或虚拟语境，也可以表示对现在或已然事件的推断。如：

（26）姑奶奶，咱们可得弄点甚么儿吃才好呢。你看你二叔合妹妹进门儿就说起，直说到这时候，这天待好晌午歪咧，**管保**也该饿了。（清·文康《儿女英雄传》第二十回）

（27）褚大娘子听见，说道："不便？你老人家只好将就点儿罢。依我们老爷子的主意，还要请你老人家在正房里一块儿住来着呢。还是我说的，我说：'那位老爷子的脾气，**管保**断不肯。'我费了这么几天的事，才给你老人家拾掇出这个地方儿来。那边厢房里就是我合女婿住着。这又有甚么不方便的呢！"（清·文康《儿女英雄传》第三十九回）

"保"表"认识必然"义，从句法上，主语可以是［＋有生］的，也可以是［＋无生］的。"保"在句中充当修饰，词性是副词，管辖范围是整个小句。

二、"管"

对于"管"的情态功能的来源及演变，主要成果有李小军、徐静（2017），高增霞、尹国燕（2019）等。李小军、徐静（2017）认为"管"之"认识必然"义的演变路径为："管理、负责"→"保证"→"推断"（认识必然）。高增霞、尹国燕（2019）认为"管"之"认识必然"义的演变路径为："管理"→"负责"→"负责供应"→"保证"→"许可"→"推测"。两位学者的演变路径有相似之处，如都认为是从"管理、负责→保证"，不过高增霞、尹国燕（2019）的演变路径中间多了"负责供应"节点，即"管"后接谓词性成分或小句细分出来。两者也存在不同之处，李小军、徐静（2017）认为认识情态从"保证"义衍生而来，而高增霞、尹国燕（2019）认为"保证"义后先衍生出"许可"义，再演变为认识情态义"推测"。由于其没有具体论证其演变过程，所以不好判断，不过从引用的语例来看，即：

（28）长嘞好看还管当饭吃。（河南商丘方言，高增霞、尹国燕2019）

（29）芹菜叶子管降血压。（安徽蚌埠方言，高增霞、尹国燕2019）

高增霞、尹国燕（2019）认为上例"管"表"许可"义。不过"管"理解为"负责"也未尝不可。"管"表"负责"义时，主语一般是［+有生］的人，或机构组织。例句中主语由人扩展为无生名词或述谓短语，导致"管"由"负责"义，产生"性能"义，如果不是语境义而是一个固定义项的话，也是从"负责"义衍生而来，而不是从"保证"义衍生而来。

通过对"管"的情态语义演变路径重新考察，本书的结论与李小军、徐静（2017）的观点基本一致，即其演变路径为："管理/负责"→"保证"→"认识必然"。

（一）"钥匙"→"管理/负责"→"保证"

"管"，本义是"乐器"。如：

（30）既备乃奏，箫管备举。（《诗经·周颂·有瞽》）

后引申为"钥匙"，如：

（31）郑人使我掌其北门之管，若潜师以来，国可得也。（《左传·僖公三十二年》）

"北门之管"即"北门的钥匙"。"管"从"乐器"到"钥匙"，两者形状相似隐喻而来（李小军、徐静2017）。

"管"在战国时代出现了动词"管理/负责"义，汉代、元朝亦有语例。如：

（32）淖齿管齐之权，缩闵王之筋，县之庙梁，宿昔而死。（《战国策·秦策三》）

（33）管事二十余年，未尝见秦免罢丞相功臣有封及二世者也，卒皆以诛亡。（《史记·李斯列传》）

（34）有钟士季，其人管朝政，吴、蜀之忧也。（西晋·陈寿《三国志·

钟会传》)

"管"表"管理、负责"的动词义源于名词"钥匙"义。掌管某个钥匙，隐含着负责某项工作（李小军、徐静 2017）。

"管"表"保证"义始见于唐代，宋元亦有语例。如：

（35）第九十八证头面若生干湿癣，半生半熟白明矾，酒调涂上登时愈，<u>管</u>取皮肤日下瘥。（唐·孙思邈《海上仙方·孙真人海上仙方后集》）

（36）岂问经州过县，<u>管</u>取投明须到，舟子自能牵。（宋·夏元鼎《水调歌头》）

（37）（糊突虫云）我说假似走了手，都医杀了呵呢？（太医云）<u>管</u>大家没事。（元·刘唐卿《降桑椹蔡顺奉母》第二折）

从"负责"到"保证"，其演变的关键是"管"后宾语的变化导致的语义演变。六朝开始，"管"后宾语由名词性成分扩展为谓词性成分。如：

（38）少府<u>管</u>掌市易，与民交关，有吏能者，皆更此职。（南朝梁·萧子显《南齐书》卷五十三）

（39）契丹主曰："尔是安没字否？卿比在邢州日，远输诚款，我至此，汝<u>管</u>取一吃饭处。"（《旧五代史·周·安叔千传》卷一二三）

（40）昨权无常县尉，<u>管</u>人间生死。（宋·洪迈《夷坚志·甲志卷》第十四）

"管掌市易"，即负责交易、贸易。"汝管取一吃饭处"，即负责找到一吃饭处，"管人间生死"，即负责人间生死。这三个例句中"管"还是表"负责"义。

"负责 VP"，在某些语境中隐含着"保证 VP 实现"。如：

（41）戈矛上，忽有火光明。兆主三军轻命战，<u>管</u>取交战我军赢，青焰不宜兵。（唐·易静《占怪象》第十四）

（42）岁岁三百六十，<u>管</u>取粥足饭足。（宋·赜藏《古尊宿语录》卷二十八）

（43）可速依下项，据所有数目，明批上历，须<u>管</u>十五日以前送纳，如有隐匿，却因而搜检告首发觉，便行军法。（宋·丁特起《靖康纪闻》）

"管取粥足饭足"，既可以理解为"负责粥足饭足"，侧重于具体的工作；也可以理解为"保证粥足饭足"，侧重于结果的实现。"管取交战我军赢",更倾向于理解为"保证交战我军赢",后面有"我军赢"的结果实现。"须管十五日以前送纳",倾向于理解为"保证十五日以前送纳",即在十五日以前实现 VP 送纳。

从"负责"到"保证",其演变的关键是"管"后接 VP,"负责"的不再是一项具体的工作,而是一种情况,隐含着"保证 VP 实现",从而演变为"保证"义。

(二)"保证"→"认识必然"

"管"表"认识必然"义始见于唐代,但语例极少,宋代增多。如:

(44)生时自乐死由命,万事在天管不迷。(唐·杨发《南野逢田客》)

(45)唤多时悄无人应,我心内早猜管有别人取乐。(宋·佚名《大宋宣和遗事·亨集》)

"万事在天管不迷",义为"万事在天一定不会迷失",表示对未然事件的推断。"我心内早猜管有别人取乐","管"在认知动词"猜"之后,表示说话人对已然事件的推断。

"管"表"认识必然"义在元代使用频率较高。如:

(46)呀,我恰才望夫山上问个实虚,他可在竹林寺里寄情书?多管在秦楼谢馆笑欢娱,柳陌花街恋娇姝。(陈克明《中吕·粉蝶儿·怨别》)

(47)不思量大管是痴呆,俏俊冤家怎地舍?(无名氏《双调·水仙子·杂咏》)

(48)若是仙郎,肯谐缱绻,一场好事管取今朝便团圆。(高明《琵琶记》第十二出)

从"保证"到"认识必然","保证"某个未然事件的实现,隐含着说话人判断这个未然事件会实现。如:

(49)北朝自有当年往回文字案检,可以照证,何须更要南朝文字?但交太师自去检看,管不差错。(宋·李焘《续资治通鉴长编》卷二六五)

(50)《重阳诗》云:"不用茱萸仔细看,管取明年各强健。"(宋·杨万里《诚斋诗话》)

(51)原君学得司空母,管取年高寿太平。(宋·李漳《鹧鸪天·寿友人母》)

(52)若如是休歇退步,管取有个道理。(宋·赜藏《古尊宿语录》卷

三十二）

如"管取明年各强健"，既可以理解为"保证明年各强健"，也可以理解为"一定明年各强健"。

三、"敢"

（一）"有胆量/敢于"→"保证"

"敢"在《今文尚书》中，是表意志的情态助动词，义为"有胆量/敢于"。如：

（53）予畏上帝，不**敢**不正。（《尚书·汤誓》）

（54）丕乃**敢**大言，汝有积德。（《尚书·盘庚》）

"敢"从六朝开始出现了"保证"义，如：

（55）妾自省愚陋，不任粢盛之事，加以寝疾，**敢**守微志。（《三国志·后妃传》）

（56）王闻喜悦命驾送归，既至仙庐，谢仙人曰："大仙俯方外之情，垂世间之顾，**敢**奉稚女以供洒扫。"（唐·玄奘《大唐西域记》卷五）

"敢守微志"，显然不是"有胆量/敢于守微志"，而是"保证守微志"。"敢奉稚女以供洒扫"，也是"保证奉稚女以供洒扫"。作为"保证"义的"敢"，主语一般是第一人称，表对某个未然事件的承诺。

"敢"从"有胆量、敢于"演变为"保证"，制约因素有两个，一个是"敢"的主语人称。"敢"表"有胆量、敢于"时，可以是第一人称，也可以是其他人称。如：

（57）子丕孤竖，**敢**寻乱阶，盗据神器，更姓改物，世济其凶。（《三国志·后主传》）

（58）则稽首曰："臣闻古之圣王不以禽兽害人。今陛下方隆唐尧之化，而以猎戏多杀群吏，愚臣以为不可，**敢**以死请！"（《三国志·苏则传》）

"子丕孤竖，敢寻乱阶"，"敢"是"敢于、胆敢"，属于意志情态，具有反预期的意味。"敢以死请"，既可以理解为"斗胆以死请"，也可以理解为"愿意/保证以死请求"。两者的差异在于"子丕孤竖，敢寻乱阶"是第三人称，说话人只是陈述第三人的行为，而"敢以死请"是说话人自己的行为，自己斗胆去实施某个动作，隐含着说话人承诺去实施这个动作行为，即主语"第一人称情况下进行演变"。

李小军（2018）认为制约"有胆量/敢于"演变为"保证"的因素是未然语境，这一点很有见地。即另一个制约因素是未然语境。如：

（59）方今戎事军国异容，而长吏遭丧，知有科禁，公敢干突，苟念闻忧不奔之耻，不计为臣犯禁之罪，此由科防本轻所致。（《三国志·吴主传》）

（60）雨罢进军，若不杀老生而取霍邑，儿等敢以死谢。（唐·温大雅《大唐创业起居注》卷二）

"公敢干突"，"敢"只能理解为"斗胆、敢于"，因为"干突"是已然事件。"儿等敢以死谢"，"敢"有两种理解，一种理解是"斗胆、敢于"；另一种理解是，由于是未然语境，说话人敢于以死谢，隐含着说话人是对这个未然事件作出"保证"。

"敢"之"保证"的特殊隐含义产生之后，随着使用频率的增加逐渐固化、规约化。同时"敢"之"有胆量、敢于"义中［+有胆量］的语义特征逐渐脱落，在六朝出现较典型的"保证"义。如前文《三国志·后主传》"敢守微志"与《大唐西域记》卷五中"敢奉稚女以供洒扫"中，说话人不再需要胆量与勇气，只是说话人的意愿与承诺。再如：

（61）今臣虚暗，位冠朝首，顾惟越次，中心愧惕，敢竭愚情，陈写至实。（西晋·陈寿《三国志·曹真传》）

（62）沙砧对曰："我南印度人也，客游止此，学业庸浅，恐黜所闻。敢承来旨，不复固辞，论议无负，请建伽蓝。招集僧徒，光赞佛法。"（唐·玄奘《大唐西域记》卷十）

（二）"保证"→"认识必然"

"敢"表"认识必然"始见于唐代，有些例句李小军（2018）已引用。如：

（63）虽是从生，敢有雕啄之分。（《祖堂集》卷六）

（64）举似玄沙，玄沙云："谛当甚谛当，敢保未彻在。"（《祖堂集》卷十九）

（65）你若择不出，敢保你未具眼在。（《祖堂集》卷十）

"敢有雕啄之分"，"有"是状态动词，是对未然事件十分肯定的推断。"敢保未彻在"，"敢"与"保"连用，表示对已然事件十分肯定的推断。

"敢保你未具眼在"，"敢"与"保"连用，表示对虚拟事件十分肯定的推断。

"敢"从"保证"到"认识必然"，也是主语为第一人称说话人，保证某个未然事件的实现，隐含着说话人认为这个未然事件一定会实现，从而演变为"认识必然"。"敢"演变为"认识必然"后，推断未然事件扩展为推断已然事件，在《全元曲》中语例较多。如：

（66）（尚书云）则打这老汉，他知情。（张千云）这个老子，从来会勾大引小。（院公云）相公，七年前舍人哥哥买花栽子时，都是这厮搬大引小，着舍人刁将来的。（张千云）老子攀下我来也。（尚书云）是了，<u>敢</u>这厮也知情！（元·白朴《墙头马上》第三折）

（67）先生志在乾坤外，<u>敢</u>嫌他天地窄。（元·钟嗣成《凌波儿·吊工大用》）

（68）远远的尘土起处，<u>敢</u>是兵来了也。（元·关汉卿《刘夫人庆赏五侯宴》第三折）

这三例是对现在或已然事件的推断。

另外，"敢"也表"认识可能"义，如：

（69）（王长者云）时值严冬天道，雪花初霁，风力犹严，先生，你身上<u>敢</u>单寒么？（元·无名氏《冻苏秦》第一折）

（70）（旦）你衣裳<u>敢</u>是借的？（元·高明《琵琶记》第三十三出）

（71）知县道："这等，<u>敢</u>是有人拐的去了，或是躲在亲眷家，也不见得。"（明·凌濛初《初刻拍案惊奇》卷二）

（72）员外道："一贯钞许多宝字哩。我富人使一贯钞，似挑着一条筋。你是穷人，怎倒看得这样容易？你且与他去，他是读书人，见儿子落了好处，<u>敢</u>不要钱也不见得。"（明·凌濛初《初刻拍案惊奇》卷三十五）

关于"敢"表"认识可能"的来源，有两种观点：叶建军（2007b）认为是在反诘副词"敢"的基础上衍生而来，李小军（2018）认为是"推论"即"认识必然"演变而来。这需要进一步研究。

本节小结

本节主要论述"保""管""敢"的来源及演变路径。"保"之"认识必然"的演变路径为："保护、保卫"→"保证"→"认识必然"。"管"

之"认识必然"的演变路径为："钥匙"→"管理、负责"→"保证"→"认识必然"。"敢"之"认识必然"的演变路径为："有胆量、敢于"→"保证"→"认识必然"。

从"保证"到"认识必然"，其演变的动因与机制有：

1. 句法语境因素："保、管、敢"表"保证"义，主语为第一人称说话人，才能衍生出"认识必然"义。"保/管/敢"后接谓词性成分，使得句中有两个谓词性成分，后一谓词性成分或小句是交际双方关注的焦点，这致使"保/管/敢"述谓性减弱，情态性增强，由动词降级为副词。从语境来看，演变的语境是未然语境。

2. 转喻推理："保、管、敢"表"保证"义，说话人保证某个未然事件的实现，隐含着说话人认为这个未然事件一定会实现。说话人判断某个未然事件会实现，这就是"认识必然"义。"认识必然"这个新义随着使用频率的增加，逐渐固化，并从未然语境扩展类推到已然语境。

3. 主观化："保、管、敢"表"保证"义，是行域或言域，表"认识必然"义是知域。其演变是从行/言域演变为知域。前者客观性较强，后者主观性较强，是从客观义演变为主观义。

本章小结

本章探讨了三组词汉语认识必然义词的来源及演变，归纳了三条演变路径：一是探讨"须、会$_2$、必"等词，归纳出"条件必要"→"认识必然"的演变路径；二是探讨"定、准"等词，归纳出"确定（主观认定）"→"认识必然"的演变路径；三是探讨"保、管、敢"等词，归纳出"保证"→"认识必然"的演变路径。

第五章　汉语认识情态词的衍生
路径和机制及结论

第一节　汉语认识情态词的来源及衍生路径

本书归纳了汉语史中常见认识情态词的来源及形成路径，主要有十二条。探讨了认识可能义词衍生路径六条，认识盖然义词的衍生路径三条，认识必然义词的衍生路径三条。

1. "内在能力" → "条件可能" → "认识可能"："能、解、会₁"

"能"之"认识可能"义的演变路径为："熊（动物）" → "能人/才能" → "内在能力（体能/智能）" → "条件可能" → "认识可能"。春秋时代"能"之"内在能力"、"条件可能"、"认识可能"义均已经出现。

"解"之"认识可能"义的演变路径为："分解" → "知晓" → "内在能力（智能）" → "条件可能" → "认识可能"。"解"表"分解"义，宾语为疑惑之类的名词时，引申为"知晓"义。"解"表"内在能力"义出现在六朝，表"条件可能"义出现在唐代，表"认识可能"义唐代出现零星语例，宋代比较常见。

"会"认识情态义分为"认识可能"与"认识必然"，关于"认识可能"义的来源及其演变的"会"称为"会₁"，关于"认识必然"义的来源及其演变的"会"称为"会₂"。"会₁"之"认识可能"义的演变路径为："会合/总计" → "知晓" → "内在能力（智能）" → "条件可能" → "认识可能"。"会₁"的宾语为数据之类的名词时，引申为"知晓"义。"会₁"表"内在能力"义始见于唐代，表"条件可能"义与"认识可能"义在宋代出现。

从"内在能力"到"条件可能"，主要受两个因素制约。一是主语有生无生的语义特征，主语有生性降低，"内在能力"义递减，"条件可能"义递增。二是受"内在能力""外在条件"的力量来源强度制约，"外部条件"达到一定程度时，引起"内在能力"的变化。

从"条件可能"演变为"认识可能"，演变的关键是：处于未然或虚拟语境中，说话人基于条件进行推测，使得"能/解/会₁"获得主观认识情态义。以"能"为例：

（1）黄人恃诸侯之睦于齐也，不共楚职，曰："自郢及我九百里，焉<u>能</u>害我？"夏，楚灭黄。（《左传·僖公十二年》）

"能"有两种解读：一种是"自郢及我九百里"，（楚国）没有条件能够害我，"能"表"条件可能"义；也可以理解为这是一个未然事件，言者基于当时的情况"自郢及我九百里"，推测"（楚国）不可能害我"，"能"就隐含着"认识可能"义。隐含义随着使用频率增加逐渐固化，扩展为表纯主观的推测。

2. "容许"→"条件可能"→"认识可能"："容、许"

"容"之"认识可能"义的演变路径为："容纳"→"容许"（一般动词）→"条件可能"→"认识可能"。从"容纳"到"容许"是"容"后由名词性成分扩展为谓词性成分导致的语义变化。"容"之"条件可能"义与"认识可能"义均出现在六朝。"许"表"认识可能"义的演变路径为："答应"→"容许"（一般动词）→"条件可能"→"认识可能"。从"答应"到"容许"是"许"后宾语由指人名词扩展为"NP + VP"结构导致的语义变化。"许"表"条件可能"义出现在唐代，表"认识可能"义始见于明末清初。

值得注意的是，"容/许"表"条件可能"义只出现在否定和反诘句式中，其在肯定句表"认识可能"义是从否定和反诘句中类推而来。其演变的关键是在未然等说话人不确知的语境中，说话人基于条件进行推测，使"容/许"获得主观认识情态义。以"许"为例：

（2）平生学道在初心，富贵浮云何有？恐此身未<u>许</u>投闲，又待看凤麟飞走。（元·王恽《正宫·黑漆弩》）

"恐此身未许投闲"，外在条件不容许此身投闲。这是未然语境，说话人对事件是否发生不确知，"许"隐含着说话人推测自己此身不可能投闲。特殊隐含义随着使用而反复推导，变成一般隐含义，然后再类推到肯定用法。

3. "害怕"→"担心"→"认识可能"："恐、惧、怕"

"恐/惧/怕"之"认识可能"义的演变路径为："害怕"→"担心"→"认识可能"。"恐"在春秋时代出现了"害怕""担心"义，表"认识可能"义始见于战国时代。"惧"在战国时代"害怕""担心""认识可能"义均已出现。"怕"表"害怕"义始见于东汉，表"担心"义始见于六朝，表"认识可能"义宋代比较常见。"恐怕"表"认识可能"义，是表"认识可能"义的"恐""怕"同义连用而词汇化的结果。

从"害怕"到"担心"，是"恐/惧/怕"后由名词性宾语扩展为谓词性宾语导致的语义变化。从"担心"到"认识可能"，句法上因素有两个，母句主语为第一人称，与言者主语是同一个人，"恐、惧、怕"后接谓词性成分。演变机制是转喻推理与重新分析。"担心"某个消极事件的发生，隐含着言者推测这个消极事件有可能的发生。同时，"恐、惧、怕"表"担心"义时，后接谓词性成分，句中有两个谓词性成分，后一谓词是交际双方关注的焦点，使得"恐/惧/怕"述谓性减弱，由动词降级为副词。"恐、惧、怕"表"认识可能"义，推测的命题一般具有［＋消极］的语义特征。

4. "相似"→"认识可能"："像/好像、似/似乎、仿佛"

"像"之"认识可能"义的演变路径为"图像"→"摹仿"→"相似"→测度→"认识可能"，从"图像"到"摹仿"是名词用作动词导致的语义变化，两个义项在先秦均已出现。A事物摹拟B事物，隐含着A与B相似，从而引申为"相似"义，始见于战国时代。"像"表"相似-测度"和"认识可能"义始见于元代。"好像"是副词"好"与动词"像"组成的偏正结构，最初义为"非常像"，表"相似"义，始见于元代；表"相似-测度"义始见于明代；表"认识可能"义出现在清代。"似"表"相似"、"相似-测度"与"认识可能"义在先秦均已出现，"似乎"是动词"似"与介词"乎"的跨层结合，在唐代词汇化成词，表"相似"义，在宋代出现"认识可能"义。"仿佛"之"认识可能"的演变路径为："隐约→相似→认识可能"。"仿佛"是连绵词，最初表"若有若无、隐约"义，始见于战国。"隐约"义，隐含着"差不多、类似"之义，从而引申为"相似"义，始见于六朝。"仿佛"表"认识可能"义始见于清代。

"像/好像、似/似乎、仿佛"，表"相似"义，以"像"为例，"A 像 B"。其中 A 与 B 言者均是已知的，客观说明 A 与 B 相似，A 与 B 属于同一类别或范畴。"相似"义动词演变为表"认识可能"情态副词的演变机制是转喻推理：言者对 A 情况不确知，基于"A 与 B 相似"而推测"A 可能是 B"，即经过"相似 – 测度"义这一中间阶段。句法上，表"相似"义时，是动词，在句中充当谓语中心语，以"像"为例，句法格式为："A（主语）像（动词）B（宾语）；表"认识可能"义，是副词，在句中充当状语，即句法结构重新分析"A（主语）像（副词）B（谓语）"，"像"句法地位由动词降级为副词。基于"相似"义衍生出的"认识可能"义，其"认识可能"义更多的是说话人基于事物表层作出的推测。

5. "劝阻"→"认识可能"："莫、别"

"莫"之"认识可能"义的演变路径为："无定代词"→"否定副词"→"劝阻副词"→"认识可能"。"莫"在先秦出现了"无定代词"与"否定副词"用法。从"无定代词"到"否定副词"，语义上，"莫"作为"无定代词"，其作用就是对群体中所有个体进行逐个否定，从而否定群体，与否定副词表达的语义类似。句法上，其演变发生的句法格式为"NP + 莫 + VP"，"莫"有了明确的主语后，其指代性减弱，特别是当 NP 为个体名词时，不符合"莫"否定群体的语义要求，导致"莫"指称性丧失，从而演变为否定副词。否定副词"莫"用在祈使句中，演变为"劝阻"义副词，先秦与汉代零星用例，六朝语例较多；"莫"表"认识可能"义出现在六朝，唐代比较常见。"别"表"劝阻"义始见于元代，表"认识可能"义出现在清代。

"莫/别"表"劝阻"义，分为三类"禁止、劝止、祈止"，从"禁止"到"劝止"到"祈止"，说话人对受话人的言语约束力逐渐减弱，伴随的是说话人的意愿性逐渐增强，即表"祈止"义，更多地表达说话人的愿望、意愿，不希望某个动作行为发生。从"劝阻"到"认识可能"，其实是从"劝阻"中的"祈止"义衍生出"认识可能"义。演变的关键是"莫/别"表"祈止"义时，在未知受话人情况的语境下，祈愿受话人不要遭受某个动作的"阻拦",隐含着说话人对受话人情况的推测,从而衍生出"认识可能"义。特殊隐含义反复使用变成一般隐含义并固化。当"莫/别"后接的小句是无生主语时,如"莫/别地震了?","莫/别"演变为典型的"认识可能"义。"莫/别"由"祈止"义衍生出的"认识可能"义,其"认识可能"义具有〔+反预期〕的语义特征。

6. "无定代词(少量)"→"认识可能":"或、或者"

"或"与"或者"在春秋时代就出现了"无定代词"与"认识可能"义。从"无定代词"到"认识可能",实际上是"或"与"或者"作为"无定代词"中的"分指代词",衍生出"认识可能"义。其演变涉及两个因素,一是句法上,演变的句法格式为"NP+或/或者+VP","或/或者"分指 NP 的一部分。"或/或者"前有主语 NP,使得"或/或者"的指代性减弱。二是"或/或者"前 NP 语义的制约。作为分指代词,"或/或者"前 NP 具有〔+个体〕〔+多数〕的语义特征,当"或/或者"前 NP 作为一个整体,以及作为复数名词、单数名词、述谓性成分出现时,"或/或者"的指称对象消失,句法上重新分析,"〔NP+或/或者〕+VP"重新分析为"NP+〔或/或者+VP〕","或/或者"由主语重新分析为状语,句法地位由无定代词降级为副词。演变机制是隐喻,由对 NP 数量的估计隐喻为对命题的推测。

7. "符合"→"应当"→"认识盖然":"该、当、应、合"

"该"之"认识盖然"义的演变路径为:"兼备"→"符合"→"应当"→"认识盖然"。"该"在六朝以前的常用义是"兼备",六朝时"该"后接具有权威性、模范性的典籍、策略、圣人等名词为宾语,义为兼备这些典籍、策略、圣人,隐含着要符合这些典籍、策略、圣人的观点、看法,从而引申为"符合"义。"该"表"符合"义出现在唐代,主要用在《全唐文》等书面语中。"该"表"应当"的道义情态义出现在唐代,在元代出现了"认识盖然"义。

"当"之"认识盖然"义的演变路径为:"对应/相当"→"符合"→"应当"→"认识盖然"。"当"本义是"对应、相当",从"对应/相当"到"符合",是语义抽象化、泛化的结果。"当"在战国出现了"应当"义,表"认识盖然"典型语例出现在西汉。

"应"之"认识盖然"义的演变路径为："接受"→"符合"→"应当"→"认识盖然"。"应"本义是"接受"，"应"后接天等权威性名词作为宾语，衍生出"符合"义，"应"表"符合"义在两汉比较常见。"应"在两汉出现了"应当"义，东汉出现"认识盖然"义，六朝语例增多。

"合"之"认识盖然"的演变路径为："合拢"→"符合"→"应当"→"认识盖然"。"合"的本义是"合拢"，从"合拢"到"符合"是语义抽象化、泛化的结果。"合"表"符合"义始见于战国时代。"合"表"应当"义在六朝比较常见，表"认识盖然"义始见于六朝，唐代比较常见。

从"符合"到"应当"，演变的关键是"该/当/应/合"后宾语由名词性成分扩展为谓词性成分。句法上，句中有两个谓词，后一谓词为表义焦点，使得"该/当/应/合"述谓性减弱，情态性增强，句法上由动词降级为助动词。语义上，"符合"做某事，隐含着"应当"做某事。以"当"为例：

（3）葆申曰："……今王得茹黄之狗宛路之矰，畋三月不反；得丹之姬，淫，期年不听朝。王之罪当笞。"（《吕氏春秋·贵直论·直谏》）

"该/当/应/合"表"应当"义，分为三类：施为类、评价类、判断类。典型的"施为类"，句法上，主语是［＋有生］的，一般是人；"该/当/应/合"后的动词是［＋自主］［＋可控］的；时态是将来的；语力来源是权威说话人或法律、道德、习俗等社会规范，对受话人具有约束控制力。

从"应当"到"认识盖然"，演变的机制是转喻推理。"该/当/应/合"表"应当"义，表示应当实施某个动作行为，这个动作行为尚未实施，也就隐含着说话人认为有可能实施这个动作行为。其演变的关键是在未然性的占卜性语境中，这类语境含有弱的命理或事理的义务义，但是说话人对受话人没有权威性，说话人的指令性弱化，在未然语境中凸显其预测义。说话人的这种预测义即"认识盖然"义随着使用增加逐渐固化，"应当"义逐渐弱化脱落，伴随的是"该"的使用范围扩大，句法上由有生主语扩展为无生主语，"该"后的动词由可控行为动词扩展为非行为动作，由未然语境扩展为已然语境。

8."概量（大量）"→"认识盖然"："大约、大概、大抵"

"大约"，是范围副词"大"与约量副词"约"的组合，两者连用始见于西汉，表"概量（大量）"，是范围副词。"大约"表"认识盖然"义始见于宋代。"大概"是形容词"大"与名词"概"的组合，义为"大致的内容情况，大致的梗概"，始见于东汉，在句中主要做主语和宾语，词汇化为名词。在主语位置的"大概"，前有先行词 NP，构成"NP 大概 VP"，先行词 NP 为主语，"大概"处于主语和谓语之间，指称性减弱，由名词降级为副词，表示"概量（大量）"，始见于唐代。"大概"在宋代出现"认识盖然"义。"大抵"，"抵"在先秦的常用义是"相当"，"大抵"是副词"大"与动词"抵"跨层组合，义为"大致相当"，在西汉时已经词汇化为副词，表"概量（大量）"，在东汉出现了"认识盖然"义。

从"概量（大量）"到"认识盖然"，演变机制是隐喻，演变的句法格式为"NP + 大约/大概/大抵 + VP"，其演变主要受 NP 语义结构制约。即 NP 为［＋个体］［＋单数］时，"大约/大概/大抵"的客观数量义的丧失，"大约/大概/大抵"由对 NP 数量的估计隐喻引申为对命题比较肯定的推断。

9. "将来时"→"认识盖然"："将、欲、行"

"将"之"认识盖然"义的演变路径为："捧持/扶持"→"希望"（动词）→"意愿"（助动词）→"将来时"→"认识盖然"。"欲"的演变路径为："希望"→"意愿"→"将来时"→"认识盖然"。"行"的演变路径为："行走/离开"→"将来时"→"认识盖然"。"将"与"欲"的将来时来源于"意愿"义。句法上，"将/欲"表"意愿"义，主语为有生的人，"将/欲"后接谓词性成分，其中谓词为可控行为动词，表示施事主语意图实施某个动作行为。从"意愿"到"将来时"，演变机制是转喻，意图实施某个动作行为，隐含着将要实施这个动作行为。句法上，"将/欲"的主语为无生名词，或"将/欲"后为不可控动作行为，"将/欲"的"意图"义脱落，演变为将来时。"行"从"行走/离开"演变为"将来时"，演变机制是转喻推理。句法上，"行"表"行走/离开"后接谓词成分构成连动结构，此时，去实施某个动作行为，隐含着将要实施这个动作行为。在某些语境中"行"的位移义脱落，演变为将来时。

从"将来时"到"认识盖然"，演变机制是语用推理。"将/欲/行"表将来时，分为两类，一类是说话人已知将来要发生某个事件，这一类是纯客观的未来要发生的事件。另一类是说话人不确知事件会不会发生，只是根据事实或经验推断未来会发生这个事件，一般称为"预测"，"将/欲/行"表"预测"义，就隐含了说话人对命题的主观判断，即产生了"认识盖然"义。"将/欲"表"认识盖然"义，既有对未然事件的比较肯定的推断，也有对已然事件的比较肯定的推断，即从未然扩展为已然。"行"主要表对未然事件比较肯定的推断。

10. "条件必要" → "认识必然"："须、会₂、必"

"须"之"认识必然"义的演变路径为："等待" → "须要" → "条件必要" → "认识必然"。"会₂"之"认识必然"义的演变路径为："会合" → "适逢" → "条件必要" → "认识必然"。从"会合"到"适逢"，是"会₂"后由名词性宾语扩展为谓词性宾语，即由人或物之间的会聚扩展为人与事件的会聚导致的语义变化。"必"之"认识必然"义的演变路径为："到/临到" → "条件必要" → "认识必然"。

"须"从"等待"到"条件必要"，"会₂"从"适逢"到"条件必要"，"必"从"到/临到"到"条件必要"，演变的句法环境是"须/会₂/必 VP，（关联词）VP/S"，"须/会₂/必 VP"与后一 VP 或小句存在时间上的先后关系，同时隐含着条件关系。"须/会₂/必"在这样的语境中获得"条件必要"义。"须"表"条件必要"义始见于东汉，表"认识必然"义始见于唐代。"会₂"表"条件必要"与"认识必然"义在东汉均已出现。"必"表"条件必要"与"认识必然"义春秋时期很常见。

"须/会₂/必"表"条件必要"义根据其句法位置不同分为两类，一类"须/会₂/必"位于前一 VP 之前，即"须/会₂/必"位于条件从句中，这个格式与"须"从"等待"义、"会₂"从"适逢"义、"必"从"临到"义演变为"条件必要"义的句法格式一致，称为"条件必要₁"。另一类是位于后一分句中，句法格式为"S，（主语）＋须/会₂/必 VP"，即"须/会₂/必"位于条件主句中，称为"条件必要₂"。

"须/会₂/必"表"认识必然"义，从"条件必要₂"衍生而来。演变的关键因素有两个：一是未然语境，未然语境事件是否发生说话人不确知，主语必须去实施某个动作，隐含着说话人推断其一定会去实施这个动作行为；二是受主语人称以及施事受事的制约，受事或第三人称主语倾向于理解为"认识必然"义。

11. "确定"→"认识必然"："定、准"

"定"之"认识必然"义的演变路径为："安定/固定"→"情况确定"→"主观认定"→"认识必然"。"定"表"安定/固定"义与"情况确定"义在先秦已出现。从"安定/固定"到"情况确定"，是从具体事物的认知域演变为抽象事件的认识域。"定"表"主观认定"始见于战国时代，从"情况确定"到"主观认定"，是从客观认知域到主观认知域的演变。"定"表"认识必然"始见于东汉。

"准"之"认识必然"的演变路径为："平/取平之器"→"标准"→"确定"→"主观认定"→"认识必然"。从"平/取平之器"到"标准"，是"准"使用范围扩大、语义抽象化的结果。从"标准"到"确定"，是"准"从名词用作动词时产生的语义变化。根据"准"的受事是否须要施事的心智参与，是否表达主观观点，分为两类："情况确定"，是一种客观确定；"主观认定"，是一种主观判断。"准"表"情况确定"义始见于西汉，表"主观认定"义始见于东汉。"准"表"认识必然"义始见于元代。

从"主观认定"到"认识必然"，演变的关键有两点：一是"定/准"后接小句，使得句子中有两个谓词性成分，后一谓词是交际双方关注的焦点，导致"定/准"述谓性减弱，由充当谓语中心的动词，降级为充当修饰语的副词。二是主语是第一人称，与说话人是同一个人，后接小句，句法格式为"（NP_1）+定/准+NP_2+VP"，同时，母句主语NP_1经常省略，子句主语NP_2提升到母句主语位置，形成"NP2+定/准+VP"，"定/准"从"主观认定"义演变为"认识必然"义。

12. "保证"→"认识必然"："保、管、敢"

"保"之"认识必然"义的演变路径为："保护/保卫"→"保证"→"认识必然"。"保"表"保护/保卫"义在先秦均已出现。"保"表"保证"义始见于六朝，从"保护/保卫"到"保证"，"保"的主语为有生主体，一般是人，宾语由名词性宾语扩展为谓词性宾语或小句宾语导致语义变化。"保"表"认识必然"义始见于唐代。

"管"之"认识必然"义的演变路径为："钥匙"→"管理/负责"→

"保证"→"认识必然"。"管"在战国时代出现"管理/负责"义,从"钥匙"到"管理/负责",是"管"从名词用作动词时产生的语义变化。"管"表"保证"义始见于唐代,从"管理/负责"到"保证",是"管"后接VP,"负责"的不再是一项具体的工作,而是一种情况,隐含着"保证VP实现"。"管"表"认识必然"始见于唐代,不过语例极少。

"敢"之"认识必然"义的演变路径为:"有胆量/敢于"→"保证"→"认识必然"。"敢"在《今文尚书》中是常见的表意志的情态助动词。"敢"在六朝出现"保证"义,从"有胆量/敢于"到"保证","敢"的主语为第一人称施事,在未然语境中"敢于"去实施某个动作行为,隐含着施事"保证/愿意"去实施这个动作行为。"敢"表"认识必然"义始见于唐代。

从"保证"到"认识必然",主语为第一人称说话人,"保/管/敢"后接谓词性成分,表说话人对某个未然事件的保证,隐含着说话人认为这个事件一定会实现,再扩展到已然语境。

上面十二条演变路径归纳为:

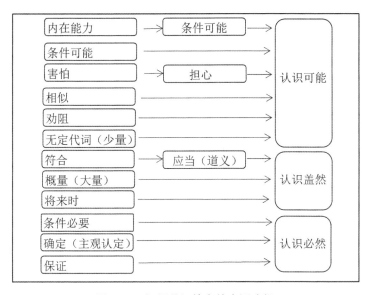

图5-1 汉语认识情态的来源路径

第二节　汉语认识情态词的来源及演变规律

一、来源规律

本章第一节归纳了十二条演变路径，从词类来看，主要有三个来源：一是来源于实词的语法化、主观化，以动词为主，如"怕、准、管、好像"等。二是情态助动词进一步主观化，分为两类：第一类是道义情态演变为认识情态，如"应、当、该、合"；第二类是条件类的动力情态演变为认识情态，如由"条件可能"衍生而来的"能、解、会₁""容、许"等，由"条件必要"衍生而来的"须、会₂、必"等。三是语义较实的副词进一步主观化，如"将、欲、莫、别"等。下面分四点来论述。

（一）实义动词→认识情态副词

本书归纳的十二条路径中有四条路径是从动词演变为认识情态副词，根据来源义动词的主语的语义特征是否强制要求为有生的人，分为两类。

1. 主语强制具有［+有生］的语义特征。有三条路径：

从"担心"演变为"认识可能"的"恐、惧、怕"等，以"恐"为例：

（4）四年春，蔡昭将如吴；诸大夫**恐**其又迁也，承公孙翩逐而射之，入于家人而卒。（《左传·哀公四年》）——担心

（5）子胥为人刚暴，少恩，猜贼，其怨望**恐**为深祸也。（《史记·伍子胥列传》）——认识可能

从"主观认定"演变为"认识必然"的"定、准"等。以"定"为例：

（6）委不能知有圣与无，又不能别凤皇是凤与非，则必不能**定**今太平与未平也。（东汉·王充《论衡·宣汉》）——主观认定

（7）王见贼已，集诸臣等共详此事，而语之言："若是汝之祖父已来所有衣者，应当解著，云何颠倒用上为下？以不解故，**定**知汝衣必是偷得，非汝旧物。"（《百喻经·山羌偷官库喻》）——认识必然

从"保证"演变为"认识必然"的"保、管、敢"等，以"保"为例：

（8）女曰："何以过嫌，保无虑，不相误也。"（晋·戴祚《甄异传》）——保证

（9）师云："专使保无忧虑，去时贫道附了首古人偈上天大王必保无事。"（《祖堂集·曹山和尚》卷八）——认识必然

"恐、惧、怕"表"担心"义，"定、准"表"主观认定"义，语义上属于认知动词，表"保证"义的"保、管、敢"，是一种承诺，属于言说动词，也隐含了说话人的主观观点。

这些词演变为认识情态副词，句法上，"恐、定、保"后接小句宾语，句中有两个谓词性成分，后一谓词性成分是交际双方关注的焦点，使得"恐、定、保"述谓性减弱，表达主语对某一事件的担忧、认定或承诺。当主语为第一人称时，与说话人是同一个人，就表达了说话人对某个事件的主观观点。如：

（10）大国在敝邑之宇下，是以告急。今师不行，恐无及也。（《左传·哀公二十七年》）

（11）文度曰："何为不堪，但克让是美事，恐不可阙。"蓝田慨然曰："既云堪，何为复让？人言汝胜我，定不如我。"（南朝宋·刘义庆《世说新语·方正》）

（12）赐诏告之曰："若束手自诣，保无他也。"（宋·洪迈《容斋随笔》卷十四）

上面这些都是重新分析的例句，有两点值得注意，一是"恐"与"保"后接的事件是未然事件，未然事件的结果是未确知的，就隐含说话人的推测或推断。"定"后接"不如我"，虽然是已然事件，但是需要人根据各种情况作出判断，使得这些词含有主观义。

二是这些词后接小句宾语时，句法结构为：NP_1 + 恐/定/保 + NP_2 + VP。但主语是第一人称时，母句主语 NP_1 经常省略，形成空位。子句主语 NP_2 为了表达的需要，有时通过提升结构形成 NP_2 + 恐/定/保 + VP，如例（5）（9）。

2. 主语不强制具有［＋有生］的语义特征，即从"相似"演变为"认

识可能"的"像/好像、似/似乎，仿佛"等。以"像"为例：

（13）且上者下之师也，夫下之和上，譬之犹响之应声，影之**像**形也。（《荀子·强国》）——相似

（14）<u>我看</u>你二位生得齐整，**像**个出仕的人。（元·王子一《刘晨阮肇误入桃源》第一折）——相似－测度（中间状态）

（15）磨了半截舌头，母亲**像**有许的意思了。（元·李行甫《包待制智赚灰栏记》楔子）——认识可能

这类动词，主语不强制具有［＋有生］的语义特征，不是认知动词，那么其主观认知义是如何衍生而来的呢？"像"表"相似"义，句法格式为"A 像 B"。演变的关键是语境上，说话人对 A 的情况不确知，例（14）中说话人对"你二位"的情况不确知，基于 A 与 B 相似而推测 A 可能是 B，由此进入人的主观认知领域，句首有"我看"的标记，从而使得"像"隐含着主观认识情态义。句法上，"像"后接谓词性词语，句中有两个谓词性成分，后一谓词性成分是交际双方关注的焦点，"像"由动词降级为副词。

（二）道义情态、条件类动力情态助动词→表认识情态的助动词或副词

1. 道义情态→认识情态

道义情态演变为认识情态是常见的演变路径，汉语史中有"该、当、应、合"等词。以"当"为例：

（16）王曰："追而不及，不**当**伏罪，子其治事矣。"（《史记·循吏列传》）——道义应当

（17）齐中御府长信病，臣意入诊其脉，告曰："热病气也。然暑汗，脉少衰，不死。"曰："此病得之**当**浴流水而寒甚，已则热。"（《史记·扁鹊仓公列传》）——认识盖然

"当"表"应当"义，属于道义情态。原型范畴是权威说话人指令听话人去实施某个动作行为。如例（16）中说话人王指令听话人臣子不应该实施伏罪的行为。"当"具有主观性，凸显的是一种指令。"当"表"认识盖然"义，是说话人对命题的一种推断。从指令到推断，是主观义的变化。"当"表"应当"义，是指令听话人去实施某个未然动作行为，语境是未然语境，动作行为会不会发生说话人是不确知的，也隐含着说话人判断听话人有可能去实施这个动作行为。演变的因素有几个，一是说话人与受话人

的权威关系。如：

（18）媪之许负所相，相薄姬，云当生天子。（《史记·外戚世家》）

说话人许负对受话人薄姬没有权威性，指令性减弱，预测性凸显。

二是句法上主语为无生主语，或"当"后动词为非可控动作行为，"当"就不再具有指令性，而是表达说话人对命题的主观推断。如：

（19）今彗星长竟天，天下兵当大起。（《史记·淮南衡山列传》）

（20）此病疽也，内发于肠胃之间，后五日当臃肿，后八日呕脓死。（《史记·扁鹊仓公列传》）

三是语境的变化。"当"表"应当"义，表指令，是未然语境。语境为已然语境时，由指令变为推断。如：

（21）齐中御府长信病，臣意入诊其脉，告曰："热病气也。然暑汗，脉少衰，不死。"曰："此病得之当浴流水而寒甚，已则热。"（《史记·扁鹊仓公列传》）

2. 条件类动力情态→认识情态

从条件类动力情态助动词演变为表认识情态的助动词或副词，有三条路径："条件可能"衍生而来的"解、能、会₁"、"容、许"等，由"条件必要"衍生而来的"须、会₂、必"等。"解、容、须"各举1例。

（22）如吃饭样，吃了一口，又吃一口，吃得滋味后，方解生精血。（《朱子语类》卷十九）——条件可能

（23）古人如此说，必须是如此。更问他发明与不发明要如何？古人言语写在册子上，不解错了。（《朱子语类》卷一百一十七）——认识可能

（24）天威在颜，遂使温峤不容得谢。（南朝·刘义庆《世说新语·捷悟》）——条件可能

（25）诸王子多在京师，容有非常，宜亟发遣各还本国。（南朝宋·范晔《后汉书·杨厚传》）——认识可能

（26）定其为鬼，须有所问，然后知之。（东汉·王充《论衡·死伪》）——条件必要

（27）这桩事须不是你一个妇人家做的，一定有奸夫帮你谋财害命，你却从实说来！"（宋·无名氏《错斩崔宁》）——认识必然

动力情态助动词客观性较强，认识情态的主观性如何而来？我们发现

未然语境、虚拟语境等使得这些词获得了主观义。以"解"、"容"为例。

（28）他家若是孝顺儿，<u>解</u>向家中亲侍奉。（《敦煌变文集·盂兰盆经讲经文》）

（29）调去后，弟亦策马继往，言及调旦来。兄惊曰："和尚旦初不出寺，汝何<u>容</u>相见？"兄弟争问调，调笑而不答，咸共异焉。（《古小说钩沉·冥祥记》）

"解向家中亲侍奉"，是虚拟语境，"汝何容相见"这是未然语境。虚拟和未然语境，都是非现实的，其结果也是说话人未确知的，只能根据条件去推测。"解""容"在这样的语境中获得主观情态义，"解""容"从语境中吸收其主观认识情态义，随着使用频率增加并逐渐固化。

十二条演变路径中有三条是从条件类动力情态助动词衍生而来，比例为何如此之高？认识情态是说话人根据观察、经验、知识而作出推测或推断。而条件句式，由条件从句和结果主句构成，条件从句可以表达说话人的观察、客观事实等，主句表示说话人基于观察、客观事实等作出推测或推断。条件句式因果条件关系，与基于条件作出的主观推断和推测的认识情态，有相容之处。所以，汉语中从条件类动力情态助动词演变为认识情态词的数量较多。Bybee et al.（1994：205 – 210）指出，认识情态词可以自由地出现在条件主句中，少数可以出现在条件从句中。

（三）表概量的副词/无定代词→认识情态副词

从概量到认识情态，十二条演变路径中有两条路径：一是无定代词演变为认识情态副词，代表词是"或/或者"。"或/或者"用作无定代词，句法结构为"NP 或/或者 VP"，义为"有的人，有的物"，指的是 NP 的少部分，从语义的角度可以归为概量，表"少量"。二是"概量（大量）"演变为认识情态义，代表词有"大概、大约、大抵"，由表概量的范围副词演变为认识情态词，以及"多半、百分之百"等数词演变为认识情态词。

虽然这些词属于不同词类，但是句法位置均位于谓词前的状语位置，即句法结构为 NP + 概量词 + VP，"大概、大约、大抵"可以位于主语 NP 之前，即"大概/大约/大抵 + NP + VP"。

其演变受两个因素的制约：一是 NP 的语义结构；二是语境。以"或"和"大概"为例。如：

（30）齐人<u>或</u>为孟氏谋，曰："鲁，尔亲也，饰棺置诸堂阜，鲁必取之。"（《左传·文公十五年》）——概量（少量）

（31）今公子兰，姑甥也，<u>天或</u>启之，必将为君，其后必蕃。（《左传·宣公三年》）——认识可能

（32）为将者<u>大概</u>多才而或顽钝无耻，非皆节廉好礼不可犯者也。（宋·苏洵《任相》）——概量（大量）

（33）春秋获麟，某不敢指定是书成感麟，亦不敢指定是感麟作。<u>大概</u>出非其时，被人杀了，是不祥。（《朱子语类》卷八十三）——认识盖然

关于 NP 的语义结构，表"概量"义时，NP 具有［＋个体］［＋多数］或者［＋整体］［＋多部分］的语义特征，"或"指称 NP 的少数或少部分，"大概"指称 NP 的多数或大部分，如例（30）"齐人"与例（32）"为将者"分别为个体多数名词。而表认识情态的 NP 不具有这样的语义特征，"天"是个体单数名词，"春秋获麟"是事件，NP 语义结构的变化使得"或"与"大概"指称性的丧失，表量义也随之失去。

语境的变化，"或""大概"表"概量"时，是已知语境；表认识情态时，是未然与未知语境。如"天或启之"是未然语境，"大概出非其时，被人杀了，是不祥"，是对过去事件的溯因等，是未知语境。不管是未然语境还是过去事件溯因，都是说话人受时间或空间的限制，对事件是否发生或情况不清楚，说话人就用客观的概量词来表达对事件或命题的主观概率判断，使得"或""大概"获得主观认识情态义。

（四）其他语义较实副词→认识情态副词

从语义较实的副词演变为语义较虚的副词有三组，将来时副词演变为认识情态副词，"劝阻"义副词演变为认识情态副词和"概量"义副词演变为认识情态副词。"概量"义副词演变为认识情态副词在前文已论述。

从句法上看，都是副词，句法位置相同，这些词的认识情态义是如何衍生的呢？我们先看将来时是如何衍生出认识盖然义的。以"将"为例：

（34）叶公问孔子于子路，子路不对。子曰："女奚不曰：其为人也，发愤忘食，乐以忘忧，不知老之<u>将</u>至云尔。"（《论语·述而》）——将来时（未然）

（35）幽王二年，西周三川皆震。伯阳父曰："周<u>将</u>亡矣！夫天地之气，

不失其序；若过其序，民乱之也。"（《国语·周语上》）——中间状态

（36）五月丙子，诏曰："久旱伤麦，秋种未下，朕甚忧之。将残吏未胜，狱多冤结，元元愁恨，感动天气乎？"（南朝宋·范晔《后汉书·光武帝纪》第一上）——认识盖然（已然语境）

将来时属于未然语境，事情会不会发生，说话人不确知。说话人预测将来会发生某个事件，使得"将"获得了认识情态对某个命题的主观推断义，也就是一部分将来时就存在主观义，"将"表主观推断义在已然语境中凸显。

从"劝阻"义副词到认识情态义副词，属于主观义的变化，"劝阻"义副词说话人不让受话人去实施某个动作行为，演变为对某个事件发生的否定性的推测。这与道义情态变为认识情态类似，是说话人指令受话人实施某个动作，演变对某个事件发生的推断。其演变受说话人与受话人的权威关系的影响，即"劝阻"分为"禁止、劝止、祈止"，从"祈止"义衍生出"认识可能"义。

（37）各自纯作，莫杂馀种。（北魏·贾思勰《齐民要术》第五十一）——禁止

（38）王陵先到标下，灌婴不来，王陵心口思唯："莫遭项羽独（毒）手？！"道由未竟，灌婴到来。（《敦煌变文集·汉将王陵变》）中间状态

（39）师与保福游山次，保福问："古人道妙峰顶，莫只这个便是不？"（《祖堂集·长庆和尚》卷九）——认识可能

主观义变化的关键是说话人对受话人情况不确知，如"莫遭项羽独（毒）手"，说话人王陵对受话人灌婴的情况不确知，祈求（灌婴）不要遭到项羽毒手，语境隐含义说话人推测（灌婴）有可能遭到项羽毒手，也就是未知语境使得"莫"的主观义变化，由主观"劝阻"义变为主观推测义。

二、演变规律

1. 认识情态强度的高低，与其来源义密切相关

从条件类动力情态到认识情态，条件类动力情态的强度直接影响认识情态强度。"能/解/会$_1$"、"容/许"表"条件可能"义，"须、会$_2$、必"表"条件必要"义。"条件可能"强度明显低于"条件必要"，因此"条件

可能"义衍生出"认识可能"义，"条件必要"义衍生出"认识必然"义。

从数量到认识情态，数量的多少影响认识情态的强度。"或/或者"在句法格式"NP＋或/或者＋VP"中，"或/或者"是无定代词，语义上回指NP的少部分，数量上是少量。"大概/大约/大抵"表概量，数量上是大量。"或/或者"表概量中"少量"衍生出"认识可能"义；"大概/大约/大抵"表概量中"大量"衍生出"认识盖然"义。另外数量上表确切大量的"百分之百/百分百"等，衍生出"认识必然"义（董正存2017）。如：

（40）如果刚上岸时老师就采取控水、人工呼吸等急救措施，明亮<u>百分之百</u>不会死去。（1994年报刊精选）

（41）这段话真的是非常有名，在日本，只要是提到项羽和刘邦的时代，就几乎都会提到这段话，尤其是写给那些商务阶级所看的历史书中，更是<u>百分百</u>一定会出现。（《中国武将列传》）

"认识可能"义的其他三组来源："恐/惧/怕"由"担心"义衍生出"认识可能"义，"担心"的事件是未来可能发生而不是必然发生的事件。"像/好像、似/似乎、仿佛"由"相似"义衍生出"认识可能"义，是说话人基于表层相似而作出的不太肯定推测。"莫/别"由"劝阻"义衍生出"认识可能"义，是说话人基于对受话人情况不清楚，衍生出"认识可能"义，也是一种可能性的推测。

而"当/应/合/该"由"应当"道义情态义衍生出"认识盖然"义，"应当"义主要用于权威人的命令、法律等强制性的语境中，强度较高，衍生出的"认识盖然"义强度也比较高。

"定/准"由"主观认定"义衍生出"认识必然"义，"主观认定"的事件，实现的可能性就非常高。"保/管/敢"从"保证"义衍生出"认识必然"义，"保证"的事件，实现的可能性也很高。

2. 认识情态强度高低之外其他细微差异，也与其来源义密切相关

认识情态义，除了认识强度的差异外，还带有感情色彩或其他方面的差异。如：由"担心"义衍生出"认识可能"义的"恐/惧/怕"等，其"认识可能"义大都具有［＋消极］的语义特征；由"相似"义衍生出"认识可能"义的"像/好像、似/似乎、仿佛"，主要用于基于外部表层相似而作出的推测，表层相似而实际本质不同，故其"认识可能"义可以与

"其实、实际上"等构成否定。"劝阻"到"认识可能"的"莫/别"，其"认识可能"义具有［＋反预期］的语义特征。从"概量"到"认识盖然"的"大概、大约、大抵"等，侧重于对数量的估计（杨贝 2016）。

其他几组"能/解/会₁"、"容/许"由"条件可能"义衍生出"认识可能"义；"或/或者"由"无定代词"衍生出的"认识可能"义；"该/当/合/应"由"应当"义衍生出的"认识盖然"义；"须/会₂/必"由"条件必要"义衍生出"认识必然"义；"定/准"由"主观认定"义衍生出"认识必然"义；"保/管/敢"从"保证"义衍生出"认识必然"义，其认识情态义没有感情色彩的差异，比较中性。除了情态强度之外的肯定还有其他差异，还需进一步研究探讨。

第三节　汉语认识情态词衍生的原理、机制及制约因素

一、基本原理与机制

1. 词类降格与句法地位下降

根据语法化理论的降类原则，名词、动词是主要词类，是开放的词类，副词、介词、连词等是次要词类，是比较封闭或封闭的类别。实词词义的虚化总是伴随着词类的降格，由主要词类变为次要词类，由开放的词类变为比较封闭或封闭的词类（沈家煊 1994）。认识情态副词主要来源于动词、助动词、副词、代词等。作为动词、助动词、代词都是实词，演变为副词，这涉及词类的降格。

动词：来源于动词的有"恐/惧/怕"、"保/管/敢"、"定/准"、"像/好像、似/似乎、仿佛"等，其演变的关键是后接谓词性成分或小句，使得句中有两个谓词性成分，而后一谓词是交际双方关注的焦点，使得前一谓词，即认识情态的来源词述谓性减弱，情态性增强，其句法功能由充当谓语中心，重新分析为修饰性成分，句法地位下降，由动词降级为副词。

助动词："容、许"、"会₂、必"由助动词进一步降级为副词。这些词演变为认识情态词后，不能再受否定副词的修饰。

无定代词："或/或者"作为代词，主要在句中充当主语，回指前面主语的一部分。"或/或者"演变为认识情态词后，句法功能由充当主语变为充当修饰语，修饰谓词，句法地位下降。词类由代词降级为副词。

总之，不管是动词、助动词、代词，还是其他实词，其演变的关键是位于谓词性成分的前面，句法功能由谓语中心或主语等变为修饰语，修饰谓词，句法地位下降。

2. 语义虚化与主观化

动词、代词等实词句法地位下降，汉语学者通常称为"实词虚化"，语义变虚不言自明。从词类来源来看，也有一些来源于语义较实的副词，如"莫/别"由"劝阻"副词演变为认识情态副词。"将/欲/行"等由将来时副词演变为认识情态副词，"大概/大约/大抵"等由概量的范围副词演变为认识情态副词，这些词不涉及句法地位下降。但是，无论由实词演变的表认识情态的助动词与副词，还是由语义较实的副词演变的语义较虚的认识情态副词，都经历了语义虚化和主观化，即"意义变得越来越依靠说话人对命题内容的主观信念和态度"（Traugott 1995，沈家煊 2001）。主要表现为：

一是句子主语变为言者主语。以"恐"为例：

（42）秋，大熟，未获，天大雷电以风，禾尽偃，大木斯拔，邦人大恐。（《尚书·金縢》）——动词，害怕

（43）齐燕姬生子，不成而死。诸子鬻姒之子荼嬖，诸大夫恐其为太子也。（《左传·哀公五年》）——动词，担心

（44）赵王与大将军廉颇诸大臣谋：欲予秦，秦城恐不可得，徒见欺；欲勿予，即患秦兵之来。（《史记·廉颇蔺相如列传》）——副词，认识可能

"恐"表"害怕"、"担心"义时，"恐"指向句子主语。"邦人大恐"、"诸大夫恐其为太子也"，主语分别为施事"邦人"、"诸大夫"。表"认识可能"义时指向言者主语，"秦城恐不可得"，"秦城"是句子主语，但是"恐"指向的是说话人，是说话人估计秦城可能得不到，隐含着言者主语。

二是由客观意义变为主观意义。

认识情态属于知域，来源义大部分从行域衍生而来，如"条件可能"到"认识可能"、"概量（大量）"到"认识盖然"、"条件必要"到"认识

必然"，"条件可能"、"概量（大量）"、"条件必要"都属于行域，语义较实较具体。来源义少数从言域衍生而来，如"保/管/敢"等从"保证"到"认识必然"，"保证"有言域义。"认识可能""认识盖然""认识必然"语义较虚，较抽象，是主观意义。其演变是从实到虚，从客观意义到主观意义。

再如以"像/好像""似/似乎""仿佛"等词为例，这些词从"相似"义衍生出"认识可能"义，语义上经历了"相似→相似－测度→认识可能"的语义演变。表"相似"义时，是客观意义，属于行域。表"认识可能"义，是言者的推测，是主观意义，属于知域。其演变是客观向主观的演变，从行域到知域的演变。从"相似→相似－测度→认识可能"，其语义逐渐泛化：具体义→较少抽象义→更多抽象义；其主观性不断增加：客观性→较少主观性→更多主观性（吴福祥 2003）。具体义的逐渐消失，伴随的是言者主观观点和态度的强化，即语用的强化（李明 2014）。

3. 辖域扩大

认识情态助动词和副词，大部分是从动词衍生而来。作为动词，管辖范围是后面的宾语成分，可以是词，也可以是短语。作为认识情态词，管辖范围是包括主语在内的整个小句。辖域扩大，从作用于词、短语扩展为作用于句子。以"定"为例：

（45）俗人即不能<u>定</u>遇不遇之论。（东汉·王充《论衡·逢遇》）——主观认定

（46）今日天下大同，须为百代典式，岂得尚作关中旧意？明公<u>定</u>是陶朱公大儿耳！（南朝·颜之推《颜氏家训·风操》）——认识必然

"俗人即不能定遇不遇之论"中，"定"表"主观认定"义，管辖范围是"定"后面的宾语成分。"明公定是陶朱公大儿耳"中，"定"表"认识必然"义，管辖范围是包括主语"公"内的整个小句，是说话人认为明公一定是陶朱公大儿。

4. 隐喻与转喻推理

Meillet（1958）认为语言演变的机制是类推和重新分析。类推是一个概念域投射到另一个相似概念域，与隐喻相关，是一种突变。重新分析是一个概念过渡到另一个概念，是概念转喻（沈家煊 2004）。Heine et al.

(1991：65 – 118) 认为语境因素诱发了重新分析和转喻，导致了叠加意义的出现。即一个语法要素在特定的语境使得原始意义上附加一个新的意义，这个新的意义随着使用的增加逐渐固化，成为规约意义，这就是转喻推理或隐含义的规约化导致的语义演变（Bybee et al. 1994，Traugott & Dasher 2002）。

就汉语认识情态词的来源及演变过程，从演变结果来看，是隐喻，大部分是从客观行域演变为主观知域。不过，从演变过程来看，是转喻，是由语用推理或隐含义的规约化所导致的演变。如"像/好像"等词从"相似"义衍生出"认识可能"义，中间经历了由"相似－测度"的中间状态，如例（14），即基于相似引起的主观推测。少数词是从隐喻直接投射而来，这主要是一些表概量的词，如"大约/大概/多半"等，衍生出认识情态义，从对数量的估计隐喻引申为对命题的估计，是一种类推。

二、制约因素

认识情态词的演变，主要受三个因素的制约：一是语义制约；二是语用制约；三是句法制约。

1. 语义制约

语义制约对认识情态词衍生的影响，表现为语义相近的词在演变过程、机制以及认识情态义上也往往相似或相近。如表"符合"义的"当/应/合/该"等词经道义情态义衍生出认识情态义，情态强度都是"盖然"。

再如，表"害怕"义的"恐/惧/怕"等词经"担心"义，衍生出认识情态义，情态强度都是"可能"，并且带有［＋消极］的语义特征。

再如"莫/别"，均是由"劝阻"义衍生出认识情态义，情态强度都是"认识可能"，并且所表达的事件一般具有［＋反预期］的语义特征。

总之，从上面概括总结出来的路径可以发现，词义相近或相关的一组词，如果所处的句法环境和语境相似，演变为认识情态词的路径以及认识情态义也大体相近或相同。

另外，词汇项演变为认识情态义，一般会失去一些比较具体的词汇意义。如"管"，最初是"乐器、钥匙"等具体的词汇义，后引申为"管理/负责"义，词义逐渐抽象化，再引申为"保证"义，进一步抽象化，在

"保证"义的基础上衍生出认识情态义。换句话说，"管"不太可能从具体词汇义"乐器/钥匙"等衍生出认识情态义。即意义越抽象，越能在更广的语境中使用，越能在语境中吸收新的主观认识情态义。

2. 语用制约

未然语境、虚拟语境对认识情态义的产生影响很大，如"能/解/会$_1$"从"条件可能"义衍生出"认识可能"义，"须/会$_2$/必"从"条件必然"义衍生出"认识必然"义，其演变的关键是在未然或虚拟语境，"能/解/会$_1$"与"须/会$_2$/必"位于条件复句的结果小句中，是未然或虚拟事件，那么事件能否发生说话人是不确知的，只是基于条件推测或推断这些事件发生，这样的语境使得"能/解/会$_1$"与"须/会$_2$/必"的语义发生变化，获得了主观认识情态义。

3. 句法制约

句法格式制约表现在两个方面，一是一些语义相近或相同的词，演变的道路并不相同，根本原因在于所处的句法格式不同。如表"害怕"义的"恐、惧、怕"等词，衍生出"认识可能"义，而表"害怕"义的"畏"却没有。其原因在于"畏"后主要接名词性宾语，很少接谓词性宾语。"畏"接名词性宾语，就一直处于谓语中心，语义无法虚化，因此很难衍生出认识情态义。

二是一些词义差别很大的词，能演变为认识情态词，句法位置必须处于谓语之前。如"或"和"许"，"或"最初是无定代词，"许"是动词表"许可"。"或"从分指代词衍生出认识情态义，句法格式为"NP + 或 + VP"。"许"表"条件可能"衍生出"认识可能"，是在否定结构中，后接VP结构，句法格式为"NP + 不 + 许 + VP"，肯定形式为"NP + 许 + VP"，均是位于主语与谓语之间。即认识情态词的形成，句法上一定是要后接谓词性成分，才能表达说话人对命题的推测或推断。

结语 汉语认识情态词衍生与演变研究的一些断想

前面几章我们对汉语认识情态词的来源及演变路径进行了考察，可以看到，汉语认识情态的来源及演变过程非常复杂。我们在第二至四章对一些常见的认识情态词的衍生过程、动因与机制进行探讨，第五章又做了一些初浅的归纳总结。由于时间、精力与能力的限制，有些想法不够清晰，有些未能形成文字，在这里提出，以请教于方家，也作为自己以后继续研究的课题。

一、认识情态词衍生和演变规律、机制的类型学研究

从普通语言学角度来观照汉语认识情态词的衍生和演变规律、机制，哪些是汉藏语系所共有的，哪些是汉语所独有的？这是一个很值得研究的课题。但是由于一方面我们对汉语认识情态词本身衍生演变的一些特点和规律还没有完全弄清楚；另一方面其他很多语言认识情态的来源研究还比较薄弱，使得跨语言的比较研究和类型学研究就显得非常困难。

二、汉语认识情态词后续演变研究

本书主要侧重于探讨汉语认识情态的来源及演变路径，至于这些词演变为认识情态词后，后续如何演变，如"好像"由认识可能衍生出委婉、建议的话语功能等等。有哪些演变路径，其演变的规律、演变的动因与机制是什么等等，也是值得进一步研究的课题。

三、非常见的认识情态词以及一些跨层组合词汇化而成的认识情态词研究

一些现代汉语中不太常用来表达认识情态的词未能探讨。如：从"感

官动词"到"认识可能"的"看"。另外一些在汉语史中使用，而在现代汉语中已经不用的认识情态词未能探讨。如："其""庶""盖""殆""傥""脱"等。

"其"："善不可失，恶不可长，其陈桓公之谓乎！"（《左传·隐公六年》）

"庶"："君姑修政，而亲兄弟之国，庶免于难。"（《左传·桓公六年》）

"盖"："有子盖既祥而丝屦组缨。"（《礼记·檀弓上》）

"殆"："良曰：'沛公殆天授。'"（《史记·留侯世家》）

"傥"："余善首恶，劫守吾属。今汉兵至，众强，计杀余善，自归诸将，傥幸得脱。"（《史记·东越列传》）

"脱"："今关门禁严，君状貌非凡，将以此安之？不知诣阙自归。事既未然，脱可免祸。"（南朝宋·范晔《后汉书·李通传》）

另外还有一些多音节的认识情态词，如"说不定、说不准、保不准、保不定、保不住、指不定"等等，双音节的"也许、兴许、一定、必定、未必、不定"等等，这些词词汇化和语法化过程、演变规律须进一步研究。

四、汉语史研究与方言相结合

汉语史研究与方言相结合，这是一条研究道路，现代汉语方言间的认识情态词发展演变有着很大差异和不平衡性，对这些差异和不平衡性进行考察、分析，有助于我们对汉语事实的了解和规律的总结。

立足于语言事实，理论与事实相结合，我们在一步步接近语言的本质，但是问题也永远存在。作为一个语言教学与研究者，真是"路漫漫其修远兮"。

参考文献

［1］艾乐桐．汉语中"欠"和"义务"的表示方法［J］．国外语言学，1985（1）．

［2］白晓红．先秦汉语助动词系统的形成［A］．见：《语言研究论丛》编委会．语言研究论丛（第七辑）［C］．北京：语文出版社，1997．

［3］贝罗贝，李明．语义演变理论与语义演变和句法演变［A］．见：沈阳，冯胜利．当代语言学理论和汉语研究［C］．北京：商务印书馆，2008．

［4］陈平．释汉语中与名词性成分相关的四组概念［J］．中国语文，1987（2）．

［5］陈振宇，姜毅宁．反预期与事实性——以"合理性"语句为例［J］．中国语文，2019（1）．

［6］陈振宇，邱明波．反预期语境中的修辞性推测意义——"难道、不会、怕、别"［J］．当代修辞学，2010（4）．

［7］程丽霞．汉语保证类构式的演化：从以言行事到认识情态［J］．外语学刊，2016（1）．

［8］崔诚恩．现代汉语情态副词研究［D］．北京：中国社会科学院，2002．

［9］崔希亮．事件情态和汉语的表态系统［A］．见：中国语文杂志社编．语法研究和探索（十二）［C］．北京：商务印书馆，2003．

［10］邓军．魏晋南北朝代词研究［M］．上海：上海人民出版社，2008．

［11］丁健．语言的"交互主观性"——内涵、类型与假说［J］．当代语言学，2019（3）．

［12］董正存．汉语中约量到可能认识情态的演变——以"多半"为例［J］．中国语文，2017（1）．

［13］董志翘，蔡镜浩．中古虚词语法例释［M］．长春：吉林教育出版

社，1994.

[14] 段业辉．中古汉语助动词研究［M］．南京：南京师范大学出版社，2002.

[15] 段玉裁．说文解字注［M］．上海：上海古籍出版社，1981.

[16] 樊青杰．现代汉语传信范畴研究［D］．北京：北京语言大学，2008.

[17] 范开泰．语义分析说略［A］．见：中国语文杂志社编．语法研究和探索（四）［C］．北京：北京大学出版社，1988.

[18] 范晓蕾．以汉语方言为本的能性情态语义地图［A］．见：《语言学论丛》编委会．语言学论丛（第四十三辑）［C］．北京：商务印书馆，2011.

[19] 范晓蕾．基于汉语方言的认识情态的语义地图［A］．见：中国语文杂志社编．语法研究和探索（十六）［C］．北京：商务印书馆，2012.

[20] 范晓蕾．语义演变的共时构拟与语义地图——基于"能性情态语义地图讨论"［A］．见：《语言学论丛》编委会．语言学论丛（第四十六辑）［C］．北京：商务印书馆，2012.

[21] 范晓蕾．以"许可—认识可能"之缺失——论语义地图的形式和功能之细分［J］．世界汉语教学，2014（1）.

[22] 范晓蕾．"汉语方言的能性情态语义地图"之补论［A］．见：李小凡，张敏，郭锐，等．汉语多功能语法形式的语义地图研究［C］．北京：商务印书馆，2015.

[23] 范晓蕾．助动词"会"情态演变之共时构拟——基于跨语言/方言的比较研究［J］．语言暨语言学，2016（2）.

[24] 方一新．东汉魏晋南北朝史书词语笺释［M］．合肥：黄山书社，1997.

[25] 方一新．中古近代汉语词汇学［M］．北京：商务印书馆，2010.

[26] 方有国．先秦汉语实词语法化研究［M］．成都：巴蜀书社，2015.

[27] 冯璠．语气副词"大概"探源［J］．滨州学院学报，2017（3）.

[28] 冯赫．处所词"所"与"许"的关系［J］．中国语文，2013（6）.

[29] 冯军伟．现代汉语认识情态研究［D］．天津：南开大学，2010.

[30] 冯军伟．认识情态与传信情态［J］．云南师范大学学报（对外汉语教

学与研究版），2012（4）.

[31] 冯胜利. 论汉语中的韵律词 [J]. 中国社会科学，1996（1）.

[32] 傅书灵，祝建军. 助动词"会"的起源新探 [J]. 烟台大学学报（哲学社会科学版），2004（3）.

[33] 高育花. 中古汉语副词"定"探微 [J]. 西北师大学报（社会科学版），2002（3）.

[34] 高育花. 中古汉语副词研究 [M]. 合肥：黄山书社，2007.

[35] 高增霞. 汉语担心——认识情态词"怕""看""别"的语法化 [J]. 中国社会科学院研究生院学报，2003（1）.

[36] 高增霞，尹国燕. 从管理事件看"管"的词义衍生 [J]. 汉语学习，2019（2）.

[37] 葛佳才. 东汉副词系统研究 [M]. 长沙：岳麓书社，2005.

[38] 谷峰. 先秦汉语情态副词研究 [D]. 天津：南开大学，2010.

[39] 郭昭军. 汉语情态问题研究 [D]. 天津：南开大学，2003.

[40] 贺阳. 试论汉语书面语的语气系统 [J]. 中国人民大学学报，1992（5）.

[41] 胡敕瑞. 将然、选择与意愿——上古汉语将来时与选择问标记的来源 [J]. 古汉语研究，2016（2）.

[42] 胡静书. 揣测副词"恐怕"的形成 [A]. 见：王云路. 汉语史学报（第 11 辑）[C]. 上海：上海教育出版社，2011.

[43] 胡静书. 从约数范畴到推测情态：汉语推测副词的重要来源 [J]. 语言与翻译，2018（4）.

[44] 黄国营. 语用成分在汉语句法结构中的投影 [J]. 语言研究，2000（1）.

[45] 江蓝生. 八卷本《搜神记》语言的时代 [J]. 中国语文，1987（4）.

[46] 江蓝生. 魏晋南北朝小说词语汇释 [M]. 北京：语文出版社，1988.

[47] 江蓝生. 演绎法与近代汉语词语考释 [A]. 见：《语言学论丛》编委会. 语言学论丛（第 20 辑）[C]. 北京：商务印书馆，1998.

[48] 江蓝生. 禁止词"别"考源 [J]. 语文研究，1991（1）.

[49] 江蓝生. 近代汉语探源 [M]. 北京：商务印书馆，2000.

［50］江蓝生. 时间词"时"和"后"的语法化［J］. 中国语文，2002（4）.

［51］蒋绍愚. 从助动词"解"、"会"、"识"的形成看语义的演变［J］. 汉语学报，2007（1）.

［52］李临定. "判断"双谓语［A］. 见：中国语文杂志社编. 语法研究与探索（一）［C］. 北京：北京大学出版社，1983.

［53］李明. 汉语助动词的历史演变研究［D］. 北京：北京大学，2001.

［54］李明. 汉语表必要的情态词的两条主观化路径［A］. 见：中国语文杂志社编. 语法研究和探索（十二）［C］. 北京：商务印书馆，2003.

［55］李明. 从"容""许""保"等动词看一类情态词的形成［J］. 中国语文，2008（3）.

［56］李明. 试谈语用推理及相关问题［J］. 古汉语研究，2014（4）.

［57］李明. 汉语助动词的历史演变研究［M］. 北京：商务印书馆，2016.

［58］李命定，袁毓林. 信念与概率：认识情态动词的语义差异及其功能分化［J］. 世界汉语教学，2018（1）.

［59］李素英. 中古汉语语气副词研究［M］. 济南：山东大学出版社，2013.

［60］李小军. 相似、比拟、推测、否定——"好像、似乎、仿佛"的多维分析［J］. 汉语学习，2015（2）.

［61］李小军，徐静. "管"的语义演变以及"不管""尽管"的词汇化［J］. 江西师范大学学报（哲学社会科学版），2017（6）.

［62］李小军. "敢"的情态功能及其发展［J］. 中国语文，2018（3）.

［63］李宇凤. 也论测度疑问副词"莫"的来源［J］. 语言科学，2007（5）.

［64］李运富. 《论语》里的"必也，P"句式［J］. 中国语文，1987（3）.

［65］廖秋忠. 《语气与情态》评介［J］. 国外语言学，1989（4）.

［66］刘坚，江蓝生，白维国，等. 近代汉语虚词研究［M］. 北京：北京语言出版社，1992.

［67］刘利. 先秦汉语助动词研究［M］. 北京：北京师范大学出版

社，2000.

[68] 柳士镇. 魏晋南北朝历史语法［M］. 南京：南京大学出版社，1992.

[69] 龙国富. 动词的时间范畴化演变——以"当"和"将"为例［J］. 古汉语研究，2010（4）.

[70] 卢烈红. 体标记、选择标记与测度标记——先秦两汉虚词"将"析论［A］. 见：上古汉语研究（第二辑）［C］. 北京：商务印书馆，2018.

[71] 鲁川. 语言的主观信息与汉语的情态标记［A］. 见：中国语文杂志社编. 语法研究和探索（十二）［C］. 北京：商务印书馆，2003.

[72] 罗耀华. 副词化、词汇化与语法化——语气副词探微［M］. 武汉：华中师范大学出版社，2015.

[73] 罗耀华，李向农. 揣测副词"或许"的词汇化与语法化［J］. 古汉语研究，2015（3）.

[74] 罗耀华，刘云. 揣测类语气副词主观性与主观化［J］. 语言研究，2008（3）.

[75] 罗主宾. 明清时期语气副词研究［D］. 长沙：湖南师范大学，2013.

[76] 吕叔湘. 现代汉语八百词（吕叔湘全集第五卷）［M］. 沈阳：辽宁教育出版社，2002.

[77] 吕叔湘. 中国文法要略［M］. 沈阳：辽宁教育出版社，2002.

[78] 穆涌. 汉语道义情态副词"许"的语法化［J］. 当代语言学，2019（2）.

[79] 潘海峰. 语言的主观性与主观化研究及其相关问题——兼论主观化与语法化的关系［J］. 上海师范大学学报（哲学社会科学版），2016（6）.

[80] 潘秋平. 新加坡华语助动词"会"分析框架之建立［J］. 华文教学与研究，2018（4）.

[81] 潘秋平. 从语义地图模型看新加坡华语的助动词"会"［J］. 华文教学与研究，2019（1）.

[82] 潘田. 现代汉语语气副词情态类型研究［D］. 武汉：武汉大学，2010.

[83] 彭利贞. 现代汉语情态研究［D］. 上海：复旦大学，2005.

［84］彭利贞．现代汉语情态研究［M］．北京：中国社会科学出版社，2007.

［85］彭媛媛．"或者"的产生发展及其语法意义的演变［J］．皖西学院学报，2018（4）.

［86］齐春红．现代汉语语气副词研究［M］．昆明：云南人民出版社，2008.

［87］齐沪扬．论现代汉语语气系统的建立［J］．汉语学习，2002（2）.

［88］〔美〕琼·拜比等著，陈前瑞等译．语法的演化：世界语言的时体和情态［M］．北京：商务印书馆，2017.

［89］邱崇．像义动词到测度类语气副词的语法化［D］．开封：河南大学，2009.

［90］裘锡圭．释"祕"［A］．见：中国古文字研究会．古文字研究（第三辑）［C］．北京：中华书局，1980.

［91］邵敬敏，罗晓英．"别"字句语法意义及其对否定项的选择［J］．世界汉语教学，2004（4）.

［92］沈家煊．"语法化"研究综观［J］．外语教学与研究，1994（4）.

［93］沈家煊．转指和转喻［J］．当代语言学，1999（1）.

［94］沈家煊．语言的"主观性"与"主观化"［J］．外语教学与研究，2001（4）.

［95］沈家煊．复句三域"行、知、言"［J］．中国语文，2003（3）.

［96］沈家煊．语用原则、语用推理和语义演变［J］．外语教学与研究，2004（4）.

［97］盛益民．论指示词"许"及其来源［J］．语言科学，2012（3）.

［98］石毓智，白解红．将来时标记向认识情态功能的衍生［J］．解放军外国学院学报，2007（1）.

［99］太田辰夫．中国语历史文法［M］．蒋绍愚，徐昌华，译．北京：北京大学出版社，1987/2003.

［100］唐贤清．《朱子语类》副词研究［D］．长沙：湖南师范大学，2003.

［101］王春辉．时间与条件的交叠［J］．中国语文，2013（4）.

［102］王继红，陈前瑞．"当"的情态与将来时用法的演化［J］．中国语

文，2015（3）.

［103］王蕾．测度式"别（是）"的认知机制研究［J］．语言研究，2018
（4）.

［104］王力．汉语词汇史（王力文集第十一卷）［M］．济南：山东教育出
版社，1984.

［105］王力．中国现代语法［M］．北京：商务印书馆，1985.

［106］王力．古汉语词典［M］．北京：中华书局，2000.

［107］王鹏，马贝加．助动词"会"的情态发展［J］．现代语文（语言研
究版），2011（4）.

［108］王统尚．汉语史上"欲"作将来时标记［J］．湖北社会科学，2009
（10）.

［109］王伟．"能"的个案：现代汉语情态的认知维度［D］．北京：中国
社会科学院，1998.

［110］王伟．情态动词"能"在交际过程中义项呈现［J］．中国语文，
2000（3）.

［111］王雯，叶桂郴．从情态范畴到将来范畴——试论汉译佛经中将来时
标记"当"的语法化［J］．现代语文，2006（6）.

［112］王引之．经传释词［M］．北京：中华书局，1956.

［113］巫雪如．上古汉语未来时标记"将"重探［J］．语言暨语言学，
2015（2）.

［114］巫雪如．先秦情态动词研究［M］．上海：中西书局，2018.

［115］吴春生．马贝加．"须"的语法化［J］．温州大学学报（社会科学
版），2008（3）.

［116］吴春生．助动词"会"的产生与发展［J］．中南大学学报（社会科
学版），2011（5）.

［117］吴福祥．关于语法化的单向性问题［J］．当代语言学，2003（4）.

［118］吴福祥．敦煌变文12种语法研究［M］．开封：河南大学出版
社，2004.

［119］吴福祥．《朱子语类辑略》语法研究［M］．开封：河南大学出版
社，2004.

［120］吴福祥．近年来语法化研究的进展［J］．外语教学与研究，2004（1）．

［121］吴福祥．试说"X 不比 Y·Z"的语用功能［J］．中国语文，2004（3）．

［122］吴福祥．汉语方所词语"后"的语义演变［J］．中国语文，2007（6）．

［123］吴福祥．关于语法演变的机制［J］．古汉语研究，2013（3）．

［124］吴福祥．语义图与语法化［J］．世界汉语教学，2014（1）．

［125］吴福祥．汉语语义演变的回顾和前瞻［J］．古汉语研究，2015（4）．

［126］吴国良，徐中意．《情态、主观性和语义演变》介评［J］．中国外语，2015（2）．

［127］吴庆峰．释合［J］．古籍整理研究学刊，2008（5）．

［128］香坂顺一．白话词汇研究［M］．江蓝生，白维国，译．北京：中华书局，1997．

［129］徐朝红．从时间范畴到假设条件连词的演变——以"还、向"为例［J］．语言研究，2016（3）．

［130］徐晶凝．现代汉语话语情态研究［M］．北京：昆仑出版社，2008．

［131］徐时仪．"忙"和"怕"词义演变探微［J］．中国语文，2004（2）．

［132］薛儒章．"莫"字用法辨析［J］．天津师大学报，1987（4）．

［133］杨贝．汉语儿童认识型情态动词的早期习得［J］．语言教学与研究，2014（1）．

［134］杨贝．汉语认识情态表达"可能""也许""大概""恐怕"用法对比分析［J］．广东外语外贸大学，2016（6）．

［135］杨伯峻．春秋左传注［M］．北京：中华书局，1981．

［136］杨成凯．高位语"是"的语序及篇章功能研究［A］．见：中国语文杂志社编．语法研究与探索（七）［C］．北京：商务印书馆，1995．

［137］杨海峰．《史记》副词研究［M］．北京：世界图书出版公司，2015．

［138］杨黎黎．汉语情态助动词的主观性与主观化［M］．北京：世界图书出版公司，2017．

［139］杨荣祥．近代汉语副词研究［M］．北京：商务印书馆，2005．

［140］杨树达．词诠［M］．北京：中华书局，1978．

［141］杨万兵．现代汉语语气副词的主观性与主观化研究［D］．北京：北京师范大学，2005．

［142］杨秀芳．从汉语史观点看"解"的音义和语法性质［J］．语言暨语言学，2001（2）．

［143］姚尧．"或"和"或者"的语法化［J］．语言研究，2012（1）．

［144］姚振武．《朱子语类》语词札记［J］．古汉语研究，1992（2）．

［145］叶建军．疑问副词"莫非"的来源及其演化——兼论"莫"等疑问副词的来源［J］．语言科学，2007（3）．

［146］叶建军．测度副词"敢"、"敢是"的形成及其演化［J］．上饶师范学院学报，2007（4）．

［147］叶琼．"好像"的不确定判断义解读［J］．汉语学习，2016（3）．

［148］叶琼．现代汉语认识判断语气的体系研究［M］．上海：上海人民出版社，2016．

［149］于淮仁．古汉语中虚指代词"有"和动词"有"的区别［J］．中医药文化，1985（4）．

［150］于立昌，夏群．比较句与比拟句试析［J］．语言教学与研究，2008（1）．

［151］张斌．现代汉语虚词词典［M］．北京：商务印书馆，2003．

［152］张伯江．认识观的语法表现［J］．国外语言学，1997（2）．

［153］张定．语义图模型与汉语几个情态词的语义演变［A］．见：浙江大学汉语史研究中心编．汉语史学报第十三辑［C］．上海：上海教育出版社，2013．

［154］张海媚．常用词"合"对"当、应"的历时替换及其消退考［J］．语言研究，2015（2）．

［155］张海媚．常用词"该"对"合"的历时替换及其他［J］．古汉语研究，2017（3）．

［156］张觉．韩非子译注［M］．上海：上海古籍出版社，2012．

［157］张希，陈前瑞．将来时不同语义层次的互动研究——以《左传》中的"将"为例［J］．语文研究，2019（4）．

［158］张谊生. 现代汉语副词研究［M］. 上海：学林出版社，2000.

［159］张谊生. 从错配到脱落：附缀"于"的零形化后果与形容词、动词的及物化［J］. 中国语文，2010（2）.

［160］张玉金. 甲骨文虚词词典［M］. 北京：中华书局，1994.

［161］章敏. 汉语"准"的语法化考察［J］. 重庆文理学院学报，2016（3）.

［162］赵元任. 汉语口语语法［M］. 吕叔湘，译. 北京：商务印书馆，1979.

［163］赵长才. 中古译经"或X"双音节的用法及演变过程［J］. 中国语文，2013（3）.

［164］郑荣，陈松霖. 现代汉语情态副词"也许"的语法化历程［J］. 新竹教育大学语文学报，2006（12）.

［165］周韧. "全"的整体性语义特征及其句法后果［J］. 中国语文，2011（2）.

［166］朱德熙. 语法讲义［M］. 北京：商务印书馆，1982.

［167］朱冠明.《摩诃僧祇律》情态动词研究［D］. 上海：复旦大学，2002.

［168］朱冠明. 汉语单音节情态动词语义发展的机制［J］. 解放军外国语学院学报，2003（6）.

［169］朱冠明. 情态动词"必须"的形成和发展［J］. 语言科学，2005（3）.

［170］朱冠明.《摩诃僧祇律》情态动词研究［M］. 北京：中国戏剧出版社，2008.

［171］朱建军，唐依力. "好像"的历时考察及其最新发展［J］. 华东师范大学学报（哲学社会科学版），2017（5）.

［172］朱庆之. 佛殿与中古汉语词汇研究［M］. 台北：文津出版社，1992.

［173］朱声琦. 上古无指代词"有"［J］. 语言教学与研究，1984（2）.

［174］HEINE B，KUTEVA T. World Lexicon of Grammaticalization［M］. Cambridge：Cambridge University Press，2002.

［175］ BYBEE J . Morphology： A Study of the Relation between Meaning and Form ［M］. Amsterdam： Benjamins ， 1985.

［176］ BYBEE J, WILLIAM P. Cross Linguistic Comparison and the Development of Grammatical Meaning ［A］. In JACEK F. *Historical Semantics. Historical Word Formation* ［C］. Berlin/New York ／ Amsterdam： Mouton, 1985.

［177］ BYBEE J, REVERE P & WILLIAM P. The Evolution of Grammar： Tense, Aspect ， and Modality in the Languages of the World ［M］. Chicago： The University of Chicago, 1994.

［178］ BYBEE J, FLEISCHMAN S. Modality in Grammar and Discourse An Introductory Essay ［A］. In. BYBEE J, FLEISCHMAN S （eds. ） . Modality in Grammar and Discourse ［C］. Amsterdam： Benjamins, 1995.

［179］ CHAFE W. Evidentiality in English Conversation and Academic Writing ［A］. In Chafe W. and J. Nichols （eds. ） . *Evidentiality： The Linguistic Coding of Epistemology* ［C］. Norwood. NJ： Ablex, 1986.

［180］ CHAFE W. The Realis-irrealis Distinction in Caddo, the Northern Iroquoian languages, and English ［A］. In. Bybee, Joan. & Fleischman, Susanne （eds. ） . Modality in Grammar and Discourse ［C］. Amsterdam： BYBEE J, FLEISCHMAN S Benjamins, 1995.

［181］ COATES J. The Semantic of the Modal Auxiliaries ［M］. London/ Canberra： Croom Helm, 1983.

［182］ COATES J. The Expression of Root and Epistemic Possibility in English ［A］. In. BYBEE J, FLEISCHMAN S （eds. ） . Modality in Grammar and Discourse ［C］. Amsterdam： Benjamins, 1995.

［183］ COMRIE B. Tense ［M］. Cambridge： Cambridge University Press, 1985.

［184］ FRANTISEK L. Apprehensional Epistemics ［A］. In. BYBEE J, FLEISCHMAN S. Modality in Grammar and Discourse ［C］. Amsterdam： Benjamins, 1995.

［185］ GIVÓN, T . *Irrealis and the Subjunctive* ［J］. Studies in Language, 1994
（18）.

［186］ GRICE H P. Logic and Conversation ［A］. In COLE P, MORGAN J.
（eds.）.*Syntax and Semantics* 3：*Speech Acts* ［C］. New York：
Acaddemic Press. 1975.

［187］ HEIKO N. Modality, Subjectivity, and Semantic Change：A Cross-
Linguistic Perspective ［M］. New York：Oxford University Press, 2012.

［188］ HEINE B, CLAUDI U, HUNNEMEYER F . Grammaticalization：
Aconceptual Framework ［M］. Chicago： University of Chicago
Press, 1991.

［189］ HEINE B. & T. Kuteva. World Lexicon of Grammaticalization ［M］.
Cambridge：Cambridge University Press, 2002 .

［190］ HOPPER P J, TRAUGOTT E C. Grammaticalization ［M］. Cambridge：
Cambridge University Press, 1993.

［191］ HORN L R. Toward a New Taxonomy for Pragmatic Inference：Q-base and
R-based Implicature ［A］. In SCHIFFRIN D. （ed.）. Meaning, Form,
and Use in Context：Linguistic Applications ［C］. Washington D C：
Georgetowm University Press, 1984.

［192］ NUYTS J. Epistemic Modality, Language and Conceptualization ［M］.
Amsterdam：Benjamins , 2000.

［193］ LANGACKER R W. Subjectification ［J］. Cognitive Linguistics, 1990
（1）.

［194］ LYONS J. Semantics （V. 2） ［M］. Cambridge：Cambridge University
Press, 1977.

［195］ MEILLET A. Comment les mots changent de sens ［A］. In his Listorique
et linguistisue générale. Paris：Champion, 1958.

［196］ PALMER F R. Modality and the English Modal ［M］. London：
Longman, 1979/ 1990.

［197］ PALMER F R. Mood and Modality ［M］. Cambridge：Cambridge
University Press , 1986/2001.

[198] QUIRK R, GREENBAUM S, LEECH G, SVARTVIK J. A Comprehensive Grammar of the English Language [M]. London：Pearson Longman，1985.

[199] SHATZ M, WILCOX S. Constraints on the Acquisition of English Modality [A]. In GELMAN S, BYRNES J. （eds.）. Perspectives on Language and Thought [C]. Cambridge：Cambridge University Press, 1991.

[200] STEPHANY U. Modality in First Language Acquisition：The State of the Art [A]. In DITTMAR N, REICHD A. （eds.）Modality in Language Acquisition [C]. Berlin：De Gruyter, 1993.

[201] SWEETSER E. From Etymology to Pragmatics [M]. Cambridge：Cambridge University Press, 1990.

[202] TRAUGOTT E C, DASHER R. Regularity in Semantic Change [M]. Cambridge：Cambridge University Press, 2002.

[203] TRAUGOTT E C. Subjectification in Grammaticalisation [A]. In STEIN D, WEIGHT S. （eds.）. Subjectivity and Subjectification [C]. Cambridge：Cambridge University Press, 1995.

[204] TRAUGOTT E C. From Subjectification to Intersubjectification [A]. In HICKEY R （ed.）. Motives for Language Change [C]. Cambridge：Cambridge University Press, 2004.

[205] TSANG C L. A Semantic Study of Modal Auxiliary Verbs in Chinese [D]. Ph. D. Diessertation, Stanford University, 1981.

[206] AUWERA J V D, PLUNGIAN V A. Modality's Semantic Map [J]. Linguistic Typology，1998（2）.

后 记

2016 年，我考入江西师范大学攻读博士学位，我的导师李小军教授引导我关注汉语认识情态词。在李老师的悉心指导下，2019 年我有幸成功申报广东省社科规划一般项目"汉语认识情态词的来源及演变路径"，并以此为基础，完成了我的博士学位论文。

本书的出版，首先感谢我的导师李小军教授。他是一位循循善诱、学识渊博的老师。记得我读博一的时候，根本不会写语法论文，不会论证，李老师一点一点地指导我，把我带进历史语法研究的大门。本书从选题、结构安排、论证过程，老师都悉心指导。在此，我想对您说，谢谢您！

本书的初稿，曾有幸得到吴福祥、洪波、陈前瑞、刘楚群、饶振辉、曹跃香、李勇忠等先生的审阅，他们提出的中肯批评和宝贵建议，给了我难得的启迪和教益。韩山师范学院科研部张晖英部长对本书出版予以大力支持。湖南师范大学出版社廖小刚编辑对书稿进行了精心审校和专业指导，在此一并表示诚挚的感谢！

有幸认识你们，并得到你们的帮助，我是幸福的。期待与你们一起拥有更美好的未来。

周纯梅

2024 年 10 月 28 日